夏威夷

韩连生 著

竹和松出版社

©2022 韩连生

出版：竹和松出版社（Zhu & Song Press）

Zhu & Song Press, LLC

North Potomac, Maryland

责任编辑：朱晓红

责编信箱：editor@zhuandsongpress.com

封面设计：竹和松传媒

出版社网址：www.zhuandsongpress.com

印刷地：美国，英国

发行：全球（中国大陆除外）

ISBN-13: 978-1-950797-27-1

ISBN-10: 1-950797-27-9

版权所有，侵权必究

前言

夏威夷是太平洋中部的一个群岛，由一百三十多个岛屿组成，其中比较大的岛屿有8个。

大约1600年前，波利尼西亚人乘独木舟来到这个群岛，成为最早的岛民和原住民。由于岛屿面积狭小，与其它大陆相距甚远，长久以来，与世隔绝。岛屿矿藏资源匮乏，没有铁、铜等金属生产。长久以来以石器为生产工具，生产落后；岛民以芋头、红薯、鱼类、水果等为食，以树的内皮制作的卡帕（树皮布）为衣，过着近乎原始的生活。

1782年，夏威夷岛（大岛）的酋长卡美哈美哈开始了统一夏威夷群岛的战争。至1795年，除可爱岛、尼豪岛外，基本统一了夏威夷群岛，建立了夏威夷王国。至1810年，通过谈判，可爱岛、尼豪岛归属夏威夷王国。夏威夷群岛全部在卡美哈美哈领导的夏威夷王国的统治之下。

1878年1月英国探险家库克船长第一次发现和来到夏威夷，夏威夷才为世人所知。慢慢地夏威夷与外界，主要是美国、英国等西方国家增加了往来。

夏威夷王国重视国民的文化教育，大力兴办学校，因而使得国民的识字率比较高。夏威夷的学校，为中国培养出了伟大的革命先行者、封建社会的推翻者、中华民国临时大总统、资产阶级革命家孙中山先生。夏威夷是孙中山的革命根据地，他在这里成立革命组织，为革命募集资金。夏威夷的华侨大力支持孙中山领导的推翻封建帝制的斗争，甚至不惜倾家荡产。

夏威夷王国第七任国王卡瓦卡拉进行环球访问时，到访过中国。清廷直隶总督兼北洋大臣李鸿章在天津接待过他。

早在200多年前，中国人比较早地来到夏威夷，参与檀香木的开发，参与甘蔗、菠萝、蔬菜等种植和加工，最多时曾有数万人在夏威夷做劳工。其中有的人发展成为一些岛屿的首富，甚至娶了夏威夷王国的公主为妻。夏威夷有的地名还是中国人命名的。至今，华人仍是夏威夷族群的一部分。

1893年，美国人策划推翻了夏威夷王朝，建立了所谓的"夏威夷共和国"，1898年，美国吞并了夏威夷。1959年 夏威夷成为了美国的一个州。

夏威夷群岛横跨北回归线，地处热带、亚热带，既无严寒，又无酷暑，气候宜人，盛产热带水果、干果、咖啡等，是人间的天堂。夏威夷得天独厚的自然条件，使它成为世界上最佳旅游地之一。现在，每年有上千万的游客来此旅游。中国人来夏威夷旅游开始得比较晚，然而发展比较快，有人估计每年已有20万人左右。

中华人民共和国领导人李先念、江泽民、胡锦涛先后访问过夏威夷。1997年夏威夷的火奴鲁鲁（檀香山市）与中国的广东省中山市结为友好城市。2021年10月20日，中国福建省福州市与檀香山市建立友城关系。中国与夏威夷的交往，越来越密切。

托女儿的福，我先后四次到夏威夷旅游，亲眼目睹了瓦胡岛、茂宜岛和夏威夷岛许多的景点。特别是第四次旅游，住在夏威夷岛科纳海滩酒店，参观了酒店里的画廊和画室，接触了夏威夷王国的历史，令我感触颇深，促使我对夏威夷的历史、地理、气候、城镇、经济、教育、旅游景点等方面做了一些探索和研究，写成了本书，目的是向读者介绍夏威夷这个人间的天堂、旅游的胜地。

有机会到夏威夷一游，真乃是人生之幸。

目录

前言 3

海岛篇 15

夏威夷群岛 17
 一 概况 17
 二 夏威夷农业 19
 三 夏威夷旅游业 20
 四 夏威夷教育 21
 五 夏威夷交通 24
 六 夏威夷军事 25

夏威夷岛（大岛） 27
 一 概况 27
 二 城市 28
  （一）希洛 29
  （二）科纳 30
  （三）霍瑙瑙 31
  （四）威美亚 32
  （五）哈威 33
  （六）霍诺卡 34
  （七）帕帕伊库 34
  （八）柯蒂斯敦 35
  （九）芒廷维尤 36
  （十）帕哈拉 37
  （十一）普纳卢 37
  （十二）库克船长村 39
  （十三）卡拉奥 39
  （十四）韦科洛亚村 40
  （十五）卡韦哈伊 41

 三 经济 42

四 教育 43
（一）夏威夷岛的高等学校 43
（二）夏威夷岛的高中 44
五 旅游 46
（一）夏威夷火山国家公园 46
（二）凯卡哈凯州立公园 47
（三）阿卡卡瀑布州立公园 47
（四）威美亚 48
六 交通 48

茂宜岛 49
一 概况 49
二 城镇 50
（一）拉海纳 50
（二）怀卢库 52
（三）卡胡卢伊 53
（四）帕依亚 54
（五）玛卡瓦镇 55
（六）海纳镇 55
（七）卡纳帕利 56
三 经济 57
四 教育 57
（一）茂宜岛的高等学校 58
（二）茂宜岛的高中学校 58
五 旅游 59
（一）哈雷阿卡拉国家公园 59
（二）拉海纳捕鲸镇 60
（三）哈纳公路 60
（四）伊奥山谷州立公园 61
（五）卡纳帕利海滩 62
（六）怀卢阿瀑布 62
六 交通 62

瓦胡岛 63

一 概况 63
二 城市 65
（一）火奴鲁鲁 65
(二) 卡普雷 66
（三）卡胡库镇 68
（四）拉耶镇 69
（五）豪乌拉 70
（六）卡阿瓦 70
（七）怀坎 71
（八）卡哈卢 72
（九）莫卡普 73
（十）凯卢阿 73
（十一）卡内奥赫 74
（十二）怀马纳洛 75
（十三）怀马纳洛海滩 76
（十四）北岸 77
（十五）哈来伊瓦 77
（十六）瓦亚卢阿 78
（十七）马卡哈 79
（十八）瓦希阿瓦 80
（十九）米利拉尼 81
（二十）迈利 81
（二十一）纳纳库利 83

三 经济 83
四 教育 85
（一）瓦胡岛的高等学校 85
（二）瓦胡岛的高中学校 87

五 旅游 91
（一）亚利桑那号战列舰纪念馆 91
（二）波利尼西亚文化中心 92

（三）威基基海滩 92
　　（四）菠萝园 93
　　（五）钻石山 93
　六 交通 94

可爱岛 95
　一 概况 95
　二 城镇 96
　　（一）利胡埃 96
　　（二）卡帕 97
　　（三）威路亚 97
　　（四）可洛亚 97
　　（五）威美亚 98
　三 经济 98
　四 教育 99
　　（一）可爱岛高等学校 99
　　（二）可爱岛高中 99
　五 旅游 101
　　（一）威美亚峡谷州立公园 101
　　（二）科基州立公园 101
　　（三）可爱岛博物馆 102
　　（四）威陆雅瀑布 102
　　（五）梅内胡内鱼塘 103
　六 交通 103

摩洛凯岛 104
　一 概况 104
　二 城镇 104
　　（一）考纳卡凯 105
　　（二）茂纳洛亚 105
　三 经济 105
　四 教育 105
　五 旅游 106
　　（一）哈拉瓦山谷 106

（二）哈拉瓦海滩公园	107
（三）卡劳帕帕国家历史公园	107
（四）帕波哈库海滩	107
六 交通	107

拉奈岛 109
一 概况 109
二 城市 110
三 经济 111
四 教育 111
五 旅游 111
　　（一）四季度假村 111
　　（二）卡内普吾自然保护区 111
六 交通 112

尼豪岛 113
一 概况 113
二 村庄 115
三 经济 115
四 教育 115
五 旅游 115

卡胡拉威岛 117

历史画卷篇 119

科纳海滩酒店油画展英文说明 121
科纳海滩酒店油画展英文说明中文大意 122
参观画廊，了解夏威夷 123
一 第1幅油画"夏威夷的发现" 124
二 第2幅油画"女神贝利的夏威夷之旅" 125
三 第3幅油画"奥洛帕纳" 127
四 第4幅油画"航海家" 128
五 第5幅油画"西班牙帆船发现夏威夷" 129
六 第6幅油画"年轻的卡美哈美哈" 131
七 第7幅油画"接触时刻" 133
八 第8幅油画"库克探险队进入基亚拉凯库亚湾" 134
九 第9幅油画"库克船长之死" 135

十 第10幅油画"费利斯冒险家号商船"	136
十一 第11幅油画"酋长开会"	141
十二 第12幅油画"莫库奥海之战"	143
十三 第13幅油画"霍诺瑙湾"	144
十四 第14幅油画"卡阿胡玛努女王"	145
十五 第15幅油画"普库霍拉海奥卡美哈美哈大厦"	147
十六 第16幅油画"普库霍拉的仪式"	148
十七 第17幅油画"红嘴枪之战"	150
十八 第18幅油画卡美哈美哈舰队的"贝利琉战争独木舟"	151
十九 第19幅油画卡"美哈美哈的入侵舰队在威基基登陆"	152
二十 第20幅油画"努阿努巴利战役"	153
二十一 第21幅油画"阿胡埃娜·海奥"	155
二十二 第22幅油画"卡美哈美哈向贝利献祭"	157
二十三 第23幅油画"碎桨法"	158
二十四 第24幅油画"卡帕的制造者"	159
二十五 第25幅油画"编蓆"	161
二十六 第26幅油画"渔夫"	162
二十七 第27幅油画"锛的制作者"	163
二十八 第28幅油画"独木舟制造者"	165
二十九 第29幅油画"茂宜岛卡纳帕利附近的捕鲸船'阳光'号"	166
三十 第30幅油画"种植者"	168
三十一 第31幅油画"考凯奥利"	170
三十二 第32幅油画"卡皮奥拉尼公主藐视贝利"	171
三十三 第33幅油画"伯妮丝·波亚希·毕晓普公主"	173
三十四 第34幅油画"老夏威夷的长裙骑士"	175
三十五 第35幅油画"在拉奈岛"	176
三十六 第36幅油画"海的女儿"	177
三十七 第37幅油画"呼拉霍洛库"	179
三十八 第38幅油画"新被子"	180
三十九 第39幅油画"音乐家"	181
四十 第40幅油画"霍库莱阿（欢乐之星）"	182

科纳海滩酒店画廊解读 **183**

一 发现夏威夷的历史	183
二 夏威夷王国王室成员	183
三 重大历史事件	185

（一）库克船长来夏威夷	185
（二）卡美哈美哈一世统一夏威夷	187
四　夏威夷岛民的生产和生活	188
（一）夏威夷岛民的生产	188
（二）夏威夷岛民的生活	191
五　霍库莱阿（欢乐之星）独木舟	191

参观油画展，学习夏威夷王国历史　193

一　卡美哈美哈	195
卡美哈美哈一世简介	198
二　卡阿胡玛努	199
卡阿胡玛努简介	199
三　卡美哈美哈二世利霍利霍	200
卡美哈美哈二世卡拉尼夸利霍利霍简介	202
四　卡美哈美哈三世考凯奥利	203
卡美哈美哈三世考凯奥利简介	205
五　卡美哈美哈四世亚历山大	207
卡美哈美哈四世亚历山大简介	209
六　卡美哈美哈五世洛特·卡普埃瓦	210
卡美哈美哈五世洛特·卡普埃瓦简介	211
七　鲁纳利洛国王	212
鲁纳利洛国王简介	213
八　卡拉卡瓦国王	215
卡拉卡瓦国王简介	216
卡皮欧拉尼王后简介	218
九　利留卡拉尼女王	219
利留卡拉尼女王简介	219
附录：	220
一　夏威夷王国卡美哈美哈王朝	220
二　夏威夷王国首都	220
赫伯·卡瓦努伊·卡恩简介	221

游记篇　225

第一次游夏威夷——瓦胡岛旅游　227

  一　夏威夷和瓦胡岛简介 227
  二　参观珍珠港 228
  三　威基基海滩游玩 231
  四　游泳池游泳 233
  五　夏威夷自助餐和文艺演出 233
  六　恐龙湾赏鱼 236
  七　波利尼西亚文化中心 237
  八　参观珍珠港太平洋航空博物馆 241
  九　钻石山和奥巴马公园 245

第二次游夏威夷——茂宜岛旅游 **249**
  一　飞越太平洋 249
  二　海边漫步 250
  三　浮潜 251
  四　环岛游 253
  五　开车 257

第三次游夏威夷——再游瓦胡岛 **259**
  一　我们旅游团的成员和团服 259
  二　租房和租车 260
  三　参观珍珠港历史遗迹 260
  四　钻石山——夏威夷州立公园 264
  五　恐龙湾、瞭望海泉喷口与卡鲁瓦海滩公园 265
  六　张学良墓 268
  七　波利尼西亚文化中心 270
  八　参观波罗园 274
  九　凌晨拍日出 274

第四次游夏威夷——大岛、茂宜岛旅游 **276**
  一　凯卡哈凯州立公园 277
  二　咖啡园 279
  三　海滩照相 281
  四　大岛环岛游 283
  五　卡哈鲁海滩公园观鱼 287
  六　农贸市场 289
  七　酒店油画 291
  八　转往茂宜岛 293
  九　茂宜岛的一个社区 295

十 哈雷阿卡拉国家公园 296
十一 伊奥山谷州立公园 299
十二 疫情之下的一次出游 301
后记 **303**

海岛篇

韩连生

夏威夷群岛

一 概况

夏威夷群岛(英语：Hawaiian Islands) 位于太平洋的中部，介于北纬 18°54′—28°15′、西经 154°41′—178°75′之间，呈弧状横贯北回归线，横跨 2,451 公里（1524 英里），是世界上最长的群岛带。8 个主要岛屿依纬度顺序为可爱岛（英语：Kauai）、尼豪岛（英语：Nihau）、瓦胡岛（英语：Oahu）、摩洛凯岛（英语：Molokai）、拉奈岛（英语：Lanai）、茂宜岛（英语：Maui）、卡胡拉威岛（英语：Kahoolawe）、夏威夷岛（英语：Hawaii）。

夏威夷群岛共有 137 个大大小小的岛屿，海岸线长约为 1,210 公里，其中从尼豪岛到夏威夷岛之间的 7 个岛，有人长期居住，6 个岛开发为旅游度假岛。夏威夷群岛整个岛链，从尼豪岛向西北方还延伸有 1,600 公里。夏威夷群岛的陆地面积 16,638 平方公里，占波利尼西亚群岛陆地总面积 2.6 万平方公里的 63.99%，是波利尼西亚群岛中面积最大的二级群岛。

夏威夷群岛 2000 年人口 121.2 万人，占波利尼西亚群岛当年总人口 142 万的 85.4%。人口数量占了波利尼西亚群岛的绝大多数。而且，夏威夷的人口数量，还在不断增长。2010 年人口普查为 1,363,963 人，2020 年人口普查为 1,455,271 人，比十年前增长了 6.7%。

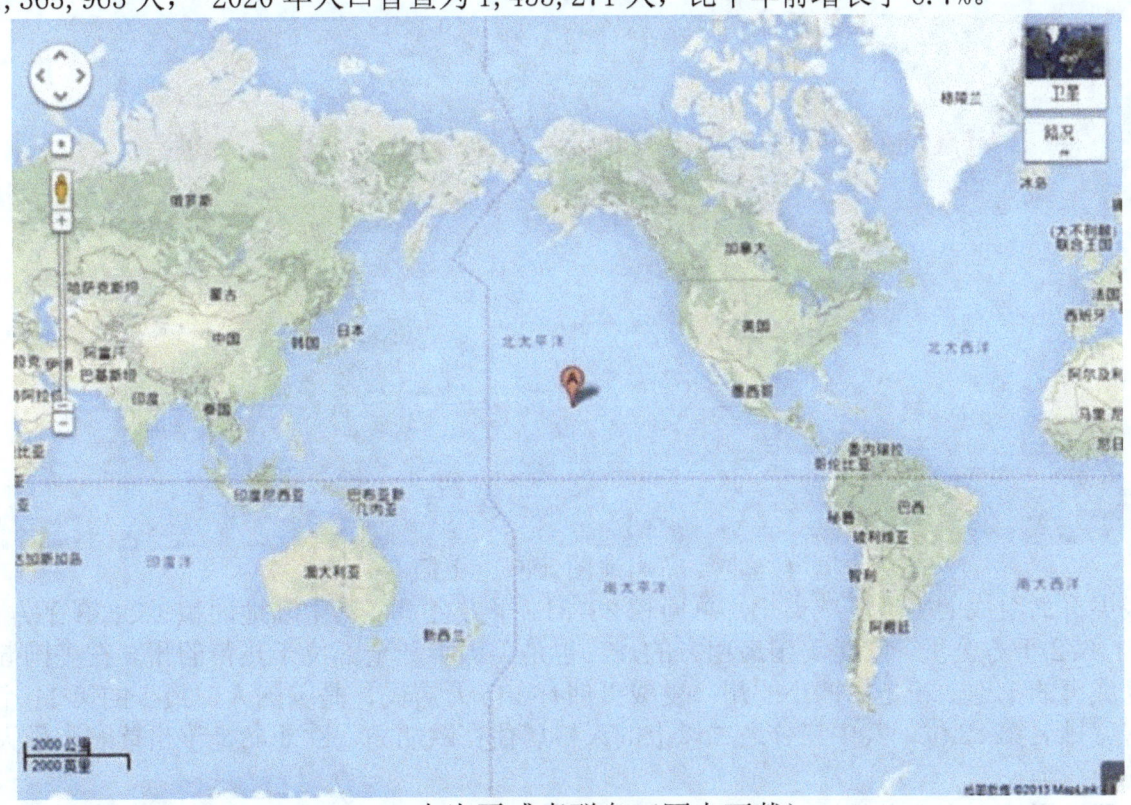

A 点为夏威夷群岛（网上下载）

夏威夷距离美国的加利福尼亚 3,850 公里（2390 英里），距离中国的北京 8417.26 公里

（5230.24英里），距离日本6195公里（3850英里），距离澳大利亚9077公里（5673英里），是世界上最孤立的人口聚集地。

檀香山毕夏普博物馆（Bishop Museum）的资料表明，夏威夷最早居民的祖先可追溯至中国的长三角地区，时间大约在5,000—6,000年前。因此，夏威夷人与中国人有血缘关系。

世界上海拔最高的山峰珠穆朗玛峰高8,848.86米（29,032英尺）。夏威夷岛（大岛）的莫纳克亚（英语：Mauna Kea，又译为冒纳凯阿、冒纳开亚、毛纳-西阿）火山，海拔为4207.3米（13,803英尺），如果连同其海面以下的部分一起算，它的总高度为9,330米（30,610英尺），比珠穆朗玛峰还高。

茂宜岛上的哈雷阿卡拉（英语：Haleakala，又译为哈莱阿卡拉、哈莱亚卡拉）火山，又名东茂宜岛火山，海拔3,055米（10,023英尺），火山口周长32公里（20英里），最后一次喷发是1790年。它是世界上最大的休眠火山口，占茂宜岛面积的75%。1935年竣工的哈雷阿卡拉公路，通往哈雷阿卡拉山顶。

摩洛凯岛（英语：Molokai，又译为莫洛凯岛）北海湾的卡劳帕帕（英语：Kalaupapa）悬崖，1,010米（3,315英尺）高。它是一座古老的火山口的一部分，是世界上最高的海边悬崖。

瓦胡岛的檀香山市，不仅包括整个瓦胡岛，而且依照夏威夷的地方法规，任何一个没有明确属于哪个县的小岛，即夏威夷的西北列岛，都是檀香山市的一部分。这样，檀香山市的长度约有2,414公里（1,500英里），是世界上最"长"的城市。

夏威夷群岛主要岛屿地图（网上下载）

由夏威夷群岛组成的美国夏威夷州，总面积28,311平方公里，其中陆地面积16,638平方公里，水域11,672平方公里。它是美国最南方的州，也是美国唯一全部位于热带的州。在美国50个州中，夏威夷的土地面积是第四小的州；夏威夷拥有145万居民，是美国人口最少的第11个州，人口密度排名第13位。其中三分之二以上的人口居住在欧胡岛，欧胡岛是该州首府和最大城市檀香山的所在地。

夏威夷群岛周边为太平洋包围，其气候接近亚热带气候而不是热带气候，全年气候变化不大，没有四季之分。一年之中，5月到10月为夏季，11月到第二年4月为冬季，两季温差极小。

2、3月最冷，8、9月最热，气温在14至32度之间。海岸沿线气候宜人，湿度低，既无严寒，又无酷暑。不仅适宜人类生活，就连阿拉斯加的座头鲸都跑到这里来过冬。通常10月到次年的4月雨量最大。各岛之间，甚至每个岛的不同地区之间，由于海拔不同，迎风、背风不同，因而温度和降雨量不同。总之，夏威夷一年四季阳光灿烂，适宜人类居住和生活。

马克·吐温说过，夏威夷是太平洋中最美丽的岛屿，也是停泊在海洋中最可爱的岛屿舰队。

1898年，夏威夷正式并入美国，成为美国的准州之一。

1959年8月21日，美国正式设夏威夷州，成为美国的第50个州，州府在瓦胡岛（Oahu）上的火奴鲁鲁（Honolulu）。夏威夷州下辖5个县，县级行政列表如下：

县名	县治	成立年份	下辖岛屿	2018年人口	陆地面积
夏威夷县	希洛	1905	夏威夷岛	200,983	10,432平方公里（4,028平方英里）
茂宜县	怀卢库	1905	茂宜岛、拉奈岛、卡胡拉威岛、摩洛凯岛大部分、摩洛基尼岛	167,207	3,010平方公里（1,162平方英里）
火奴鲁鲁市县	火奴鲁鲁	1905	瓦胡岛以及中途岛以外的西北夏威夷群岛诸岛屿	980,080	1,577平方公里（601平方英里）
可爱县	利胡埃	1905	可爱岛、尼豪岛、里花岛以及考拉岛	72,133	1,606平方公里（620平方英里）
卡拉沃县		1905	摩洛凯岛上的卡劳帕帕半岛	88人	31平方公里（12平方英里）

（注：上表数据引自维基百科《夏威夷州县级行政区列表》）

夏威夷是多民族聚居的州，是美国亚裔人口比例最高的州。日本人是夏威夷最大的亚洲少数民族，其次是菲律宾人、土著人、华人、朝鲜人、越南人、老挝人和泰国人。

夏威夷文化不仅有本地的波利尼西亚文化，而且有东南亚、南亚的亚洲文化，以及北美洲的美国文化。它是一个各种文化相互融合的地方。

夏威夷州2020年GDP为953.64亿美元，人均国内生产总值67,395美元，高于美国全国平均的65,280美元。2021年夏威夷州的GDP为924.45亿美元，人均国内生产总值64,084美元，低于美国全国平均的69,908美元。

（注：资料引自维基百科《按GDP列出美国各州和领地列表》）

二　夏威夷农业

夏威夷大约40%的土地适宜耕种。这里土地肥沃，热带、亚热带气候，适合农作物生长。夏威夷的原住民——波利尼西亚人来到夏威夷以后，一直从事农业种植。直到18世纪，夏威夷群岛仍处于原始的部落状态。他们以种植芋头、甘薯（红薯）和捕鱼为生。

18世纪末、19世纪初，夏威夷的檀香木开始向亚洲出口。直到19世纪30年代中期，由于过度砍伐，檀香木的供应开始减少。

1810年建立夏威夷王国之后，捕鲸者开始在夏威夷的一些港口停留，以储备物资。许多岛屿港口的商店如雨后春笋发展起来，以满足捕鲸者的需要。

檀香木业和捕鲸业在1790年至1870年的数十年间，成为了夏威夷的两个主要产业。随着资源的消失，这两大产业很快萎缩了。

在以后的一百年里，西方人把许多作物（主要是菠萝、咖啡、坚果）、动物（主要是马匹），带到了夏威夷，这些作物和动物成为了夏威夷农业经济的重要组成部分。

夏威夷的甘蔗，极大可能是波利尼西亚人从别的海岛带到这里来的。在漫长的岁月里，他们只会咀嚼甘蔗。直到1802年，拉奈岛的居民才会用石头做的压榨机挤出甘蔗里的糖水。数十年之后，1834年在可爱岛上才建立了第一家制糖厂。此后，种植甘蔗和制糖在夏威夷迅速发展起来，成为一个重要产业，并从中国、日本、菲律宾等国引进了大批的劳工，从事种植甘蔗和制糖。

1875年1月30日夏威夷王国与美国签署了互惠条约。这个条约，对于夏威夷来说是一把双刃剑。一方面，夏威夷的糖和大米得以免课关税进入美国，促进了夏威夷的甘蔗种植业和制糖业的发展。到了1959年，夏威夷每12个劳动力中，就有1个人在甘蔗业工作。另一方面，也为此后美国吞并夏威夷埋下了伏笔。

菠萝自1813年传入夏威夷以后，1898年—1909年美国人在夏威夷建立了三大菠萝巨头公司，"菠萝很快成为夏威夷最大和最赚钱的作物"。"到了1930年，有八家罐头厂的总共900万箱菠萝从夏威夷出口到其它地方去。到了二十世纪六十年代，夏威夷垄断了世界上80%的菠萝出口量。"

二十世纪中期以后，随着发展中国家种植甘蔗和菠萝的增多，夏威夷种植的甘蔗和菠萝成本相对高，于是开始萎缩。不仅种植面积减少，相关工厂也陆续关闭。制糖业和菠萝业转入生产成本更低的地区。"现在夏威夷的菠萝只占全世界的20%。" 可爱岛的最后一家制糖厂于1995年关闭，夏威夷制糖业开始落幕。

现在，夏威夷的糖主要在茂宜岛和可爱岛生产，甘蔗种植70,000英亩，2002年半成品糖产量为340,000吨。夏威夷每年收获约320,000吨菠萝。

"玛卡达米阿（macadamia）坚果树1882年从澳大利亚传入夏威夷"。"1921年建立了第一家玛卡达米阿（macadamia）坚果种植园"，"现在夏威夷有700个农场和8个加工厂，它们生产了世界上90%的玛卡达米阿（macadamia）坚果。"

咖啡树最早是1813年由卡美哈美哈大帝的西班牙参谋引入夏威夷的。1828年一个传教士在夏威夷大岛的科纳栽种了第一棵咖啡树，科纳咖啡就诞生了。"二十世纪三十年代咖啡在夏威夷成为一种经济作物。现在已经有715家小型咖啡农场。夏威夷是美国在世界上唯一的咖啡供应地。"

夏威夷历史上主要是种植园经济，由于其肥沃的含有火山灰的土壤，独特的气候，适宜菠萝、甘蔗、夏威夷果、芒果、香蕉、木瓜、杨桃、咖啡等热带水果生长，至今仍然是美国主要的农业出口州。

三　夏威夷旅游业

自20世纪中叶以来，夏威夷经济逐渐多样化，旅游业和军事部门成为两个最大的产业。该州以其多样化的自然风光，温暖的热带气候，丰富的公共海滩，海洋环境，史上罕见的活火山吸引了来自世界各地的游客，冲浪者和科学家。

夏威夷群岛旅游资源丰富。大岛有世界上最大的活火山，不仅遍地是熔岩形成的岩石，而且至今还可以看到火山口熔岩喷发。瓦胡岛有珍珠港亚利桑那号纪念馆，可供人们了解第二次世界大战的历史，了解日本军国主义发动战争的罪行；有波利尼西亚文化中心，向游人展示丰富多彩的波利尼西亚文化；有菠萝种植园、咖啡种植园，游人可以饱览热带水果和咖啡豆的成长过程。大岛、茂宜岛有巍峨的高山，人们可以在高山之顶、云层之上观日出日落，看斗转星移。各个岛有众多的黄色、白色、黑色的沙滩，适宜人们游泳、冲浪、划船和浮潜。有惊险的峡谷，人们可以在峡谷中欣赏悬崖峭壁、热带雨林和溪流瀑布。

夏威夷独特美丽的热带自然风光，是人间的天堂。吸引了世界各国的游客来此旅游。夏威夷的旅游业最早可以追溯到19世纪下半叶。

1870年，澳大利亚北太平洋运输公司开通了前往夏威夷的轮船航线，开始了两地之间的商业客运、货运和邮件服务。十余年后，1881年12月24日，美国的约翰·D·斯普雷柯尔斯成立了海洋轮船公司，1883年开通了旧金山和夏威夷之间的轮船航线。自此，夏威夷同外界的海上交通打开了。从1872年到1898年，每年来夏威夷的游客保持在2,000人左右。此时，来夏威夷的旅游不属于"大众旅游"，而是"小众旅游"，即只能是少数贵族、官员、富商的旅游。

美国著名作家马克·吐温，曾于1866年来夏威夷旅游。不过，他并不是私人乘轮船来此旅游，而是在阿贾克斯号上担任萨克门托日报联盟的旅行记者，借工作之际来此一游。

1929年，到夏威夷访问的游客达22,000名，具有了相当的规模。

1936年10月21日，第一架商用客机从旧金山飞往夏威夷。第二次世界大战以后，其他航空公司也获得了飞往夏威夷航运的许可。由此开通了夏威夷同外界的空中通道。到1967年，来夏威夷的游客首次超过一百万，已经由"小众旅游"发展为"大众旅游"。到2014年，游客数量超过830万。

2017年，夏威夷游客超过960万，游客支出超过167.8亿美元，由此产生19.6亿美元的税收。夏威夷20.4万个工作岗位与旅游业有关，旅游业已经占夏威夷州经济的21%。

2019年，有1,000万游客来到人口约为140多万的夏威夷，是这个岛屿历史上游客人数最多的一年。许多人认为旅游业的压力已经超出了夏威夷岛的承受能力。游客泛滥，已经令当地居民感到了郁闷。

四　夏威夷教育

夏威夷教育中最著名的，是普纳霍学校（英语：(Punahou School，又译为普纳荷学校、畔纳荷学校、普纳胡）。这所学校的中学部，培养出了中国辛亥革命重要领袖、满清皇朝推翻者、中华民国临时大总统、"革命先行者"孙中山和美国第44任总统、首位拥有非裔血统的美国总统贝拉克·奥巴马。

夏威夷王国重视教育。卡美哈美哈三世考凯奥利国王，1831年在当时的首都茂宜岛的拉海纳，建立了拉海纳鲁纳高中（9-12年级），扩大了学校系统，使夏威夷成为世界上识字率最高的国家之一。艾玛王后、卡美哈美哈三世摄政王，于1834年下令在所有地区建立免费的公立学校，这项工作于1836年完成。卡美哈美哈三世 在1840年10月15日建立了夏威夷的第一个公共教育系统——夏威夷王国教育部。这使夏威夷州教育部成为美国西部最古老的学校系统。

1863年，英国圣公会神父威廉·R·斯科特（William R. Scott）在瓦胡岛的火奴鲁鲁创建了伊奥拉尼私立学校。这所学校得到了卡美哈美哈四世国王的资助。这所学校至今仍是夏威夷最有名的私立学校。

夏威夷州教育部（Hawaii Department of Education），同时也是该教育部所管辖的、包含整个夏威夷州的单一学区，总部设在檀香山的利留卡拉尼女王大厦（Queen Liliuokalani Building）。负责监督全州所有283所公立学校和特许学校，以及13,000多名教师，为大约185,000名学生服务。

"特许学校是经由州政府立法通过，特别允许教师、家长、教育专业团体或其它非营利机构等私人经营公家负担经费的学校，不受例行性教育行政规定约束。这类学校虽然由政府负担教育经费，但却交给私人经营，除了必须达到双方预定的教育成效之外，不受一般教育行政法规的限制，为例外特别许可的学校，所以称之为「特许」学校"。"美国的特许学校一方面具备公立学校公平、公正、低学费的优点，另一方面又有私立学校重视经营绩效的优点，同时也可以激发各种创新的教育实验，并且可以透过竞争压力，刺激一般公立学校提升学校经营及教学质量"。夏威夷州议会1994年批准了该州的特许学校法。

夏威夷州中小学以及幼儿园教育，由公立学校、公立特许学校和私立学校三部分组成。公立学校中，有高中45所，中学71所，小学204所。2015-16学年夏威夷州有34所公立特许学校，这些学校招收了11,000名学生。夏威夷私立学校要依法经过批准或认证，现在夏威夷州有128所私立学校。其中有K—12年级的学校，即从幼儿园、小学、初中到高中的学校；有k-5年级的学校，即幼儿园到小学的学校；有k-8年级的学校，即幼儿园、小学到初中的学校；有9-12年级的学校，即高中学校。

夏威夷州公立高中排名前10名的有：西奥多•罗斯福总统高中、亨利•J•凯撒高中、卡拉尼高中、米利拉尼高中、怀基亚高中、威廉•麦金利总统高中、莫瓦纳鲁瓦高中、基拉克赫高中、珍珠城高中、爱亚高中。

2022年夏威夷州最佳特许公立高中前10名是：夏威夷技术学院公立特许学校、大学实验学校、基黑特许学校、迈伦湾•汤普森公立特许学校、西夏威夷探索学院公立特许学校、夏威夷艺术与科学学院公立特许学校、克库拉•奥塞缪尔•M•卡马考公立特许学校、连接公立特许学校、卡努伊卡波诺学习中心公立特许学校、哈劳库马纳公立特许学校。

2022年夏威夷州私立高中前10名有：伊拉奥尼学校、普纳霍学校、夏威夷预备学院、夏威夷宣教学院、亚太国际学校、花园学院、圣安德鲁学校、西伯里霍尔学校、太平洋岛屿学院、茂宜岛预备学院。

在以后讲述各岛教育时，将对于以上这些高中学校作进一步的介绍。

夏威夷州的高等教育，是并入美国以后开始创建的。1907年创办了夏威夷州的第一所大学——夏威夷大学。夏威夷大学是一所公立男女同校的大学，提供副学士、学士、硕士和博士学位课程。现有3个大学校园、7个社区大学校园和就业培训中心，设施分布在夏威夷的六个岛上，而所有学校受到西部学校和学院协会认可。所有夏威夷大学机构有大约50,317名学生，其中，44,122名是学士生，中国留学生占5%左右。大学的主要行政办公室位于瓦胡岛檀香山的夏威夷大学马诺阿分校校区。夏威夷大学在美国高校中，排名虽然不靠前，然而它的大洋学、海洋科学、地球物理、亚洲戏剧、教师教育、流行病学、老人病学、环境法、国际商学、图书馆学等专业，却是位居全美前列。

夏威夷高等学校中，除公立的以外，还有私立的，如夏威夷太平洋大学，杨百翰大学夏威夷分校，阿格尔西大学等。

夏威夷州大学名单如下：

四年制院校

学校	位置	控制	卡内基分类	招生[1]（2019年）	成立[2]
夏威夷社区学院	希洛	公共	联营学院	2,615	1941
檀香山社区学院	火奴鲁鲁	公共	联营学院	4,144	1920

学校	位置	控制	卡内基分类	招生（2019年）[1]	成立[9]
卡皮欧拉尼社区学院	火奴鲁鲁	公共	联营学院	7,816	1946
可爱岛社区学院	利胡埃	公共	联营学院	1,346	1965
背风社区学院	珍珠城	公共	联营学院	7,942	1968
向风社区学院	卡内奥赫	公共	联营学院	2,705	1972
夏威夷大学希洛分校	希洛	公共	博士大学	3,539	1947
夏威夷大学马诺阿分校	火奴鲁鲁	公共	博士大学	18,056	1907
夏威夷大学西瓦胡岛分校	卡波雷	公共	博士大学	2,944	1976
夏威夷大学毛伊岛学院	卡胡卢伊	公共	博士大学	4,527	1931
夏威夷太平洋大学	火奴鲁鲁	私人（非盈利）	硕士大学	4,998	1965
杨百翰大学	莱耶	私人（非盈利）	学士学位/副学院	2,800	1875
檀香山查米纳德大学	火奴鲁鲁	私人（非盈利）	硕士大学	1,099	1955
赤麻大学	希洛	私人（非盈利）	学士学位/副学院		2002
大西洋国际大学	火奴鲁鲁	私人（营利性）	硕士大学		1998

学校	位置	控制	卡内基分类	招生（2019 年）[1]	成立[2]
世界医学研究所	火奴鲁鲁	私人（营利性）	硕士大学	36	1970
针灸与东方医学研究所	火奴鲁鲁	私人（营利性）	硕士大学	55	1996

两年制院校：夏威夷东海国际学院。

（注：上表源自维基百科《夏威夷大学名单》）

在以后本书讲述各岛教育时，也将对以上大学作进一步的介绍。

五　夏威夷交通

夏威夷群岛同岛外交通联系，主要依靠航空。夏威夷的主要民用机场有瓦胡岛的檀香山机场，又名为火奴鲁鲁机场、丹尼尔·井上国际机场，大岛的希洛机场和科纳机场，茂宜岛的卡胡卢伊机场，可爱岛的利胡埃机场。

同夏威夷航班联系最多的是美国。美国的阿拉斯加航空公司、美国航空、美国大陆航空、达美航空、美国联合航空、夏威夷航空公司等多家航空公司，提供美国大陆众多城市与夏威夷各民用机场之间的往返航班。美国航空还为世界上 40 多个国家的 250 多座城市提供往返夏威夷的航班。

同夏威夷航班联系第二多的是美国的近邻加拿大。加拿大的航空公司、加拿大的艾伯塔省卡尔加里的低成本航空公司，提供加拿大的许多大城市到夏威夷瓦胡岛的檀香山、茂宜岛的卡胡卢伊、大岛的科纳之间的往返航班。

亚洲、大洋洲的许多国家和地区，有往返于夏威夷之间的航班。

从中国直飞到夏威夷的航班有两个城市，一个是北京，一个是上海。通往的地点是夏威夷瓦胡岛火奴鲁鲁国际机场。

上海 2011 年 8 月 9 日首次开通中国直飞夏威夷飞机的航班。东航每周二、五两班，从上海飞往夏威夷。上海直飞无需转机，9 小时直达，起价 8999 元。并且，全国同价销售，北京、广州、成都、深圳、南京、杭州出发的客人，赠送当地往返上海的机票或者用车。

北京飞往火奴鲁鲁国际机场航班有两个，一个是 HA898，一个是 CA837，中国航空公司发出。飞行无中转站。机票价格经济舱为 3800 元左右，头等舱为 8900 元左右。

日本国的日本航空公司（JAL）、全日空航空公司，提供东京的成田国际机场、大阪的中部国际机场、关西国际机场到夏威夷瓦胡岛的檀香山机场、大岛的科纳机场之间往返的航班。

中国航空，提供中国台湾桃园机场和日本成田机场至夏威夷瓦胡岛檀香山机场之间的航班服务。

韩国的大韩航空公司，提供韩国首尔仁川机场和瓦胡岛檀香山机场之间的每日航班。

新西兰航空公司，每日提供往返于新西兰奥克兰和瓦胡岛檀香山之间的航班。

斐济的国家航空公司，提供萨摩亚的阿皮亚、圣诞岛和斐济的纳迪往返瓦胡岛檀香山的航班。

菲律宾国家航空公司，提供每周三次马尼拉尼诺阿基诺机场和瓦胡岛的檀香山机场之间的航班。

澳洲航空公司，提供澳大利亚悉尼和瓦胡岛檀香山之间每周三次的往返航班。澳大利亚和新西兰的捷星航空公司，提供澳大利亚的悉尼和瓦胡岛檀香山之间的航班。

夏威夷各岛之间的交通，同样主要依靠航班。夏威夷第二大航空公司，拥有37座Dash 8涡轮螺旋桨飞机，为所有夏威夷主要岛屿上的机场，诸如瓦胡岛的檀香山国际机场，茂宜岛的卡胡卢伊机场，西茂宜岛的卡普鲁亚机场、东茂宜岛的哈纳机场，摩洛凯岛的摩洛凯机场、可爱岛的利胡埃机场和大岛科纳机场，提供服务。

夏威夷的高速公路，目前兴建完成的有4条，分别是H-1，H-2，H-3，H-201。其中，H-1州际公路，位于瓦胡岛的南部，东西走向，长43.71公里（27.16英里），是夏威夷州最长的高速公路；H-2州际公路，又称为退伍军人纪念高速公路，位于瓦胡岛中部，南北走向，长13.41公里（8.33英里）；H-3州际公路，也称为约翰·伯恩斯公路，是瓦胡岛上的东西方向的高速公路，长24.66公里（15.32英里）；H-201州际公路，也称为莫阿纳卢阿高速公路，位于檀香山市中心附近，西北到东南走向，长6.6公里（4.1英里）。这些高速公路，并不遵循美国的东西方向偶数和南北方向奇数的编码原则，而是以兴建先后作为编码依据。

夏威夷群岛内部的交通，各岛之间发展很不平衡。夏威夷的公交车拥有一百多条线路，4,200个公交车站，主要分布在瓦胡岛上。瓦胡岛人口多、密度大，公交线路几乎遍及岛上的每一个角落。瓦胡岛不仅公交车多，而且还有电车，通往主要的旅游景点。瓦胡岛还有数量不多的出租车，打出租车去景点，也不失为一种省钱省力的好方法。

大岛的公交车，主要是面向通勤人员，每周一至六运营。对于游客来说，并不方便。茂宜岛有数条公交线路运营，通往拉海纳、基黑、威利亚等景点，票价1元。不过，车和线路不很多，游客会感觉不很方便。

瓦胡岛、茂宜岛、大岛、可爱岛是夏威夷旅游的主要目的地。这些岛上的旅游景点比较分散，相互距离远，因此，外来游客到夏威夷来旅游，最好是租车自驾游。在夏威夷租车，大部分代理公司都有网上预定的服务。一般情况下，网上价格优惠，比市场价便宜。当然，也有情况相反的时候。这时候，退掉价格高的网上预定，购买市场价，游客仍有主动权。夏威夷的各个商用机场，都提供汽车租赁服务。出租汽车公司提供机场出口与出租汽车公司之间的摆渡车，取车、还车都很方便。

六　夏威夷军事

夏威夷群岛位于太平洋中心地区，具有十分重要的战略价值。它是美军的在太平洋地区的后勤和指挥中心。美军在夏威夷的军事设施，主要集中在瓦胡岛。

夏威夷驻有美军五大司令部：美军太平洋总部，太平洋陆军司令部，太平洋空军司令部，太平洋舰队司令部和太平洋舰队陆战队司令部。

美军太平洋总部(英语：US Pacific Headquarters)，1947年1月1日建立。司令部设在瓦胡岛史密斯营地。它是对太平洋地区美国部队实施作战指挥的联合司令部。下辖太平洋舰队司令部、太平洋空军司令部、太平洋陆军司令部等，是目前所有联合司令部中规模最大的一个。负责指挥战区内375,000名美军，200艘舰船（包括5个航母战斗群），近1,100架飞机。太平洋司令部文职人员约38,000人。司令部总部位于夏威夷檀香山旁史密斯营的尼米兹-麦克阿瑟大厦。

太平洋陆军司令部（英语：United States Army Pacific），是美国陆军的陆军勤务构成司令部，美国印太司令部的陆军组成部分。建立于1945年，负责区域为整个太平洋地区，包含阿拉斯加、夏威夷、韩国、日本、澳洲、东南亚延伸到印度，规模约80,000人。美国太平洋陆军总部设在夏威夷州瓦胡岛沙夫特堡(Fort Shafter)。沙夫特堡是瓦胡岛最古老的军事基地，成立于

1907年6月22日。太平洋陆军司令部的下属单位有：美国陆军第一军、美国驻日美军、美国第八集团军、第94防炮与导弹防御司令部、第8战区保障司令部、第311通信司令部、第18医疗司令部、第500军事情报旅、第9任务支援司令部（陆军预备役）、第196步兵旅（陆军预备役）。

太平洋空军司令部（英语：Pacific Air Forces，简称PACAF），是美国空军的一个一级司令部，同时担负美国印太司令部的空军职能，总部位于夏威夷珍珠港-希卡姆联合基地，1944年8月3日建立。其主要部队有第五航空军：横田空军基地（日本东京），第七航空军：乌山空军基地（韩国京畿道），第十一航空军：埃尔门多夫空军基地（阿拉斯加州安克拉治），第十三航空军：珍珠港-希卡姆联合基地（夏威夷州檀香山）。其拥有的飞机种类有A-10C雷霆二式攻击机、E-3B/C空中预警机、F-15C/D鹰式战斗机、F-16C/D战隼战斗机、F-22A猛禽战斗机、F-35A闪电II战斗机、HH-60G黑鹰通用直升机、UH-1N双休伊直升机、C-12休伦运输机、C-17A运输机、C-37A运输机、波音C-40"快船"运输机、C-130H力士运输机、KC-135R空中加油机等。

美国太平洋舰队（英语：United States Pacific Fleet，简称"USPACFLT"）是美国海军于太平洋地区的海军部队，母港为夏威夷珍珠港。珍珠港是一个设施完善、装备先进的现代海军基地，既有可供停靠各型舰艇的码头、补给中心、弹药库、燃料库、大型干船坞，还有能修理各种舰体及其武器、装备的修理厂及为舰员服务的8,500多套住房和各种设施。目前，有40多艘舰艇以该港为母港。

太平洋舰队成立于1907年。1941年，为了遏止日本的扩张行动，罗斯福下令将太平洋舰队移防至珍珠港。1941年12月7日，日本偷袭珍珠港，将太平洋舰队除了航空母舰外的绝大部分兵力毁灭。美军重组了太平洋舰队，并打败日军。1945年后，太平洋舰队陆续参与了朝鲜战争、越战和台湾海峡危机等诸多战事。现时太平洋舰队以第3舰队及第7舰队为核心兵力。拥有"尼米兹"号、"卡尔·文森"号、"林肯"号、"乔治·华盛顿"号、"斯坦尼斯"号、"罗纳德·里根"号共计6艘航空母舰。

第3舰队成立于1942年3月15日，其司令部设在美国加利福尼亚州的圣迭戈北岛航海站。拥有太平洋打击部队司令部，里根航母大队，尼米兹航母大队，林肯航母大队，斯坦尼斯航母大队，卡尔文森航母大队。还拥有30多艘潜艇、12艘补给舰，各类作战舰艇的数量大约在100艘左右。

第7舰队成立于1943年3月15日，其司令部设在日本的横须贺港。拥有华盛顿航母大队，第15驱逐舰中队，第31驱逐舰中队，第9驱逐舰中队，太平洋舰队潜艇司令部，太平洋舰队航空司令部。目前，第7舰队总兵力达6万人，包括3.8万美国海军和2.2万美国海军陆战队。

美国太平洋海军陆战队（United States Marine Corps Forces, Pacific），是美国海军陆战队中规模最大的部队。总部位于夏威夷瓦胡岛H·M·史密斯军营，它可以调动驻扎在太平洋地区和美国西海岸的海军陆战队。它由第1远征军（I MEF）和第3远征军（III MEF）组成。总兵力84,000。

目前，美军夏威夷基地群驻扎有陆军22,000多人，陆战队3,900多人，空军4,500多人，海军约2万人，总兵力近6万人。为这些驻军服务，产生了大量的就业岗位。夏威夷有大批的职工，从事为驻军服务的工作。

（注：本文资料引自维基百科《夏威夷群岛》、《夏威夷的趣事》、《夏威夷的农业》、《夏威夷教育部》、《美国夏威夷私立高中名单》、《特许学校》、《美军太平洋总部》、《美军太平洋陆军》、《美国太平洋空军》、《美国太平洋舰队》、《美国太平洋海军陆战队》，百度百科《美国印度洋－太平洋司令部》、《美国太平洋舰队》等）

夏威夷岛（大岛）

一　概况

夏威夷岛(英语：Hawaii)，又称大岛（英语：Big Island），是夏威夷群岛中最大的岛，也是地质最年轻的岛。其坐标为北纬19°34′、西经155°30′，海岸线长428公里，位于夏威夷群岛的最南端。

夏威夷岛地图（网上下载）

夏威夷岛陆地面积为10,458平方公里，占夏威夷群岛总面积的63%。夏威夷岛人口2000年为148,677人，2010年为185,079人。2017年夏威夷岛人口占夏威夷州总人口的14%。2020年人口普查，夏威夷岛人口达到200,692人，比10年前增长8.4%。其南面有冒纳罗亚火山（英语：Mauna Loa），海拔4,169米；北面有冒纳开亚火山(英语：Mauna Kea)，海拔4,207米，为全岛最高海拔。整体地形呈马鞍形。

夏威夷岛多火山，主要由 5 座火山组成，分别是科哈拉火山（英语：Kohala（Mountain）海拔 167 米，位于夏威夷岛北端偏西；冒纳罗亚火山（英语：Mauna Loa），海拔 4,169 米，位于夏威夷岛中部；华拉莱火山(英语：Hualalai)，海拔 2521 米，位于夏威夷岛中部偏东；冒纳开亚火山（英语：Mauna Kea，又译为莫纳克亚、茂纳凯亚、冒纳克亚、毛纳基），海拔 4169 米，位于夏威夷岛的中部；基拉韦厄火山（英语：Kilauea），海拔 1247 米，位于夏威夷岛东南部。其中基拉韦厄火山是世界最活跃的火山。根据统计，在 20 世纪内，该火山就喷发了 52 次。它是目前世界上观光客流量最大的火山。夏威夷当地人认为基拉韦厄火山是火山女神的驻地。冒纳罗亚火山口直径达 5 公里，常有熔岩喷出，1881 年、1950 年曾大喷发，是世界著名的活火山之一。由于冒纳罗亚火山和基拉韦厄火山是活火山，夏威夷大岛仍在不断发展壮大。1983 年 1 月至 2002 年 9 月期间，熔岩流为该岛增加了 220 公顷的面积。

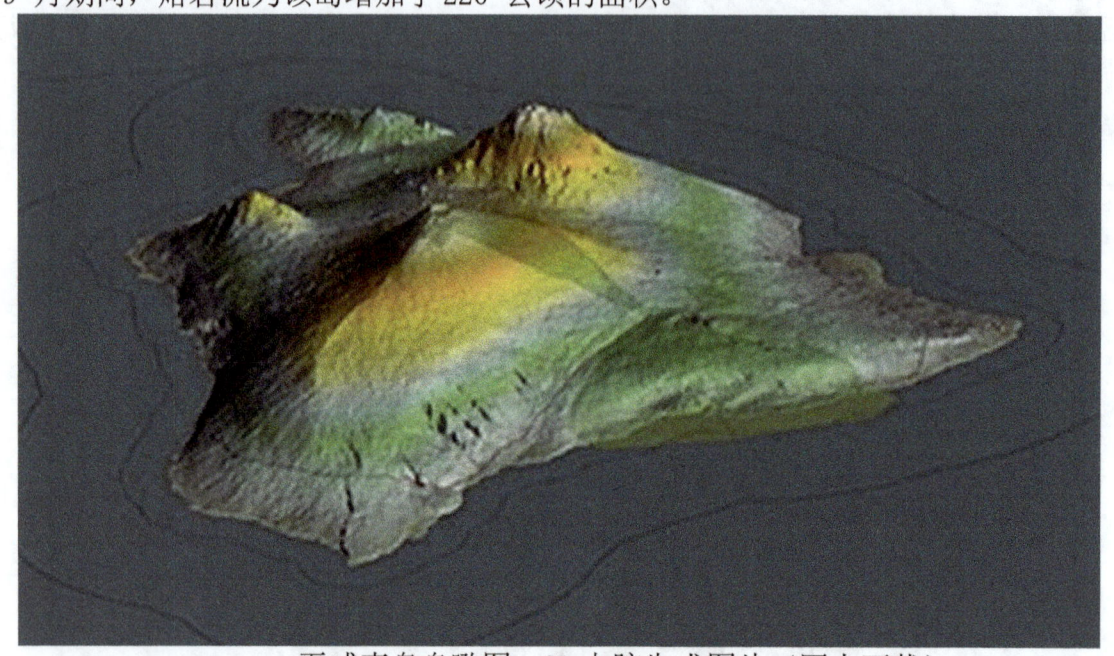

夏威夷岛鸟瞰图，3D 电脑生成图片（网上下载）

夏威夷岛略呈三角形，地貌复杂，有顶部积雪的冒纳罗亚火山，有云遮雾绕的高原，有临海的悬崖峭壁，有长满椰林的热带海滨，有渺无人烟的熔岩荒漠，还有郁郁葱葱的植物林。

据说，夏威夷岛是以夏威夷这个人的名字命名的。夏威夷是传说中的波利尼西亚航海家，最早发现了夏威夷岛。

夏威夷岛是卡美哈美哈大帝的故乡。卡梅哈美哈在经过几年的战争之后，于 1795 年将夏威夷群岛大多数的岛屿统一起来，并以他的家乡岛屿的名字，命名这个国家，称其为夏威夷王国。

夏威夷岛总体是亚热带、热带海洋性气候。但是岛内不同的地域，气候截然不同。

夏威夷岛本身为美国夏威夷州夏威夷县，县城在希洛市的南希洛区。

二 城市

夏威夷岛的城市，东部有希洛，西部有科纳。人口主要集中在这两个城市。此外，还有一些千人以上的城镇或村镇。

（一） 希洛

希洛（英语：Hilo，有的译为希路、希罗或希炉埠），是美国夏威夷州的一个无建制城市，即没有自治权，而被该地区所处的夏威夷县所管理的城市。位于夏威夷岛东岸，在冒纳罗亚火山和冒纳开亚两座火山的底部，俯瞰希洛湾。希洛分为南希洛区和北希洛区，南希洛区是夏威夷县县城所在地。

希洛是夏威夷群岛最古老的城市。公元1100年左右，波利尼西亚人首先抵达这里，成为第一批希洛居民，他们带来了波利尼西亚的知识和传统。1796年至1803年，希洛曾经是夏威夷王国的首都。

希洛位于夏威夷岛东部迎风的一面，坐标为北纬19°42′20″、西经155°5′9″。为热带雨林气候，全年降雨量很大，是世界上最潮湿的城市之一。1981年至2010年期间，希洛国际机场记录每年平均降雨量约为3,220毫米，全年有272天降雨。希洛的降雨量因海拔高度不同而有差异，在海拔较高地区年降雨量甚至超过5,100毫米。希洛年均降雨量3632毫米（143英寸），每年有235.8个雨天，比夏威夷大多数地方都多。9月气温最高，平均为27.6°C，比夏威夷大多数地方都凉快。2月温度最低，平均为17.2°C。信风使得希洛每年12个月都舒适。最令人愉快的是12月、3月和4月。

人口普查的数据显示，希洛总面积为151.0平方公里，其中陆地面积138.3平方公里，水域面积12.7平方公里。2000年人口40,759人，2010年上升至43,263人，2020年增至44,186人。希洛无论是面积，还是人口，都是夏威夷岛最大的城市，是夏威夷州一个富人聚集的城市，因此这里的房价高。

希洛位于漏斗形希洛湾岸边的位置，容易受到海啸的影响。20世纪的第一个十年，希洛开始修建横跨希洛湾的防波堤，并于1929年完工。这项重大的预防工程，并没有能够阻挡巨大海啸的袭击。1946年4月1日，阿留申群岛附近发生8.6级地震，造成14米高的海啸，4.9小时后袭击了希洛，造成160人死亡。1960年5月22日，智利海岸附近发生的9.5级地震引发的另一场海啸，再次夺走了希洛61人的生命。

希洛海湾公园

19世纪希洛周边地区甘蔗种植园兴起，创造了就业机会，吸引了许多来自亚洲的工人。截止到1887年，26,000名中国工人在夏威夷的甘蔗种植园工作，其中一部分是在希洛糖厂工作。当时希洛糖厂每年生产3,500吨糖。20世纪90年代，恰逢夏威夷州经济普遍下滑，导致希洛周边甘蔗种植园关闭，损害了当地的经济。

希洛附近拥有可游泳的海滩、夏威夷火山国家公园，以及为数众多的度假胜地，旅游业成为了重要的经济产业。每年的春天，从复活节星期日开始举行一年一度的为期一周的梅里君主节，是世界上杰出的草裙舞比赛和节日，吸引了来自世界各地的游客和参与者。

希洛是冒纳开亚山上大多数天文台以及伊米洛亚天文馆和博物馆的所在地。它们每年对岛上的经济贡献为1亿美元。

1946年希洛出现了冒纳罗亚澳洲坚果种植园。现在，它的加工厂已然成为了一个旅游景点。

希洛拥有多元化的经济，包括农业，旅游业，水产养殖业，畜牧业，贸易，教育和政府。希洛居民职业比例高的前五名依次是：教育服务占13.9%，零售贸易占13.6%，保健和社会援助占11.2%，公共行政占10.2%，住宿、餐饮服务占7.1%。希洛居民的家庭收入中位数为每年52,563美元。美国平均每年53,482美元。

（注：本文资料引自维基百科：《希洛，HI》、《希洛经济》、《希洛气候》）

（二） 科纳

科纳（英语：Kona，有的译为柯纳），又称凯路亚-科纳（英语：Kailua-Kona，有的译为凯卢阿-科纳）。位于夏威夷岛西部沿凯卢亚湾海岸线和华拉莱火山南坡，坐标为北纬19°39′0″、西经155°59′39″。夏威夷岛的西海岸被称为科纳，凯路亚是其最大的城镇，因此整个地区都命名为凯路亚—科纳。

科纳卡哈鲁海滩公园

科纳由卡美哈美哈一世国王建立，这里曾经有他的住所。在 1795 年巩固夏威夷群岛统治之前，卡美哈美哈担任科纳酋长时是他的政府所在地。后来，1812——1820 年，科纳成为新统一的夏威夷王国的首都。不久，首都迁至茂宜岛的拉海纳，然后又迁至瓦胡岛的檀香山。卡美哈美哈一世国王在凯路亚-科纳度过了他人生的最后几年，并于 1819 年在这里去世。直到 20 世纪末，科纳还是一个小渔村。在 20 世纪末和 21 世纪初，科纳出现了由旅游业和投资推动的房地产和建筑热潮。

科纳总面积 103.34 平方公里，其中陆地面积 92.3 平方公里，水域面积 11.0 平方公里。海拔 2 米。科纳 2000 年人口普查有 9,870 人，2010 年 11,975 人，2019 年进一步增长为 1.523 万人。如今一座现代化的酒店——科纳海滩酒店——矗立在原来国王的住宅和议会区。

1779 年 1 月 17 日，英国航海家兼探险家詹姆斯·库克上尉在夏威夷岛西侧登陆，并在南部的凯阿拉凯夸海滩与夏威夷人的争吵中被杀。现在，这里有库克船长纪念碑和库克村。

凯路亚-科纳以北 5 公里的地方，是卡洛科-霍诺科豪（Kaloko-Honokohau）州立历史公园，占地 470 公顷，保留了古老的夏威夷定居点。

科纳是大岛的"背风区"，是该州咖啡的生产地，海岸一个狭长的不到 15,000 亩的山坡上，每年生产出 907 吨咖啡豆。

科纳是夏威夷岛西部的商业和旅游业中心，一年一度举办铁人三项赛、国际旗鱼锦标赛和科纳咖啡节。这里阳光明媚的气候适宜游人游玩，因而，来科纳旅游的人，要远远多于到希洛旅游的人。

希洛、科纳两市的人口，占夏威夷岛人口的 39.96%。

科纳属热带半干旱气候，全年气温温暖。最凉爽的月份是 2 月，平均最高气温为 27.3°C，平均最低气温 20.0°C。最热的月份是 8 月，平均最高气温 30.5°C，平均最低气温 23.9°C。年均降雨量 481 毫米。每年从 4 月 25 日至 11 月 15 日为干燥季节，其中 9 月雨天最少，平均为 5.1 天。从 11 月 15 日至 4 月 25 日为潮湿季节，其中 3 月为最潮湿的月份，平均降雨 9.2 天，平均降雨量 12.92 毫米。6 月降雨量最少，平均降雨量为 3.97 毫米。每年的 5 月下旬到 6 月初，以及 11 月下旬到 4 月初，是科纳户外旅游活动最佳时间。

科纳居民职业人口比例高的前五名依次是：零售贸易 21.9%，住宿、餐饮服务 20.2%，行政、支持、废物管理 11.9%，保健和社会援助 6.7%，建设 6.6%。居民的家庭收入中位数为每年 56,429 美元，稍高于美国的平均每年 53,482 美元。

（注：本文资料引自维基百科：《凯路亚-科纳》、《凯路亚（夏威夷 Cnty），夏威夷》、《科纳气候》）

（三） 霍瑙瑙

霍瑙瑙—纳波普（夏威夷语：Hōnaunau—Nāpōʻopoʻo）位于夏威夷岛的西侧霍瑙瑙湾，在凯路亚—科纳以南 26 公里，坐标为北纬 19°26′45″、西经 155°53′14″。夏威夷 11 号公路穿过这里。

根据美国人口普查局的数据，霍瑙瑙—纳波普的总面积为 105.4 平方公里，其中陆地面积 98.4 平方公里，水域面积 7.0 平方公里；海拔 230 米；2000 年人口普查有 2,414 人，2010 年人口为 2,567 人，2020 年人口普查 2,416 人。

霍瑙瑙属热带季风气候，全年气温均匀。1、2 月最冷，平均最高气温摄氏 26.8°，平均最低气温 15.9°；8 月最热，平均最高气温摄氏 28.9°，平均最低气温 18.4°。年平均降雨量 930 毫米，各月平均降雨量比较均衡，略有差别。从 4 月 24 日到 11 月 16 日为干燥季节，雨天最少的是

9月，平均降雨天为5.8天。从11月16日至4月24日为潮湿季节，最潮湿的是3月，平均降雨天为9.6天。一年中户外旅游活动的最佳时间是从5月中旬到10月初。

这里有一所夏威夷教育部开办公立学校霍瑙瑙小学。

在霍瑙瑙湾，有一个占地1,092亩的州立历史公园。它曾经是夏威夷皇家所在地，也是古代夏威夷违法者的避难所。古代夏威夷卡普（Kapu）至关重要，简直就是神圣的法律。违抗者会产生严重的后果，直至死亡。一个人违抗了卡普，他唯一的生存机会就是逃到避难所，躲避他的追击者。避难所是一座神圣的寺庙，里面珍藏有23个酋长的骨头，保佑避难者。在那里举行赦免仪式，违抗卡普的人将能重返社会。

霍瑙瑙职业人口比例高的前五名依次是：零售贸易27.4%，农业、林业、渔业、狩猎18.8%，建设10.2%，教育服务9.2%，住宿、餐饮服务5.4%。居民的家庭收入中位数为每年54,083美元，仅略高于美国平均每年的53,482美元。

（注：本文资料引自维基百科：《霍瑙瑙-纳波普》、《普霍努阿奥霍瑙国家历史公园》、《霍瑙瑙-纳波普气候》、《霍瑙瑙-纳波普经济》）

（四）威美亚

威美亚镇（英语：Waimea，又译为怀梅阿）是大岛最大的镇，位于夏威夷岛的北部最古老的科哈拉火山的南麓，靠近最高火山冒纳克亚山的西北基地。坐标为北纬20°1′26″、西经155°38′50″，海拔816米。夏威夷19号公路穿过威美亚镇，向东南90公里到希洛，向西南69公里到凯路亚—科纳。因为美国每个州不能有多个同名的邮局，可爱岛的威美亚已经有了一个邮局，因此大岛的威美亚的官方邮局名称是卡姆也拉。

在夏威夷，威美亚的意思是"淡红色的水"，指的是从科哈拉山脉的哈布森林流出的溪流的颜色。

根据美国人口普查局的数据，威美亚总面积为101.9平方公里，其中陆地面积101.8平方公里，水域面积0.1平方公里。2000年人口7,028人，2010年9,212人，2019年11,908人，人口处于明显的上升趋势。

威美亚牧场（网上下载）

威美亚全年的温度是温暖的，最高气温在 21.1°C—29.4C 之间。最冷的 2 月份，平均最高温度为 17.1°C，比夏威夷大多数地方都冷。最热的 8 月，平均最高温度为 29.1°C。每年有 6.3 天高温超过 32.2°C，比夏威夷大多数地方都热。年平均降水量仅为 1,473 毫米，平均每年 171 个晴天。每年 5—10 月降雨较少，11 月到次年的 4 月降雨较多。它既不像大岛西部的"背风面"那样干燥，也不像东部的"迎风面"那样潮湿。这个地区常有阵雨，最常见的是在傍晚或夜间。

古时候，科哈拉山脉流域地区曾经养活了数千名夏威夷原住民。他们从事农业种植，制作卡帕和茅草住宅，过着自给自足的生活。18 世纪末、19 世纪初，畜牧业兴起。人们在牧场放牧牛群。19 世纪初，西班牙的马匹来到这里，为牧场增加了新的成员。牧场里牛欢马叫，生机勃勃。威美亚及其周边地区的帕克牧场是美国最大的私人养牛场。20 世纪中叶，第二次世界大战期间，牛肉和蔬菜价格上涨，农民大量种植玉米，甜菜，卷心菜和各种其他绿色蔬菜。农场和牧场迅猛发展，从 1939 年的 75 个增加到 1946 年的 518 个。

威美亚有一些文化活动，每年二月的第一周举办樱花遗产节，七月四日举办牛仔竞技表演。在镇中心，有艾萨克斯艺术中心和画廊。所有这些，均以夏威夷艺术为特色。

威美亚居民职业比例高的前五名依次是：教育服务 16.2%，住宿、餐饮服务 11.8%，建设 10.8%，零售贸易 10.3%，保健和社会援助 9.9%。居民家庭收入中位数为每年 56,159 美元，略高于美国平均数。

（注：本文资料引自维基百科：《威美亚》、《威美亚（夏威夷纳蒂），夏威夷》、《威美亚气候》、《威美亚经济》）

（五）哈威

哈威（英语：Hawi，又译为哈维），位于夏威夷岛的最北部，是宁静的天堂，坐标为北纬 20°14′31″、西经 155°50′2″。

根据美国人口普查局的数据，哈威的总面积为 3.20 平方公里，全部为陆地。海拔 159 米。2000 年的人口普查 938 人，2010 年人口增长至 1,081 人，2019 年人口为 1,166 人。

哈威位于卡帕奥社区的西部，它们共同构成了北科哈拉地区人口最稠密的地区。在科哈拉甘蔗种植园种植期间，哈威曾经是繁忙的商业中心。

今天，哈威拥有一些迷人的艺术画廊，精品店和餐馆。每年十月哈威举行的年度世界自行车转弯锦标赛。

哈威的气候是热带气候，春季干旱，秋季潮湿。年均降雨量 1,879.6 毫米，比夏威夷大多数地方潮湿。每年有 175 个晴天。7、8、9 月潮湿，7 月降雨最多，有 19.5 雨天。2 月最干燥，仅有 11.0 雨天。9 月最热，平均高温 28.4°C。每年有 4 天的高温超过 32.2°C。1 月温度最冷，平均 17.4°C，是夏威夷的平均水平。每年有 12 个舒适的月，其中 12 月、1 月、4 月最宜人，7、8 月不舒适。

哈威居民职业人口比例高的依次是：住宿、餐饮服务 42.1%，零售贸易 27.4%，农业、林业、渔业、狩猎 18.8%，建设 10.2%，教育服务 9.2%。居民的家庭收入中位数为每年 64,250 美元，高于美国的平均数。

（注：本文资料引自维基百科《哈威》、《哈威经济》、《哈威气候》）

（六） 霍诺卡

霍诺卡（英语：Honokaa，又译为霍诺卡阿）位于夏威夷岛的北侧，坐标为北纬20°4′39″、西经155°27′51″。夏威夷19号公路穿过霍诺卡的南部，其东南方向68公里是希洛，向西23公里是威美亚。

根据美国人口普查局的数据，霍诺卡面积为3.3平方公里，全部为陆地。海拔303米。2000年的人口2,233人，2010年2,258人。2020年人口普查2,699人。

霍诺卡拥有历史悠久的市中心区。1930年，谷本家族在马曼街上建造了霍诺卡阿人民剧院。自1993年至2006年每年秋天都举办哈马库亚音乐节，其收益用于资助岛上当地的音乐教育。

1873年至1994年的一百多年间，霍诺卡的经济主要依靠哈马库阿制糖公司的糖生产。自从夏威夷岛的制糖业关闭以来，霍诺卡不得不使其经济多样化。牧场以及新兴的多元化农业是霍诺卡的主要产业，包括菠萝，咖啡，木瓜，澳洲坚果和茶叶等作物。

霍诺卡在马曼街举办周六农贸市场，以夏威夷大岛牛肉为特色，这是一种当地饲养的牛肉。

从2006年开始，由夏威夷县旅游局研究与发展部资助，在西部周末举行庆祝活动，包括牛仔竞技表演、里巴尔德沙龙女孩比赛、乡村西部乐队和街区烧烤聚会。

霍诺卡年均降雨量2,413毫米，每年有173个晴天。9月最热，最高平均温度27.7°C。2月温度最低，最低平均温度16°C，比夏威夷大多数地方都冷。3月最潮湿，降雨量325.1毫米，6月最干燥，降雨量106.7毫米。12、1、2月最宜人，4、7月最不舒适。总的讲来，一年12个月高温在21.1°C—29.4°C之间，比较舒适。

霍诺卡居民职业人口比例高前五名的依次是：住宿、餐饮服务39.0%，教育服务13.1%，零售贸易9.7%，保健和社会援助9.5%，行政、支持、废物管理7.2%。居民的家庭收入中位数为每年50,074美元，低于美国的平均数。

（注：本文资料来自维基百科《夏威夷霍诺卡》、《霍诺卡气候》、《霍诺卡经济》）

（七） 帕帕伊库

帕帕伊库（英语：papaikou，又译为帕帕伊科、帕派口、帕派库），位于夏威夷岛的东侧中部希洛以北11公里，坐标为北纬19°47′38″、西经155°5′48″。夏威夷19号公路穿过社区。

根据美国人口普查局的数据，帕帕伊库的总面积为4.9平方公里，其中陆地面积3.7平方公里，水域面积1.1平方公里。海拔72米。2000年人口1,414人，2010年1,314人，2019年972人，呈下降趋势。

帕帕伊库属于热带雨林气候，全年降雨充沛，年均降雨量3,606.8毫米（142英寸），年均174个晴天。总的说来，全年高温在21.1°C（70°F）—29.4°C（85°F）之间，比较舒适。9月温度最高，高温为27.7°C（81.8°F）。2月温度最低，低温为17.2°C（63°F）。一年之中，1、2、12月最舒适，7、8月最不舒适。11月最潮湿，降雨量401.3毫米（15.8英寸）；6月最干燥，降雨量91.4毫米（3.6英寸）。

以前，帕帕伊库的经济主要是甘蔗种植园和养牛业。今天，旅游业和多元化农业是它的主要经济成分。它的一个主要景点是在19号公路旁的一个占地102亩（17英亩）的夏威夷热带生物保护区和植物园。植物园位于山谷中，里面有溪流、瀑布和沿着海洋的木板路，有超过2,000种植物，其中有棕榈树近200种，螺旋藻80多种，凤梨科植物超过80种。植物园里的一些芒果树、椰子树已有100多年的历史。

帕帕伊库（网上下载）

帕帕伊库是自然的天堂，除了附近的自然景点外，它是一个昏昏欲睡的小镇，只有几家小餐馆。

帕帕伊库居民职业人口比例高的前五名的依次是：教育服务 16.1%，其他服务 11.2%，建设 10.6%，零售贸易 10.3%，住宿、餐饮服务 8.8%。居民的家庭收入中位数为每年 42,772 美元，低于美国的平均每年 53,482 美元。

（注：本文资料来自维基百科：《帕帕伊库，夏威夷》、《邮编 96781 （夏威夷州帕派口）》、《邮政编码 96781（夏威夷州帕派口）的经济舱》、《帕帕伊库气候》）

（八） 柯蒂斯敦

柯蒂斯敦（英语：Kurtistown，又译为库尔蒂斯敦），是夏威夷岛东部偏南的内陆城镇，坐标为北纬 19°59′、西经 155°07′，海拔 193 米，面积 15.4 平方公里，全部为陆地。夏威夷 11 号公路从此穿过，向北 16 公里到希洛，向西南 32 公里到夏威夷火山国家公园。

在 18 世纪和 19 世纪，当夏威夷岛的其它城镇正忙于从事甘蔗和咖啡生产时，柯蒂斯敦却在种植香蕉。香蕉在该镇的经济中发挥了重要作用。今天，香蕉仍然是柯蒂斯敦农业的主要产品。

柯蒂斯敦是夏威夷岛上农业生产力最高的社区之一。这里有许多香蕉种植园和花园，成为该镇主要的旅游胜地。

根据美国的人口普查，柯蒂斯敦 2000 年人口 1,157 人，2010 年 1,298 人，2019 年 1,199 人。人口有升有降。

柯蒂斯敦附近有一个熔岩树州立公园。公园面积不大，一条1.1公里长的小路环绕公园一周。公园的看点，是岩浆流过留下的树桩，被人们称为熔岩树。1790年附近的火山爆发，3米多厚的岩浆流经这里的森林，公园里保留了许许多多被熔岩包裹、固定的大树桩。

柯蒂斯敦是一个地震活跃区域，不仅高于夏威夷的平均水平，而且是美国整体水平的26.89倍。1951年、1975年、1983年、2006年、2018年先后多次发生6.7级到7.2级地震。

柯蒂斯敦是夏威夷最潮湿的地方之一，年均降雨量毫米4,165.6毫米（164英寸），秋季降雨多，11月降雨量最大，达442毫米（17.4英寸），6月最干燥，降雨量254毫米（10.0英寸），年均171个晴天。全年最高气温在21.1°C—29.4°C（70°F—85°F）之间，比较舒适。1、2、12月最宜人，7、8月最不舒服。9月最热，平均高温为27.4°C（81.3°F），比夏威夷大多数地方都凉爽。2月气温最低，夜间气温低为16.8°C（62.2°F），比夏威夷大多数地方都凉。

柯蒂斯敦居民职业比例高的前五名依次是：农业、林业、渔业和狩猎13.1%，教育服务13.1%，住宿和餐饮服务12.2%，农民和农场经理7.6%，工人和物料搬运5.8%。居民家庭年收入中位数2000年46,012美元，2019年增长到70,308美元，增速很快，远高于美国的年平均数。

（注：本文资料来自维基百科：《库尔蒂斯敦，夏威夷》、《熔岩树国家纪念公园》、《柯蒂斯敦气候》）

（九） 芒廷维尤

芒廷维尤（英语：Mountain view，又译为山景城）是位于夏威夷东部内陆的一个城镇。坐标为北纬19°32′23″、西经155°08′29″W，最高海拔为437米。

根据2010年美国人口普查的数据，芒廷维尤的面积为144.40平方公里，均为陆地。2000年人口2,799人，2010年3,924人，2019年3,381人。人口上下起伏。

夏威夷11号公路穿过芒廷维尤的东南侧，向北24公里到希洛，向西南24公里到夏威夷火山国家公园。

芒廷维尤每年有284.8个雨天，年均降雨量5,133.34毫米（202.1英寸），是夏威夷降雨最多的地区之一。秋季雨多，有28%的时间下雨。其中，8月降雨天数最多，有27.3天下雨。春季雨少，只有20%的时间下雨。其中，1月降雨天数最少，只有17.5天下雨。从降雨量来看，3月降雨量最高，达556.26毫米（21.9英寸），6月降雨量最低，只有325.12毫米（12.8英寸）。

芒廷维尤每年12个月都会感到舒服，最高气温在21.1°C—29.4°C（70°F—85°F）之间。最潮湿的月份是8月和9月，只有当凉爽的信风吹来时，人们才会感到舒服。9月气温最高，平均高温为26.3°C（79.3°F）。2月气温最低，夜间平均气温为15°C（59°F），是夏威夷最冷的地方之一。一年中前往芒廷维尤进行温暖天气活动的最佳时间是从6月下旬到9月下旬。

芒廷维尤靠近肥沃的农田，这里曾经是甘蔗生产地，并与希洛市相连。现在，该镇的制糖业已经减少，新的产业是生产咖啡。城镇有若干家咖啡厂，其中著名的是希洛咖啡磨坊。位于城镇的中心地带的该磨坊是山景城的主要景点之一。它吸引游客在参观中体验正宗的夏威夷咖啡，游客穿过农场，既可以观看到咖啡豆的生长状况，也可以看到咖啡豆如何进行烘焙。

在芒廷维尤南部有一个克尔曼农场，也是该镇的一个景点。这个农场占地约30亩，生产咖啡、茶、蜂蜜，养殖牛、绵羊、山羊、猪、鸡等牲畜，为当地人提供新鲜的食材。

山景城还有一个茶园，从2001年开始种植大岛茶，现有茶树6,000多棵。游客在茶园里可以学习绿茶的加工方法，参加茶树种植的实践。

芒廷维尤居民职业比例高的前五名依次是：建设 18.7%，保健和社会援助 12.8%，公共行政 11.3%，教育服务 9.9%，住宿和餐饮服务 9.8%。居民家庭年收入中位数为每年 36,724 美元，远远低于美国的平均每年 53,482 美元。

（注：本文资料引自维基百科：《山景城，夏威夷》、《山景城的 5 大必做之事》、《夏威夷大岛山景城的周边活动》、《芒廷维尤气候》）

（十）　帕哈拉

帕哈拉（英语：pahala）是夏威夷岛南部的一个内陆城镇，坐标为北纬 19°12′09″、西经 155°28′38″，最高点海拔为 280 米。

2000 年的人口普查，有 1,378 人。2010 年人口普查，帕哈拉的面积为 2.20 平方公里，均为陆地；人口 1,356 人。2020 年人口普查为 1,403 人。

夏威夷 11 号公路经过帕哈拉，从这里向东北方向延伸 84 公里到达希洛，向西南方向延伸 19 公里至纳勒胡。夏威夷火山国家公园的主要入口位于 11 号公路帕哈拉东北部 37 公里处。

长期以来，帕哈拉的经济主要是种植甘蔗和制糖。许多甘蔗工人被安置在帕哈拉和其周围以及偏远的甘蔗田营地中。一些营地有专卖店，如铁匠铺或简单的理发店。随着时间的流逝，一些营地还设置了加油站。工人们在营地里过着自给自足、怡然自得的生活。

1881 年，卡乌区的第一所公立学校在卡帕帕拉成立。几年后，学校及其两栋建筑搬迁到帕哈拉，被称为帕哈拉高中和小学。它是夏威夷州第二古老的公立学校，仅次于茂宜岛拉海纳的拉海纳拉鲁纳学校。

20 世纪 70 年代，发展中国家生产出更便宜的糖。夏威夷的甘蔗种植和制糖业逐渐消亡。帕哈拉的甘蔗种植园和磨坊于 1996 年 4 月关闭，这里开始转为种植澳洲坚果树。如今，帕哈拉的主要产业包括世界上最大的澳洲坚果种植果园之一，以及牛和马牧场。

帕哈拉属热带稀树草原气候，全年白天气温炎热，夜间气温温和。月均最高气温在 26—28°C 之间，月均最低气温在 17—20°C 之间。一年四季都有降雨，全年降雨 122 天。年均降水量 1,240 毫米（48.87 英寸），月均降水量在 47—166 毫米之间，降水高峰在 11 月。全年 12 个月都是最佳旅游时间。

帕哈拉居民职业比例高的前五名依次是：农业、林业、渔业和狩猎 23.2%，教育服务 15.6%，保健和社会援助 11.5%，行政、支持、废物管理 10.1%，公共行政 9.5%。居民的家庭收入中位数为每年 43,365 美元，低于美国的平均数。

（注：本文资料来自维基百科《帕哈拉，夏威夷》、《夏威夷帕哈拉的经济》、《帕哈拉气候》）

（十一）　普纳卢

普纳卢（英语：Punaluu，又译为普纳鲁乌、普纳卢乌）位于夏威夷岛东南部的海滨，是夏威夷岛上帕哈拉和纳莱胡之间的海滩。普纳卢在夏威夷语中的意思是"珊瑚潜水"或"春天潜水"。

普纳卢海滩，是夏威夷最著名、最好的黑沙滩。火山的频繁活动和海浪长年累月的冲刷，造就了这里独特的细腻、柔软黑色沙质。它位于 11 号高速公路旁。在这里不仅可以看到美丽的黑沙滩，还能看到濒临灭绝的玳瑁海龟和绿海龟在海滩上晒太阳。这里还是游泳和浮潜的地方，不过要当心水下的石头。

普纳卢曾经是许多古代夏威夷渔村的所在地，在 18 世纪是著名酋长基奥瓦（Keoua）的统治中心。环绕着海岸曾经有许多古老的鱼塘。1868 年，一场 7.9 级地震和随后的海啸将它们摧毁。

普纳卢坐标为北纬 21°35′33″，西经 157°53′49″。根据美国人口普查局的数据，总面积为 5.35 平方公里，其中陆地面积 4.14 平方公里，水域面积 1.21 平方公里。2000 年的人口 881 人，2020 年人口 1374 人。

在沙滩上晒太阳的绿海龟（网上下载）

普纳卢年均降雨量 1,397 毫米（55 英寸），每年有 225.8 天雨天，比夏威夷大多数地方都多。春天降雨少，秋天降雨多。月降雨天数，7 月最多，达 22.1 天；2 月最少，只有 15.0 天。气温 7 月最高，最高气温 28.6°C（83.4°F），比夏威夷大多数地方都凉爽；1 月最低，平均 18.3°C（65°F），比夏威夷大多数地方都温暖。最潮湿的月是 8、9、10 月，最干燥的月是 6 月。一年 12 个月都比较舒适，高温在 21.1°C—29.4°C（70°F—85°F）之间。1、2、4 月最宜人，8、9 月最不舒适。

普纳卢居民职业比例高的前五名依次是：教育服务 15.4%，保健和社会援助 14.3%，运输和仓储 9.9%，建设 9.6%，住宿、餐饮服务 8.3%。居民的家庭收入中位数为每年 54,318 美元，略高于美国平均每年 53,482 美元。

（注：本文资料引自维基百科：《普纳卢海滩》、《〈夏威夷大岛海滩〉普纳卢海滩》、《普纳卢海滩历史》、《普纳鲁乌，夏威夷》、《普纳鲁乌的气候 夏威夷州》）

（十二） 库克船长村

库克船长村（英语：Captain Cook）位于夏威夷岛西侧南科纳区，坐标为北纬19°29′58″、西经155°53′38″。最高海拔734米。面积33.31平方公里，全部为陆地。人口普查2000年为3,206人，2010年增长至3,429人，2020年减少为3,253人。

夏威夷11号公路穿过库克船长村，向北19公里到凯路亚一科纳。

英国移民亨利·尼古拉斯·格林威尔于19世纪50年代在这里创立了牧场，直到20世纪60年代之前，库克船长村的大部分人，都是巨大的凯阿拉克夸（Kealakekua）牧场的劳动者。

库克船长村的大部分地区位于海拔240米至610米之间，这使其成为理想的咖啡种植区。亨利·尼古拉斯·格林威尔还是一位英国商人，他的家族成为夏威夷科纳区的主要土地所有者。他将科纳咖啡打造成国际知名品牌。

1997年在库克船长村成立的柯亚咖啡种植园，第一年仅生产17,000公斤咖啡。到2010年，咖啡产量超过320,000公斤。它的咖啡豆在夏威夷的檀香山烘培，它的咖啡2001年被福布斯评为美国最佳咖啡。

在离库克船长村不很远的当年库克船长被杀死的地方凯阿拉凯夸湾，修建了一座8.23米（27英尺）高、白色、尖塔形的库克船长纪念碑。1877年，夏威夷王国作为一种外交手段，将纪念碑所在的1.49平方米（16平方英尺）的土地送给了英国。纪念碑附近的海域，海水清澈，站在岸边就能看到海里成群结队的鱼。这里是浮潜的好地方。从库克船长村去看库克船长纪念碑，并非易事，要在11号公路旁离景点最近的地方停车，然后沿着高低不平的小路，步行一个多小时。

库克船长村年降雨量787.4毫米（31英寸），比夏威夷大多数的地方都干燥。9月气温最高，为26.6°C（79.9°F）；1月温度最低，为16.1°C（61°F），比夏威夷大多数的地方都低。每年119天降雨，7月降雨天数最多，为13.2天；2月降雨天数最少，为6.3天。9月最降雨量最大，为81.3毫米（3.2英寸），2月降雨量最小，仅53.3毫米（2.1英寸）。全年12个月舒适，最高气温在21.1°C—29.4°C（70°F—85°F）之间。夏天虽然炎热，由于湿度很低，仍然令人愉快。

库克船长村居民职业比例高的前五名依次是：零售贸易20.8%，建设10.4%，农业、林业、渔业、狩猎8.7%，住宿、餐饮服务8.2%。保健和社会援助7.4%。居民的家庭收入中位数为每年54,318美元，略高于美国的平均每年53,482美元。

（注：本文资料引自维基百科：《库克船长村》、《邮编96704（库克船长，HI）》、《柯亚咖啡种植园》）

（十三） 卡拉奥

卡拉奥（英语：Kalaoa，又译为卡劳阿、卡拉奥阿）是位于夏威夷岛西部凸出部位的一个城镇。坐标为北纬19°43′23″、西经156°0′17″，最高海拔为210米。坐落在华拉莱火山的西下坡，向西延伸到太平洋。该镇南部与凯路亚-科纳接壤，其东北53公里处是威美亚镇。

根据美国人口普查局的数据，卡拉奥的面积为118.1平方公里，其中陆地面积101.4平方公里，水域面积16.7平方公里。1990年人口4,490人，2000年6,794人，2010年9,644人，2020年11,729人，人口增长迅速。

卡拉奥地区有两条主要高速公路，夏威夷环路的上下路线。上段被称为马马拉霍亚高速公路/190号公路，而下部，更易于使用的沿海路线，被称为女王卡胡胡努公路，但它也因其绰号"女王K/19号公路"而闻名。

卡拉奥地区于1951年、1975年、1983年、2006年、2018年先后多次发生6.7级—7.2级地震，其地震活动明显高于夏威夷州的平均水平，比美国整体平均水平高出2452%。

卡拉奥年均降雨量431.8毫米（17英寸），不及美国年均降雨量965.2毫米（38英寸）的一半，是夏威夷最干燥的地方之一。9月最热，平均最高气温29.4°C（84.9°F）；2月最冷，平均最低气温18.3°C（64.9°F），然而却比夏威夷大多数的地方温暖。12月最潮湿，平均降雨量61毫米（2.4英寸）；6月最干燥，平均降雨量48.3毫米（1.9英寸）。平均每年有72天降水，6月降水8.5天，最多；2月降水3.7天，最少。

卡拉奥居民职业比例高的前五名依次是：住宿、餐饮服务17.2%，零售贸易12.5%，专业、科学、技术服务9.6%，建设7.8%，其他服务7.6%。卡拉奥居民的家庭收入中位数为每年62,272美元。美国平均每年53,482美元。

（注：本文资料引自维基百科《卡拉奥》、《卡拉奥，夏威夷》、《经济在卡拉奥阿，夏威夷》、《卡拉奥阿气候》）

（十四）韦科洛亚村

韦科洛亚村（英语：Waikoloa Village，又译为怀科洛阿村、怀科洛亚村、唯客乐村、威可洛亚村）是位于夏威夷岛北部的一个内陆村镇。其坐标为北纬19°56′29″、西经155°47′34″，最高海拔高度为125米。

根据美国人口普查的数据，韦科洛亚村的面积为46.20平方公里，均为陆地。2000年人口4,806人，2010年人口6,362人，2020年人口7,104人。

夏威夷19号公路经过韦科洛亚村，从这里向东北23公里到威美亚，向西南45公里到凯路亚—科纳。

韦科洛亚村位于离海岸线的内陆约9.7公里处，在冒纳克亚山和科哈拉山脉之间的马鞍下方，习习信风经常从东北方向这里吹来。韦科洛亚村干旱，年平均降雨量只有281.6毫米。全年都会降雨，其中4月降雨最多，平均为12.62毫米；6月降雨量最少，平均为3.92毫米。其中，3月降雨天数最多，平均为9.1天，9月降雨天数最少，平均为5.9天。一年中从6月3日至9月1日风力较大，平均风速超过每小时14.78公里。其中7月风最大，平均风速每小时16.48公里。每年9月至次年6月，风力平静，其中1月最为平静。每年从4月30日至12月8日，持续地比较闷热，其中闷热天气最多的是8月，为24.5天，甚至更多。闷热天气最少的是2月，仅为5.3天。韦科洛亚村户外旅游活动最佳时间为从11月中旬到次年9月中旬，另一说法是从5月下旬到10月初。。

这里有一些奇异的池塘，名为安吉亚林（anchialine）池塘。它虽然沿海，然而与海洋没有表面上的连接。但是池塘里的水却随着潮汐而上升和下降。这是因为池塘与地下的海洋相连。其中许多还连接到熔岩管，而熔岩管又连接到内陆泉水，因此这些池塘中的水通常是咸水和淡水的混合物。池塘里生长着三种虾，这些虾只有在夏威夷岛上才能找到，世界其他地方都找不到。

韦科洛亚村还有一个古老的岩画场，岩石画是由早期的夏威夷人雕刻的。这些画在某种程度上是他们的书面语言。岩画位于国王小径（King's Trail）沿线。

韦科洛亚村居民职业比例高的前五名依次是：住宿、餐饮服务28.6%，零售贸易12.8%，建设10.2%，保健和社会援助7.1%，专业、科学、技术服务6.6%。居民的家庭收入中位数为每年75,579美元，高于美国的平均每年53,482美元。。

（注：本文资料引自维基百科《夏威夷威可洛亚村》、《韦科洛亚村气候》、《韦科洛亚村经济》）

（十五）卡韦哈伊

卡韦哈伊（英语：Kawaihae，又译为河井、河滨、川前港）是夏威夷岛西侧的一个深水港口城镇，位于凯路亚-科纳以北56公里处。它的面积和人口数量不详。它是夏威夷岛上仅有的两个港口之一，另外一个港口是希洛港。

卡韦哈伊(河井)港口鸟瞰图（网上下载）

卡韦哈伊港口，包括一个燃料库，航运码头和军事登陆点。在港口修建了防波堤，它的外侧是一个颇受欢迎的冲浪点和普卡·伊里马·奥卡瓦海文化冲浪公园。小镇里有几家餐馆和艺术画廊。港口的北面是卡韦哈伊独木舟俱乐部和一个小船坡道。南部是一座占地504亩（83英亩）的古老的战争寺庙，它由卡美哈美哈一世国王于1791年建造的，是这个地区的主要景点。这里另外一个景点，是位于镇北西山坡上的植物园。园里不仅有独特的雕塑，还有各种各样的植物，200多种芙蓉组成了芙蓉迷宫。沟壑上，有大型的熔岩岩石，和以不列颠群岛凯尔特人站立的石圈为图案的圆形石头排列成的魔术圈。

如今，尽管卡韦哈伊的重要性已经下降，变成了一个沉睡和被遗忘的村庄，然而并不能抹掉它昨日的辉煌。

在阿拉帕伊国王统治期间，卡韦哈伊镇是夏威夷岛王国的所在地。当时的国王阿拉帕伊试图在自己的外孙卡美哈美哈刚出生时杀死他，然而卡美哈美哈被别人保护并存活下来。国王的继任者卡拉尼奥普乌，推翻了阿拉帕伊的儿子基奥帕拉，将首都迁到了他家族的发源地科纳地区。

从1790年到1794年，卡韦哈伊成为卡美哈美哈一世国王的主要住所，在那里他建造了一座古老的夏威夷主要战争寺庙（Puʻukoholā Heiau），如今成为了美国国家历史遗址。在这里卡美哈美哈一世战胜了他在大岛上的最后一个对手，并且策划了对夏威夷群岛其它岛屿的征服。

卡美哈美哈一世国王的英国顾问约翰·杨也与家人一起居住在河滨附近。如今他们的住宅已经成为废墟，据信是夏威夷第一座西式房屋的遗迹，今天仍然可以在寺庙附近看到它。

英国探险家乔治·温哥华于1793年2月14日在卡米哈梅湾附近成功抛锚，拜访了卡美哈美哈国王和他的英国顾问约翰·杨，并送给国王牛，首次将该物种引入夏威夷。这里开发派克牧场以后，成为了夏威夷牛和牛肉装载和运输的主要中心。

19世纪曾经是夏威夷檀香木贸易和捕鲸时代，捕鲸者和商船每年都会访问卡韦哈伊港口。19世纪后期，由于捕鲸的结束，外国疾病的传播使其人口的大量减少，加之卡韦哈伊人口向夏威夷其他地区的迁移，这个镇的重要性逐渐下降了。

卡韦哈伊年均降雨量2,352毫米。雨天最多是8月（28.23天），平均降雨量275毫米。雨天最少的是2月（19.50天），最干燥的是1月，降雨量为110毫米。8月气温最高，平均最高气温27.2°C。2月气温最低，平均最低气温16.9°C。最佳旅游时间是6、7、8、9、10月。

（注：本文资料引自维基百科：《河井，夏威夷》、《河井，夏威夷大岛》、《河井气候》

三　经济

夏威夷岛气候全年适宜，土地肥沃。波利尼西亚人来到这里之后，种植芋头、红薯、甘蔗、香蕉、椰子和面包树，饲养猪和鸡，过着自给自足的生活。

近一个多世纪以来，甘蔗与菠萝一直是夏威夷岛经济的支柱。全盛时期年产蔗糖百万吨以上，菠萝年产量也曾高达六十万吨。20世纪中叶，甘蔗种植园开始缩小规模，1995年最后一个种植园关闭。

科纳咖啡树

现在夏威夷岛经济以旅游业为基础，主要集中在北科纳和南柯哈拉地区岛屿西海岸的度假区。夏威夷最著名的景点是夏威夷火山国家公园，在这里游客可以看到正在喷发的火山，这是其它地域很难看到的景观。夏威夷建有两座民用机场，修建有环岛公路，自驾车沿着环岛公路行驶，可以到达全岛的主要景点。

2018 年，游客在夏威夷州平均每天消费 4,830 万美元，其中，在夏威夷岛的平均每天消费为 640 万美元。当年，夏威夷州的旅游收入为 176.4 亿美元，夏威夷岛的旅游收入为 23.4 亿美元，占全州旅游收入的 13.3%。2019 年夏威夷岛旅游收入为 23.36 亿美元，占当年夏威夷州旅游收入的 13.16%。

多样化的农业是夏威夷岛经济的重要成分，主要作物包括澳洲坚果、咖啡豆、花卉、木瓜以及热带和温带蔬菜。

夏威夷"火山豆"，也称"夏威夷果"（Macadamia Nuts），原产于澳大利亚昆士兰省，属于亚热带雨林果树的果实，别名昆士兰果或澳洲胡桃。1881 年引进夏威夷大量种植。此后发现，夏威夷更适合它的栽种，于是在夏威夷发扬光大，成为夏威夷的主要经济来源之一。游客以为它是夏威夷当地原产的果仁，故称之为"夏威夷火山豆"、"夏威夷果"，反而它的原名被人们遗忘了。夏威夷火山豆含有独特的奶油香味，质地细腻，清脆可口，含有 8 种人体所需的氨基酸。

从 19 世纪早期开始，咖啡就在科纳这个地方开始被种植，并从未中断过。科纳咖啡是美国 50 个州中所出产的唯一顶级品种，美国本土是其最大的市场。科纳咖啡出产于夏威夷岛科纳地区的西部和南部，咖啡树遍布于海拔 150 米—750 米的霍阿拉拉（Hualalai）和毛那洛亚（MaunaLoa）的火山山坡上，地理位置保证了咖啡生长所需要的海拔高度；深色的火山灰土壤为咖啡的生长提供了所需的矿物质。科纳咖啡价格非常高，这里生产的混合咖啡中，仅仅含有 10% 的科纳咖啡。

夏威夷热带气候和火山灰的土壤，适宜兰花的生长。在夏威夷岛火山国家公园附近的 11 号公路上，有一个夏威夷兰花园，名为阿卡苏卡兰花园。这里栽培了上百种兰花，是美国品种最齐全的兰花园，有许多难得一见的珍贵品种。这里有四分之一的兰花品种，是世界上其它地方所没有的。每年 8 月夏威夷举办兰花节，展示和销售兰花。吸引了全球各地的许多兰花爱好者前往参观。珍贵的兰花，价值不菲。据介绍，一株拖鞋兰售价 4 万多美元。兰花作为一种产业，有的在土地上栽种，有的在温室里栽培。有的出售兰花苗，有的出售开花的植株。

历史上，养牛业为夏威夷岛经济做出了突出贡献。如今畜牧业仍然是夏威夷岛经济的重要组成部分。该岛的帕克牧场位于威美亚镇，成立于 1847 年，是美国最古老的牧场之一，比德克萨斯州和其他西南部各州的许多大陆牧场早了 30 多年。帕克牧场占地约 53,000 公顷（130,000 英亩,），是美国最大的养牛场之一。

四 教育

（一）夏威夷岛的高等学校

夏威夷岛的公立高等学校有 2 所，分别是夏威夷大学希洛分校和夏威夷社区学院。

夏威夷大学希洛分校（英语：University of Hawaii at Hilo, 简称 UH Hilo)位于夏威夷岛希洛市 w 卡维利街 200 号，邮箱夏威夷 96720。该校于 1941 年以"夏威夷职业学院"（Hawai'i Vocational College，又称 Hawai'i College）之名创立，1970 年正式成为四年制大学。是夏威夷希洛的一所公立大学。校内共有五大学院，分别是农林业与自然资源管理学院、文理学院、商务与经济学院、夏威夷语言学院和制药学院，设有 35 个学士学位、6 个硕士学位和 2 个博士学位。提供 33 个本科和 3 个研究生学位课程。2019 年在校学生 3,539 人，其中大学生 2971 人，研究生 568 人。大多数学生是夏威夷居民，但也有许多是国际学生，国际学生超过 400 名。它是夏威夷大学系统的十大分支机构之一，是美国全国唯一可以获得土著语言研究硕士学位的地方。

夏威夷社区学院（Hawaii Community College），是一所公立社区学院，在夏威夷岛上有两个校区。一个校区名为夏威夷希洛社区学院，位于夏威夷岛的希洛市马诺诺街 1175 号，邮箱夏威夷 96720。其前身是夏威夷职业学校，成立于 1941 年。夏威夷希洛社区学院距离夏威夷大学希洛分校不到一英里，两所学校共同使用一些设施，包括图书馆、一些教室和办公室。另一个校区名为夏威夷帕拉马努伊社区学院，位于夏威夷岛的北科纳。2015 年开业，在这里可以获得烹饪艺术、护理、文科、理科等副学士学位。夏威夷社区学院是一所男女混校的非寄宿公立学校，是夏威夷大学系统的十大分支机构之一。目前提供 30 多个学位、证书和无学分课程。2018-19 学年在校生 1,977 人。

夏威夷岛还有阿卡迈（Akamai）大学、国际专业研究大学、在线学院三所大学，这些学校全部在希洛。其中，阿卡迈大学 2002 年在希洛成立，位于川井路 61-3642，4 号套房，邮编夏威夷卡姆也拉 96743。在世界各地提供在线和面对面的优秀教育。设有综合健康学院、普遍平等学院、行星健康学院。提供学士、硕士和博士学位。

（二）夏威夷岛的高中

夏威夷岛有公立高中 10 所、中学 11 所、小学 27 所、学前班 5 所、特许学校 14 所、私立学校 12 所。本书着重讲述夏威夷岛的高中。

夏威夷岛的高中，由公立学校高中、公立特许学校高中和私立学校高中三部分组成。其中，公立学校高中如下：

怀亚基亚高中（英语：Waiakea High School），建立于 1976 年，公立，男女同校，位于夏威夷岛希洛卡威利西街 155 号，邮箱夏威夷 96720。2019—20 学年注册学生 1282 人，其中亚洲学生占 30%。高中的大学预科课程（AP）参与率为 27%。怀亚基亚高中在全国排名第 2613 名，在夏威夷州排名第 5。

凯阿拉凯河高中（英语：Kealakehe High School），1997 年建立，为 9—12 年级的公立高中。位于夏威夷岛凯路亚—科纳普欧胡里胡里街 74—5000 号，夏威夷邮箱 96740。校园面积 200,000 平方米（50 英亩）。2017-18 学年注册学生 1,311 人，其中亚洲学生占 23%。高中的大学预科课程（AP）参与率为 43%。全国排名第 3,115 名，夏威夷州高中排第 8 名。

希洛高中（英语：Hilo High School），1906 年开办，初为希洛初中，于 1922 年搬迁到现在的位于夏威夷岛怀鲁库河怀阿努埃纽大道 556 号，邮箱夏威夷 96720，与希洛中学隔街相望，是一所男女同校的 9-12 年级公立高中。1909 年第一届学生毕业。2019—20 学年注册学生 1,219 人。

凯奥高中（英语：Keo High School），建立于 1999 年，位于夏威夷岛凯奥的凯奥帕霍亚路 16—725 号，邮箱夏威夷 96749。为 9-12 年级的学生服务。2017-18 学年在校生 1,030 人。

霍诺卡阿高中和中学（英语：Honokaa High & Middle School），是夏威夷岛的一所公立男女同校的高中和初中，成立于 1889 年，为 7-12 年级的学生服务。位于霍诺卡阿的帕卡拉那街 45-527 号，邮箱夏威夷 96727。

卡乌高中和帕哈拉小学（夏威夷语和英语：Kaʻū High & Pāhala Elementary School），建立于 1881 年，是夏威夷岛的一所公立的男女同校的高中、初中和小学。为幼儿园至 12 年级的学生提供服务。它是夏威夷岛上建立的第一所高中，也是夏威夷群岛上继茂宜岛的拉海纳鲁纳高中和瓦胡岛的威廉·麦金利总统高中之后建立的第三所高中。当时就读的学生，主要是甘蔗种植园里移民的孩子。现在学校仍然在农村，学生人数约为 800 人。学校位于帕哈拉皮卡克街 96-3150

号，邮箱为夏威夷96777。2012年，夏威夷县在该校建立了35,000平方英尺的体育馆，可容纳700人。它既是高中和社区的体育设施，又是灾难避难所。

克库拉或埃胡努伊凯马利诺（夏威夷语：Ke Kula o Ehunuikaimalino），凯阿拉凯夸高中，公立学校，为幼儿园—12年级学生服务，位于夏威夷岛科纳瓦纳学校路81-1041，邮箱夏威夷96750。学生246人。课程从英语文本翻译而来。小学生用夏威夷语授课，直到五年级。他们每天接受一小时的英语语言艺术教学。中学提供英语和夏威夷语教学。

科哈拉高中(英语：Kohala High School)，建立于1926年，面向来自北柯哈拉沿海甘蔗社区的学生。学校建立后，长期为柯哈拉高中和小学。2000年学校分为柯哈拉高中、柯哈拉中学、柯哈拉小学。学校位于夏威夷岛卡帕奥阿科尼-普勒公路54-3611号，邮箱夏威夷96755。现在是一所男女同校的公立高中，为9-12年级的学生服务。2017-18学年在校学生253人。

科纳瓦纳高中（夏威夷语：Konawaena High School），是一所9-12年级的公立高中，建立于1921年，第一届毕业班是1925届。位于夏威夷岛科纳区科纳瓦纳学校路81-1043号，邮箱夏威夷96750。最初，该校是科纳区唯一的高中。在最初的40年里，该校按照所谓的"咖啡时间表"进行操作，暑假安排在"9月-11月"，是为了让学生帮助收获咖啡果实。《童工法》导致了1966年"咖啡时间表"的消亡。1995年学校曾经拥有全州最多的学生，仅在高中就有3,900名学生，校园里K-12年级的学生总共有大约5,000名。2018-19学年，学校9-12年级的在校生为831人。

帕霍亚高中和中学（英语：Pahoa High & Intermediate School），是一所公立的男女同校的高中和中学。为7-12年级的学生服务。位于夏威夷岛帕霍亚普纳路15-3038号，邮箱96788。帕霍亚学校成立于1910年，为来自普纳区农村社区的学生提供服务。当初是一所高中、一所中学和一所小学一起成立，三所学校作为一个校园进行管理。1914年学校更名为帕霍亚高中和小学。这种三所学校作为一个校园进行管理，一直持续到1993年秋天。从1993-94学年开始，小学作为单独一个校园（现在的帕霍亚小学）进行管理，学校更名为帕霍亚高中和中学。

夏威夷岛公立学校特许高中如下：

西夏威夷探索学院公立特许学校（英语：West Hawaii Discovery College Public Charter School），在2022年夏威夷最佳特许高中排名第5。位于夏威夷岛凯卢阿-科纳卡希利希利街73-4500号，邮箱夏威夷96740。为6-12年级的学生服务，学生280名，师生比14：1。根据州考试成绩，37%的学生至少精通数学（精通百分比，指这所学校在州数学评估测试中得分达到或高于熟练水平的学生百分比——下同），62%的学生至少精通阅读（精通百分比，指这所学校在州阅读/语言艺术评估测试中得分达到或高于熟练水平的学生的百分比——下同）。

夏威夷艺术与科学学院公立特许学校（英语：Hawaii Academy of Arts and Sciences Public Charter School），在2022年夏威夷最佳特许高中排名第6。建立于2001年6月24日，位于夏威夷岛帕霍亚邮局路15—1397号，邮箱夏威夷96778。服务于K-12年级，2013—14学年注册学生637人。

连接公立特许学校（英语：Connect with Public Charter Schools），在2022年夏威夷最佳特许高中排名第8。位于夏威夷岛希洛卡美哈美哈大街174号，邮箱夏威夷96720。为K-12年级学生服务，在校学生335人，师生比13：1。根据州考试成绩，23%的学生至少精通数学，47%的学生至少精通阅读。该校在夏威夷59所最佳高中教师排名第10，在夏威夷25所最好的特许小学排名第11。

卡努奥卡艾纳公立特许学校（夏威夷语：Kanu o Ka' Aina Public Charter School），在2022年夏威夷最佳特许高中排名第12。2000年创办，位于夏威夷岛威美亚希亚卡街64—1043，邮箱夏威夷96743。是一所以夏威夷原住民为重点的学校，以夏威夷语为重点的双语公立特许学校，为K-12年级的学生服务。学生486名。师生比15：1。根据州考试成绩，27%的学生至少精通数学，54%的学生至少精通阅读。

夸奥卡拉公立特许学校（夏威夷语：Kua o Ka La Public Charter School），在 2022 年夏威夷最佳特许高中排名第 13。位于夏威夷岛帕霍亚凯姆卡波霍路 14-5322 号，邮箱夏威夷 96778。为 K-12 年级学生服务，学生 231 人，师生比 7∶1。根据州考试成绩，22%的学生至少精通数学，42%的学生至少精通阅读。

克安娜·拉哈娜公立特许学校（夏威夷语：Ke Ana La'ahana Public Charter School），在 2022 年夏威夷最佳特许高中排名第 14。位于夏威夷岛希洛贝克大街 160 号，邮箱夏威夷 96720。为 7-12 年级学生服务，学生 41 人，师生比 10∶1。根据州考试成绩，15%的学生至少精通数学，55%的学生至少精通阅读。

劳帕霍霍小学/高中（英语：Laupahoehoe Elementary / high school），在 2022 年夏威夷最佳特许高中排名第 15。位于夏威夷岛希洛市劳帕霍霍马马拉霍亚高速公路 35-2065 号，邮箱夏威夷 96764。为 K-12 年级的学生服务，学生 350 人，师生比 16∶1。根据州考试成绩，22%的学生至少精通数学，37%的学生至少精通阅读。

卡乌梅克·卡伊奥公立特许学校（夏威夷语：Ka 'Umeke Ka'eo Public Charter School），在 2022 年夏威夷最佳特许高中排名第 17。位于夏威夷岛希洛卡拉纳奥尔大道 1500 号（一说希洛德沙大街 222 号），邮箱夏威夷 96720。服务于 K-12（一说 K-11）年级学生，学生 267 人（一说 213 人），师生比 11∶1。根据州考试成绩，12%的学生至少精通数学，42%的学生至少精通阅读。

夏威夷岛私人高中学校如下：

位于凯阿拉凯夸的太平洋高中，位于卡姆也拉的夏威夷预科学院（HPA），位于凯路亚-科纳的华拉莱学院，位于凯奥的卡美哈美哈学校夏威夷校区，位于凯路亚-科纳的马夸拉尼基督教学院，位于卡姆也拉的帕克学校，位于希洛的圣约瑟夫高中。其中夏威夷预科学院，在 2022 年夏威夷州最好的 10 所私立高中排名第 3。

夏威夷预备学院（英语：Hawaii Preparatory Academy），在 2022 年夏威夷州最好的 10 所私立高中排名第 3。1949 年创立。位于夏威夷岛威美亚卡姆也拉川前路 65-1274 号，邮箱夏威夷 96743。为 K-12 年级的学生服务，学生约 600 人。校园占地 1335 亩（220 英亩），拥有自己的马场和马术项目，因而又被称为马背上的学校。2022 年，在美国 4290 所最好的私立高中排名第 367 名，在美国 4180 所最好的大学预科私立高中排名第 392 名。在夏威夷 37 所最好的私立高中排名第 3，在夏威夷 35 所最好的大学预科高中排名第 3。大学升学率接近 100%。该校多次获得夏威夷州越野跑、游泳、橄榄球冠军。

五 旅游

夏威夷岛地处热带，气候却温和宜人，是世界上旅游业最发达的地方之一，拥有得天独厚的美丽环境，风光明媚，海滩迷人。夏威夷岛旅游主要景点如下：

（一）夏威夷火山国家公园

夏威夷火山国家公园（英语：Hawaii Volcanoes National Park)成立于 1916 年 8 月 1 日，面积 1,309 平方公里，位于希洛西南方向 72 公里。园中有两座火山，其中一个是地球上最活跃的火山之一——基拉韦厄火山。从 1983 年 1 月 3 日以来，基拉韦厄火山一直在持续喷发。公园里超过一半的面积为夏威夷火山荒野地区，游客可以看到不同年代火山熔岩形成的岩石。公园为游客提供徒步旅行和露营的机会。公园从海平面到地球上最庞大的活火山，冒纳罗亚火山（Mauna

Loa)的顶峰高达 4,169 米；从郁郁葱葱的热带雨林到干旱贫瘠的卡苏沙漠（Ka'u Desert）。气候变化无常，时雨时晴；有的地方寒冷多雨，有的地方炎热干燥。

夏威夷火山国家公园

（二） 凯卡哈凯州立公园

在夏威夷岛西北角，有一个凯卡哈凯州立公园（夏威夷语：Kekaha Kai State Park）。它位于科纳国际机场以北 4.2 公里处。公园的北部位于马尼尼奥瓦利湾。沙滩上高耸的椰子树迎风摇摆，堆砌的火山岩石如同煤渣，岸边的野餐区涛声震耳，人工修建的"红虾"池幽雅清静。一条未铺砌的熔岩路通往凯卡哈凯州立公园。道路坑洼不平，自驾车前往，开底盘比较高的车辆为宜。

（三） 阿卡卡瀑布州立公园

阿卡卡瀑布州立公园（英语：Akaka Falls State Park）位于夏威夷大岛东北部哈玛库亚海岸（英语：Hamakua Coast）东北，距离希洛市大约 11 公里。坐标为北纬 19°51+14″、西经 155°9+16″。公园里长满了郁郁葱葱的雨林。雨林里遍是竹林、兰花和悬垂的蕨类植物。公园里有铺设得很好的环形的人行道。进门后沿着人行道往前走，首先让游客看到的是 30 米高的卡胡纳瀑布（英语：Kahuna Falls）。继续沿着道路前行，就会看到高达 135 米的阿卡卡瀑布从天而降，落入美丽的峡谷。这个瀑布，集雄、奇、险于一身，是夏威夷大岛上最壮观的瀑布，因此吸引了世界各地的游客到此观赏。

（四） 威美亚

威美亚（英语：Waimea）是夏威夷岛上最大的城镇。位于科哈拉火山的南陆海拔800多米的地方。面积超过100平方公里，人口在一万人以上。威美亚全年气温温暖，冬季平均气温21.1摄氏度（70°F），夏季平均气温24.4摄氏度（76°F），年均降雨量307.34毫米（12.1英寸）。既不干燥，也不潮湿。这里有夏威夷最好的餐馆，帕克牧场是夏威夷最大的牧场。这里每年2月，举办樱花遗产节，7月4日举办牛仔竞技活动，9月举办阿罗哈节日游行活动，11月在威美亚的卡希鲁（英语：Kahilu）剧院举行吉他节。

六 交通

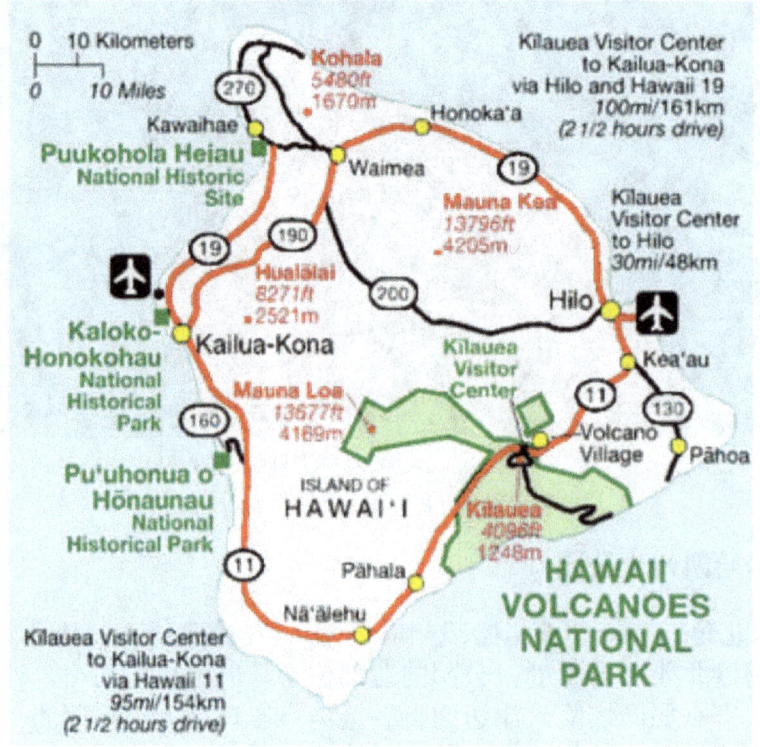

夏威夷岛上国家公园，山脉和城市交通图

夏威夷岛交通方便，有两座民用机场可往返于美国大陆，一个名为科纳国际机场（Kona International Airport），位于夏威夷岛的西海岸科纳市以北，服务于夏威夷岛西部地区；一个名为希洛国际机场（Hilo International Airport），位于夏威夷岛东海岸希洛市以东3公里处，主营国内定期的客货运航线，为夏威夷岛东部地区服务。

夏威夷岛有环岛公路。从科纳出发，沿11号公路逆时针方向行驶，可绕行岛的南部，抵达西部城市希洛。沿19号公路顺时针方向行驶，可绕行岛的北部，抵达希洛。200号公路，在岛的中部偏北，横贯岛的东西。

希洛（英文名：hilo）港是美属太平洋群岛港口之一，坐标为北纬：19.7297222，西经：155.09，是太平洋岛国的重要枢纽，与世界许多港口有业务往来。

茂宜岛

一　概况

茂宜岛（英语：Maui，又译为毛依岛、毛伊岛、茂伊岛），夏威夷群岛中第二大岛，位于夏威夷岛西北 41 公里，坐标为北纬 20°48′，西经 156°20′，面积 1,883 平方公里，海岸线长 193 公里，最高海拔 3,055 米。与拉奈岛、卡胡拉威岛、摩洛凯岛大部分，以及摩洛基尼岛组成夏威夷州的茂宜县（英语：Maui County）。其中的卡胡拉威岛和摩洛基尼岛皆为无人居住。根据 2010 年人口普查，茂宜县拥有人口 154,834 人。根据 2020 年人口普查，茂宜县人口 164,754 人，比 10 年前增长 6.4%，在夏威夷州增长速度最慢。茂宜县总面积 6,212.7 平方公里，其中陆地面积 3,002.3 平方公里，水域面积 3210.4 平方公里。茂宜县的县治为怀卢库（Wailuku），位于茂宜岛的中部。

茂宜岛地图（网上下载）

茂宜岛是茂宜县四个岛屿中最大的岛屿，其面积占茂宜县面积的 62.72%。茂宜岛人口，1960 年仅仅为 35,717 人。经过 30 年的快速发展，到 1990 年达 91,361 人，2000 年增至 117,644 人，2010 年为 144,444 人，占茂宜县人口的 93.29%。茂宜岛的人口在夏威夷群岛中排名第三，仅次于欧胡岛和夏威夷岛。

最初来到茂宜岛的族群，是来自塔希提和马克萨斯群岛的波利尼西亚人。塔希提人在本地创立了卡普制度，规范着当地人们的各种活动，之后也成为夏威夷土著文化的主要内容。

茂宜岛由两座盾状火山——西茂宜山和哈雷阿卡拉山——组成，二者由大型中央山谷连接。中央山谷是卡胡卢伊机场的所在地，也是卡胡卢伊和威陆库镇所在地，还是岛上大部分企业所在地。　中部谷地的大部分为甘蔗田。茂宜岛上一半以上的地方距离海岸线都不足 8 公里。这一点以及夏威夷群岛的海岛地貌构成了茂宜岛海洋性气候的基本属性。岛上沿海地区的常年气温在26℃到32℃之间。

在茂宜岛哈雷阿卡拉的山坡上，种植着茂宜岛的大部分产品和花卉。这个地区还饲养大量的马和牛。茂宜岛北部沿海哈纳高速公路是世界上最著名的风景区之一。沿岛南部海岸是南茂宜岛度假区。

历史上，茂宜岛曾经是夏威夷群岛上的一个强大的国家。

卡赫基利二世（1737—1794年7月），出生于茂宜岛中部偏北的哈利迈勒。他的父亲凯考利克神父，母亲凯库皮娃一世（母亲是他父亲的同父异母姐姐）。他的名字以夏威夷的雷神命名为卡恩-海基利（Kane-Hekili）。传说雷神卡恩-海基利的身体一侧是黑色的，因此，卡赫基利二世便在他的身体的一侧从头到脚纹身。卡赫基利二世至少有两个妻子、三个或四个儿子和两个女儿。

1765年，他继承了他的兄弟卡美哈美哈·努伊勒·奥（Kamehameha-nuiAiluau）成为了茂宜岛、拉奈岛和摩洛凯岛的国王。

1780年代，卡赫基利统治了拉奈岛，卡霍奥拉韦岛和茂宜岛。1783年春天，卡赫基利和他的战士在威基基登陆，入侵瓦胡岛，征服了他自己帮助抚养的侄子、瓦胡岛的国王卡哈哈纳，杀死了卡哈哈纳和他的妻子，并杀死了挡在卡哈哈纳身边的其他瓦胡岛的首领，并用他们的骨骼建造了骨头屋。他的王国赢得了夏威夷群岛中的7个，除了夏威夷岛。客观上为此后卡美哈美哈一世统一夏威夷王国铺平了道路。

1794年7月，卡赫基利二世在瓦胡岛的怀基基去世。他的儿子之间爆发了战争。他的长子卡拉尼库普勒（1760-1795年）国王和他的弟弟凯奥库拉尼继承了茂宜岛王国。卡拉尼库普勒占领了瓦胡岛，而凯奥库拉尼则控制了茂宜岛、拉奈岛和摩洛凯岛。不久，1794年12月6日，卡拉尼库普勒在美国、英国军舰的帮助下，打败了他的叔叔凯奥库拉尼，并且将他杀死。此时，卡拉尼库普勒成为了卡美哈美哈一世统一夏威夷群岛最大的劲敌。

由于连续的内战，卡拉尼库普勒的军队被削弱，这给了卡美哈美哈一世征服茂宜岛的机会。1795年5月1日，卡美哈美哈一世率领大军进攻瓦胡岛，在努阿努帕里击败了瓦胡岛和茂宜岛的联军。战败之后，卡拉尼库普勒在山中躲藏了几个月。后被俘虏并献祭给了卡美哈美哈的战神。他的死亡导致了茂宜岛王国的终结。此时，距离卡赫基利的去世，还不到一年的时间里。

（注：资料引自维基百科：《卡赫基利一世》、《卡赫基利二世》、《卡拉尼库普勒》、《卡赫基利：几乎击败卡美哈美哈统一夏威夷的战争首领》）

二 城镇

茂宜岛几乎没有一座城市，只有几座城镇。

（一）拉海纳

拉海纳（英语：Lahaina，在夏威夷语中意即"无情的太阳"），位于茂宜岛的西部，隔海与拉奈岛相望。坐标为北纬20°53′10″，西经156°40′29″。总面积24.1平方公里，其中陆地面积20.2平方公里，水域面积3.9平方公里，海拔1米。夏威夷30号公路经过这里。

拉海纳的历史街区平均每年只有609.6毫米的降雨，其中大部分发生在12月至2月。因而，这个小镇年均281个晴天，终年阳光灿烂，风和日暖。全年各月平均最高气温在28—31°C之间，平均最低气温在18—22°C之间。2月气温最低，平均最低气温18°C。1、2、3月最宜人。

7、8、9月最潮湿，9月气温最高，平均最高气温30.5°C，每年有5.9天气温超过32.2°C，比夏威夷大多数地方都热。然而信风仍然使7、7、9月保持舒适。

这是一个古老的小镇。1795年，在夏威夷群岛统一之前，拉海纳就被卡美哈美哈大帝征服。1802年至1845年，它是夏威夷王国的首都。卡美哈美哈一世之子卡美哈美哈三世国王更喜欢这个小镇，而不是繁华的檀香山。他在占地1英亩（0.40公顷）的地方建造了一座宫殿建筑群，周围环绕着一个池塘。这里还有不少其他历史古迹及建筑，如贝利博物馆，拉海纳法院和监狱。

1824年，拉海纳创办了第一所向普通民众开放的教会学校。这是夏威夷创办最早的一所学校。

19世纪，这座小镇一度成为太平洋捕鲸业的重要基地，因而别称捕鲸镇。孙中山、马克·吐温、史蒂文森都是早期来访这里的名人。当年声名远扬后的捕鲸镇吸引了400艘船、近1,500名水手来此度假。而如今，捕鲸镇因对自然生态的重视，当年的捕鲸业已被明令禁止，但小镇仍可看到不少当年捕鲸的遗迹。

拉海纳市中心位于海滨（网上下载）

在拉海纳，最热闹的地方是前街，其历史可以追溯到19世纪20年代。街道两旁，商店和餐馆林立，游客摩肩接踵。榕树苑公园有一棵特别大的榕树，由威廉·欧文·史密斯于1873年4月24日种植，以纪念基督教传教士到来50周年。拉海纳的前街被美国规划协会评为"十大最伟大的街道"之一。1962年，拉海纳历史区（Lahaina Historic District）获登录为美国国家历史名胜。

拉海纳2010年人口11,704人，占茂宜岛人口的8.1%。2019年人口增长到1.278万。2020年人口普查，常住人口为12,702人。在旅游旺季，拉海纳的人口可以膨胀到近40,000人。

拉海纳居民职业比例高的前五名依次是：住宿、餐饮服务35.5%，零售贸易12.4%，行政、支持、废物管理8.3%，房地产、租赁5.9%，教育服务5.2%，保健和社会援助5.2%。居民的家庭收入中位数为每年62,782美元，高于美国平均每年53,482美元。

（注：本文资料来源维基百科：《拉海纳，夏威夷》、《邮编 96761（夏威夷州拉海纳）》）

（二）怀卢库

怀卢库（英语：Wailuku，有的译为威卢库、威鲁库、威陆库），位于茂宜岛中部卡胡卢伊以西，伊奥山谷的河口，坐标为北纬20°53+31″、西经 156°30+8″。面积14.8平方公里，其中陆地面积13.8平方公里，水域面积1.1平方公里。海拔76米。2010年人口15,313人，2019年17,708万人。2020年人口普查17,697人。

怀卢库曾经是茂宜岛最著名的夏威夷统治者的所在地，卡美哈美哈在1790年凯帕尼瓦伊战役中取得决定性胜利的所在地。它也曾是夏威夷的权力和人口中心。该镇的历史遗迹包括卡哈穆鲁教堂（以卡梅哈梅哈一世的妻子卡哈穆鲁王后的名字命名），该教堂的历史街区可追溯到1876年。它还曾经是强大的制糖业的发源地。19世纪中叶，新英格兰传教士来到了这里，不仅带来了他们的宗教信仰，也带来了西方的生产技能和新的农业方法。到19世纪60年代，怀卢库糖业公司（由C.布鲁尔公司拥有）和其他种植园，挖了数英里的沟渠，将溪水从深山引到茂宜岛中部的广阔田野，在这里大面积的种植甘蔗，制糖业蓬勃发展起来。成千上万的来自中国、日本、冲绳、韩国、菲律宾、欧洲、美洲的熟练和非熟练工人，从世界各地移民到茂宜岛，在田间和工厂辛勤劳作。他们在这里安家就业，带来了种族、文化和宗教的多样性。许多人定居在怀卢库，那里建起了房屋、学校、教堂、寺庙、商店、银行和社区建筑，以满足繁荣的公司城镇的需求。

怀卢库，从怀阿勒大道望向伊奥山谷（网上下载）

1905年，怀卢库被指定为茂宜岛的县城，并很快成为政府、商业和娱乐中心，拥有杂耍和电影院、保龄球馆、酒店、淀粉糊（浆）工厂、冰和汽水厂以及许多市场和办公室。20世纪初，怀卢库是茂宜岛主要旅游目的地。随着卡纳帕利等度假城镇的崛起，它才逐渐黯然失色。

怀卢库夏季闷热、干燥，是最不舒适的月份。9月最热，最高平均气温30.8°。每年平均有11.4天超过32.2°C。6月最干燥。冬季长且舒适，2月气温最低，平均最低气温18°C。1、2、3月是最宜人的月份。年均降雨量812.8毫米，年均273个晴天。全年多风。在一年中，气温通常在18°C到30°C之间变化，极少低于14°C或高于32°C。

怀卢库居民职业比例高的前五名依次是：住宿、餐饮服务14.7%，保健和社会援助13.5%，零售贸易11.6%，建设9.1%，教育服务8.6%。居民的家庭收入中位数为每年70,409美元，高于美国的平均每年53,482美元。

（注：本文资料引自维基百科：《怀卢库，夏威夷》、《夏威夷怀卢库的经济》、《怀卢库气候》）

（三）卡胡卢伊

卡胡卢伊（英语：Kahului，有的译为卡胡路伊、卡胡陆伊、卡胡鲁伊）位于西茂宜山和哈雷阿卡拉山二者之间的中央山谷的北部临海不远的地方，坐标为北纬20°52′54″、西经156°28′03″。总面积42.3平方公里，其中陆地面积39.3平方公里，水域面积3.0平方公里。海拔9米。

捕鲸业和制糖业两大产业造就了卡胡卢伊。

卡美哈美哈一世征服并统一了夏威夷群岛于1810年建立了夏威夷王国以后不久，捕鲸业兴起。来自世界各地的捕鲸者蜂拥而至，在夏威夷群岛海域捕鲸。他们不时在夏威夷的几个较大的岛屿港口停留，以补充和储备物资。位于今日卡胡卢伊镇以北1.6公里的卡胡卢伊港背风，是捕鲸者青睐的一个港口。几十年间，他们经常光顾这里。适应捕鲸者的需求，商店如雨后春笋，蓬勃发展起来。

由于鲸鱼数量的减少，以及当地政府禁止捕鲸，捕鲸业开始下降，产生了经济空白。然而，制糖业的兴起，迅速弥补了这个空白。随着越来越多的工人到达，该镇建造了商店，道路，学校，教堂和铁路，以满足对零售和社区资源日益增长的需求。1850年卡胡卢伊成立。

茂宜岛拉海纳出生的亨利·鲍德温（Henry Baldwin）和塞缪尔·亚历山大（Samuel Alexander）于1869年购得了72亩（12英亩）的土地。第二年，1870年他们又购买了2.26平方公里（559英亩）的土地，用来种植甘蔗。他们修建了17公里长的沟渠，从哈雷阿卡拉山上引来水，浇灌甘蔗种植园。1877年鲍德温又在甘蔗田附近建造了制糖厂。1889年以后，鲍德温还在可爱岛购买了土地，发展甘蔗种植和制糖业。

卡胡卢伊机场1952年开始商业航空运营，不仅方便了茂宜岛与外界的往来，也促进了茂宜岛旅游业的开展。

卡胡卢伊2010年人口26,337人，2019年增长到3.134万人。它成为了茂宜岛的商业中心和最大的居民点。2019年，卡胡卢伊的就业人数为15,600人。2020年人口28,219人。

卡胡卢伊正常年份降雨量453毫米，平均分布在95天内。从10月8日到4月26日为潮湿季节，其中1月降雨天最多，平均为6.4天。4月26日至10月8日为干燥季节，其中6月降雨天最少，平均为2.2天。一年之中温度变化不大悬殊，通常从17.8°C（64°F）到30.6°C（87°F）不等。该镇是美国风力最大的地区之一，每年从5月22日到9月12日风力较大。风力最大的是7月，平均每小时25.3公里。一年之中，到该镇旅游的最佳时间是6月初到9月下旬。

卡胡卢伊居民职业比例高的前五名依次是：建筑与地面清洁与维护职业 13.2%，销售与相关职业 11.8%，办公室和行政支持 10.7%，食物制备和服务相关职业 8.74%，材料移动职业 5.85%。卡胡卢伊的居民家庭收入中位数为 86,129 美元，远高于美国的平均数。

（注：本文资料引自维基百科：《卡胡卢伊，夏威夷》、《茂宜岛的卡胡卢伊港》、《亨利·佩林·鲍德温》、《卡胡卢伊机场》、《卡胡卢伊气候》）

（四） 帕依亚

帕依亚（英语：Paia，又译为帕亚），位于茂宜岛北部海岸，坐标是北纬 20°54′38″、西经 156°22′35″，最高海拔为 70 米。是哈纳高速公路上向东驶向哈纳的第一个城镇。

根据美国人口普查局的数据，帕依亚面积为 19.3 平方公里，其中陆地面积 15.9 平方公里，水域面积 3.4 平方公里。2000 年的人口普查 2,499 人，2010 年 2,668 人。2020 年人口普查 2,470 人。

帕依亚作为一个社区的起源，可以追溯到 1880 年，人们开始在帕亚地区共同生活。当时亚历山大和鲍德温在这里建立了一家糖厂，糖厂的工人营地首次开始如雨后春笋般涌现。到 1896 年，足够多的移民将这个地区作为他们的永久家园，一家公司商店也于同年开业。但是直到 1905 年，随着现在的磨坊的建设，以及斯普雷克斯维尔的一些糖业搬迁到这个地区，帕依亚镇才发展壮大起来。

20 世纪 30、40 年代，是帕依亚的鼎盛时期。甘蔗产业如火如荼，发展迅速；帕依亚很快拥有三家电影院、一家医院、一个火车站以及学校，教堂，商店和餐馆。然而不幸的是，1930 年一场大火烧毁了该镇的大部分，使得 150 人无家可归。当地居民的团结，以及各种救济团体的共同努力，帕依亚很快重建。祸不单行，1946 年夏威夷历史上最大的海啸发生，夺走了夏威夷 159 人的生命，其中包括帕依亚的一人。这个城镇经历了又一次的重建。

50 年代，制糖业大幅度下滑，糖厂的工人家园营地消失了。工人们搬到了卡胡卢伊去居住。60 年代，美国大陆的"嬉皮士"来到这里，寻找不同的生活方式。他们爱上了这里，并一直留在了这里，为小镇带来了活力。

70、80 年代发现这里的海滩非常适合帆板运动，80、90 年代各地的帆板爱好者来到这里。一时间这里成为了"风帆冲浪的世界之都"。

帕依亚经历了不断地的变化，成为了茂宜岛旅游的主要目的地之一。

帕依亚 2 月温度最低，平均 17.4°C，是夏威夷的平均水平。8 月气温最高，平均 31.2°C，比夏威夷大多数地方都温暖。春季潮湿，秋季干燥。年均降雨量 609.6 毫米，比夏威夷大多数地方都干燥。1、2、5 三个月最宜人，8、9 月是最不舒适的月。

帕依亚居民职业比例高的前五名依次是：住宿、餐饮服务 15.8%，零售贸易 13.6%，教育服务 12.4%，保健和社会援助 7.5%，建设 7.5%。居民的家庭收入中位数为每年 74,167 美元，高于美国的平均每年 53,482 美元。

（注：本文资料引自维基百科：《帕亚，夏威夷》、《哈纳公路沿线的历史：帕亚，过去和现在》、《经济在帕亚，夏威夷》、《帕依亚气候》）

（五）玛卡瓦镇

玛卡瓦镇（英语：Makawao，又译为马卡瓦奥）位于东茂宜岛哈雷阿卡拉的西北坡，以"内陆地区"的中心而闻名。坐标为北纬20°51′13″、西经156°19′1″。最高海拔481米。

根据美国人口普查局的数据，玛卡瓦镇的总面积为9.0平方公里，全部为陆地。2000年的人口普查6,327人，2019年人口7,341人，2020年人口普查7,297人。

玛卡瓦镇是一个农业和牧场社区。它的放牛历史可以追溯到19世纪初。1793年，第一批牛从加利福尼亚运往夏威夷，作为乔治·温哥华船长送给卡美哈美哈一世国王的礼物。1830年，国王卡美哈美哈三世将墨西哥流浪汉从维拉克鲁兹带到夏威夷，以饲养牛群，并让他们教当地人如何放牛。

这个质朴的小镇拥有类似于狂野西部的氛围。不仅拥有牧场，还有牛仔主题商店、精品店、咖啡馆、餐馆、牛排馆，而且通过举办牛仔竞技表演，来庆祝美国独立日。

玛卡瓦镇有一个森林保护区，占地847公顷（2,093英亩），距离玛卡瓦镇4.3公里。森林里生长着许多本土和外国的树木、灌木和植物，包括热带白蜡木、库克松和桉树等。森林里有7条修建好的小径，其中主要的路线长达10公里，适宜步行和骑山地自行车。

玛卡瓦镇设有画廊和艺术展览，以及艺术课程和工作坊，它被认为是夏威夷的艺术中心。

玛卡瓦镇2月气温最低，平均为16.1°C，比夏威夷大多数地方都冷。9月温度最高，为26.2°，是夏威夷最凉爽的地方之一。一年最愉快的月份是6、7、9三个月。年均降雨量1854毫米，年均271个晴天。

玛卡瓦居民职业比例高的前五名依次是：建设16.4%，住宿、餐饮服务10.9%，教育服务9.4%，保健和社会援助8.9%，其他服务6.7%。居民的家庭收入中位数为每年55,602美元，高于美国的平均每年53,482美元。

（注：本文资料引自维基百科：《马卡瓦奥，夏威夷》、《马卡瓦奥，茂宜岛》、《夏威夷马卡瓦奥的经济》、《玛卡瓦气候》）

（六）海纳镇

海纳镇（英语：Hana，又译为哈那、汉娜、哈纳）位于茂宜岛东端，是该岛最孤立的社区之一。坐标是北纬20°46′12″、西经155°59′39″。最高海拔39米。

根据美国人口普查局的数据，海纳的总面积为30.3平方公里，其中陆地面积27.3平方公里，水域面积3.0平方公里。

可能是在公元500年至800年间，由波利尼西亚人首次定居海纳。海纳的第一个甘蔗种植园由乔治·威尔丰于1849年建立，到1883年，该地区已经有六个种植园，空前兴旺。然而，甘蔗种植忽起忽落，到1946年最后一个甘蔗种植园已经关闭，导致种植园工人主要搬到茂宜岛的西侧。海纳的人口在二十世纪上半叶达到顶峰，约为3,500人。2010年人口普查1,235，2019年人口仅有782人，下降趋势明显。2020年人口普查1,526。

1946年，凯威基旅馆开业，今天被称为哈纳特拉瓦萨酒店，帮助海纳的经济由制糖业向旅游业转型。最初是用砾石铺成的、蜿蜒曲折、风景秀丽的哈那公路，于1926年完工。为进入该镇提供了第一条陆地道路。

在哈纳公路的尽头，有一个占地396亩（66英亩）的哈纳-茂宜度假村。在这里，不仅可以俯瞰茂宜岛东海岸广袤的太平洋，还能观看连绵起伏的田野、漂亮的棕榈树林和美丽的凯哈卢海岸。

占地 3 亩的海滩公园，可以游泳、垂钓。这里有带凉亭的野餐区，有公共洗手间，有淋雨和水龙头，是个休闲的去处。

每年，海纳镇都会举办一些文化活动。三月举办芋头节，庆祝茂宜岛种植芋头的丰富遗产；四月，举办独木舟帆船赛，标志着茂宜岛独木舟赛季的正式开幕。

海纳镇最潮湿的季节是春季，最干燥的季节是秋季。年均降雨量 1,407 毫米（55.4 英寸），比夏威夷大多数的地方潮湿。每年有 278 个晴天。一年中最愉快的月份是 7、8、9 三个月。8 月最热，平均最高气温 24.7°C（76.4°F），比夏威夷大多数地方都要凉爽。2 月最冷，夜间平均为 12.5°C（54.5°F），是夏威夷最冷的地方之一。3 月降雨最多，为 185.4 毫米（7.3 英寸）；6 月降雨最少，为 71.1 毫米（2.8 英寸）。

海纳镇居民职业比例高的前五名依次是：住宿、餐饮服务 24.5%，行政、支持、废物管理 11.6%，建设 10.6%。农业、林业、渔业、狩猎 10.1%，保健和社会援助 7.9%。居民的家庭收入中位数为每年 42,917 美元，低于美国的平均每年 53,482 美元。

（注：本文资料引自维基百科：《哈纳，夏威夷》、《经济在哈纳，夏威夷》、《海纳气候》）

（七）卡纳帕利

卡纳帕利（夏威夷语：Kāʻanapali，英语：Kaanapali），曾经是一个古老的夏威夷村庄，是几代夏威夷人的精神和娱乐家园。位于茂宜岛的西海岸，总面积 16.3 平方公里（6.3 平方英里），其中陆地面积 12.8 平方公里（4.9 平方英里），水域面积 3.4 平方公里（1.3 平方英里）。海拔 0 米。坐标为北纬 20°56′5″，西经 156°40′46″。

卡纳帕利属于半干旱热带气候，冬季温暖，夏季炎热。8、9 月最热，平均最高气温为 29.3°C（84.8°F）；2 月气温最低，平均低温为 17.7°C（63.8°F）。年均降雨量 593 毫米（23.33 英寸），3 月降雨量最多，为 94 毫米（3.69 英寸）；6 月降雨量最少，仅为 16 毫米（0.64 英寸）。

2000 年人口普查，卡纳帕利为 1,375 人；2022 年人口普查为 1,161 人。

从 20 世纪 60 年代开始，卡阿纳帕利海滩度假村开始开发。在 1 英里长的卡阿纳帕利海滩上，一栋栋高大的酒店拔地而起。自南至北，主要酒店有凯越酒店、万豪酒店、威斯汀酒店、卡亚纳帕利酒店、希尔顿酒店等。如今，这里成为了全球度假村的典范。长达 4.8 公里（3 英里）的白色沙滩和清澈的海水，来自世界各国的游客在这里晒太阳、游泳、冲浪，打羽毛球、网球，和从事其它休闲活动。

历史上的茂宜岛最著名的酋长卡赫基利酋长，在卡阿纳帕利的黑岩上创造了历史。他从悬崖上跳进了大海。当时跟随他的擅长悬崖跳水的战士，都不敢跟着他跳。如今，住在黑岩旁的喜来登酒店的潜水员，到了傍晚，都会从黑岩的顶部跳入大海，重现当年卡赫基利酋长的勇敢的飞跃。

卡纳帕利居民职业比例高的前五名依次是：住宿、餐饮服务 21.2%，房地产、租赁 16.7%，行政、支持、废物管理 svcs9.7%，零售贸易 7.4%，艺术、娱乐、休闲 7.4%。卡纳帕利居民的家庭收入中位数为每年 97,500 美元。美国平均每年 53,482 美元。

（注：本文资料引自维基百科：《夏威夷卡纳帕利》、《卡纳帕利经济》）

三　经济

捕鲸业曾经成为茂宜岛的支柱产业。每年秋天，鲸鱼从阿拉斯加水域迁徙约 5,600 公里（3,500 英里），来到茂宜岛附近的温暖水域，在这里度过冬季，交配和分娩，大多数在 4 月底离开。

1843-1860 年是茂宜岛的捕鲸鼎盛时期。每年冬季，超过 400 艘船只来到茂宜岛。他们以拉海纳为一个主要的中心，有时多达 100 艘同时停泊在这里。他们每次在这里停留不是数天，往往是数周。这促进了当地商业、餐饮业和卖淫的兴起。后来，因为石油取代了鲸油，19 世纪末捕鲸急剧下降。

历史上菠萝和制糖也一度是茂宜岛的主要产业，2016 年，制糖生产结束。今天，旅游业是茂宜岛经济的主要组成部分。

茂宜岛的主要旅游景点有哈纳公路，哈雷阿卡拉国家公园，伊奥山谷和拉海纳。主要旅游区是西茂宜岛的卡纳帕利，拉海纳，纳皮里－霍诺科瓦伊，卡哈纳，纳皮里，卡帕鲁亚和南茂宜岛的基黑，威雷亚－马克纳。茂宜岛的旅游项目繁多，岛上有 30 多个海滩和海湾，适宜开展游泳、浮潜、冲浪、帆板和风筝冲浪运动。

到达茂宜岛的游客，2000 年为 230.4 万人，2015 年达 254.0 万人，2017 年达 274.5 万人。2015—2018 年，茂宜岛酒店入住率分别为 74.3%、75.8%、77.0%，75.9，均高于夏威夷岛和可爱岛的酒店入住率。

2018-2019 年茂宜岛旅游收入占茂宜岛+卡拉沃县 GDP 比重表

	2018 年	2019 年
茂宜岛+卡拉沃县 GDP(亿美元)	104.74	208.54
茂宜岛旅游收入(亿美元)	50.01	51.10
旅游收入占 GDP 总值%	47.75	47.08

从上表可以看出，旅游业收入占茂宜岛国内生产总值（GDP）将近半壁江山。

美国联邦政府、夏威夷州政府和茂宜县政府机关工作，是茂宜岛就业的一个重要方面。根据茂宜县 2011 年综合年度财务报告，2011 年茂宜岛十大顶级雇主总计雇佣了 17,032 人，其中美国政府、夏威夷州政府、茂宜县政府三级政府在茂宜县的总雇员为 9,508 人，占茂宜岛十大顶级雇主总计雇佣 17,032 人的 55.8%。根据茂宜县 2018 年综合年度财务报告，2018 年茂宜岛十大顶级雇主总计雇佣了 13,183 人，其中美国政府、夏威夷州政府、茂宜县政府三级政府在茂宜县的总雇员为 7963 人，占茂宜岛十大顶级雇主总计雇佣 13,183 人的 60.4%。

农业是茂宜岛的一个重要支柱产业。主要农产品是玉米和其他种子，以及水果、牛、蔬菜、咖啡、澳洲坚果、木瓜、鲜花和新鲜菠萝等。

茂宜岛人均收入 32,379 美元、家庭收入 72,672 美元、家庭收入中位数 83,641 美元，均高于美国全国相对应的 31,771 美元、57,652 美元和 70,850 美元。茂宜岛职业人口所占比例前五名依次为：住宿、餐饮服务 19.5%，零售业 11.2%，医疗保健和社会援助 10.1%，建造 8.1%，教育服务 7.9%。

四　教育

茂宜岛高等学校仅有 1 所，高中有夏威夷教育部主管的公立高中 5 所、公立特许高中 1 所，私立高中 5 所，还有中学 6 所，小学 17 所。

（一） 茂宜岛的高等学校

夏威夷大学茂宜岛学院（英语：University of Hawaii Maui College，简称UHMC）是位于夏威夷茂宜岛卡胡鲁伊大道310号，邮箱夏威夷96732。它是一所公立学院，是夏威夷大学系统的十个分支之一。除了在茂宜岛卡胡鲁伊的主要校区外，还在茂宜县内经营四个教育中心：拉海纳的拉海纳教育中心、海纳的海纳教育中心、摩洛凯岛上的摩洛凯教育中心，以及拉奈岛教育中心。夏威夷大学茂宜学院成立于1931年，最初是茂宜职业学校。1958年，其名称改为茂宜岛技术学校。1965年7月1日夏威夷州议会颁布了《社区学院法》之后该学院被并入夏威夷大学系统。1966年，该学院更名为茂宜岛社区学院。2010年春季，茂宜岛社区学院更名为夏威夷茂宜大学学院。位于卡胡鲁伊的主校区校园面积473亩（78英亩）。2017年在校本科生3,318人。该学院提供副学士学位，应用科学学士学位和证书。

（二） 茂宜岛的高中学校

茂宜岛有公立高中5所，公立特许高中1所，私人高中5所。茂宜岛的公立高中如下：

拉海纳鲁纳高中（英语：Lahainaluna High School），成立于1831年，最初是一所新教传教士学校，名为拉海纳鲁纳神学院。它是在夏威夷成立的第一所正式的欧美风格学校，并一直持续运营至今。1831年9月5日，学校开办之初在茅草屋里开始上课，25名夏威夷年轻人成为它的学生。这所学校后来成为夏威夷公立学校系统的一部分，现在是全国为数不多的男女同校公立寄宿学校之一。位于茂宜岛拉海纳鲁纳路980号，邮箱夏威夷96761。学校在一座死火山的一侧，这座火山上足够高，可以欣赏到太平洋以及摩洛凯岛，拉奈岛和卡霍奥拉韦岛的景色，因而，拉海纳鲁纳高中被认为是茂宜岛上的最佳景观学校之一。2018-19年该校学生为992人。

哈纳高中和小学（英语：Hāna High and Elementary School），位于茂宜岛哈纳高速公路4111号，邮箱夏威夷96713。是茂宜岛哈纳的一所公立学校。成立于1912年，为幼儿园至十二年级提供服务。2005年，哈纳学校有364名学生。

茂宜岛高中（英语：Maui High School）是一所男女同校的公立学校，成立于1913年，位于茂宜岛甘蔗种植小镇哈马库阿波科。1972年，学校搬到新址卡胡鲁伊的南洛诺大道660号，邮箱夏威夷96732。2018-19学年，茂宜岛高中约有2,017名学生。

亨利·佩林·鲍德温高中（英语：Henry Perrine Baldwin High School），是茂宜岛一所男女同校的9-12年级公立高中。1938年建立，1940年迁至现在的大楼，地址是茂宜岛怀卢库卡阿马努大道1650号，邮箱夏威夷96793。校园面积2.0公顷（4.9英亩），2018—19年学生1,322人。

凯考利克国王高中（英语：King Kekaulike High School），成立于1995年，公立高中，位于茂宜岛的普卡拉尼，为9-12年级的1,088名学生提供服务。2013年，凯考利克国王高中被《美国新闻与世界报道》评为十一所"夏威夷最佳高中"之一。

茂宜岛公立特许高中是：

基黑特许学校（英语：Kihei Charter School），在2022年夏威夷最佳特许高中排名第3。2001年建立，位于茂宜岛的基黑大合路300号，邮箱夏威夷96753。是基黑唯一的高中，为K—12年级的学生服务。在校生689名，师生比17：1。根据州考试成绩，39%的学生至少精通数学（精通百分比，指这所学校在州数学评估测试中得分达到或高于熟练水平的学生百分比），59%的学生至少精通阅读（精通百分比，指这所学校在州阅读/语言艺术评估测试中得分达到或高于熟练水平的学生百分比）。该校在夏威夷48所大学预科公立高中排名第2，在夏威夷25所特许小学中排名第3，在夏威夷25所特许中学排名第3。

茂宜岛私立高中如下：

西伯里霍尔学校（Seabury Hall），在 2022 年夏威夷州最好的 10 所私立高中排名第 8，成立于 1964 年，坐落在夏威夷茂宜岛哈雷阿卡拉的山坡上，位于茂宜岛玛卡瓦奥奥林达路 480 号，邮箱夏威夷 96768。是一所私立大学预科高中学校，隶属于圣公会，为 6-12 年级初中和高中学生服务。2020-21 学年有学生 449 人，师生比 9：1。

茂宜岛预科学院（英语：Maui Preparatory Academy），在 2022 年夏威夷州最好的 10 所私立高中排名第 10。成立于 2005 年，是西茂宜岛一所独立的男女合校的大学预科学院。位于夏威夷茂宜岛拉海纳纳皮利豪街 4910 号，邮箱夏威夷 96761。校园面积 212.5 亩（35 英亩）。招收 8—12 年级的寄宿生和 1—12 年级的走读生，2022 年学生人数 300 名，师生比 11：1。学生毕业后，98%的学生继续就读于美国四年制的大学。

卡阿胡马努侯基督教学校（英语：kaahumanu hou christian school），位于茂宜岛卡胡卢伊退伍军人高速公路 777 号，邮箱夏威夷 96732。是一所私立的幼儿园前-12 年级学校，隶属于圣公会。2020 - 2021 年入学 449 人。

卡美哈美哈学校茂宜岛校区（英语：Kamehameha School Maui Campus），1996 年成立，私立学校，为 K-12 年级的学生服务。位于茂宜岛（普卡拉尼）真川尾阿普奥高速公路 270 号，邮箱夏威夷 96768。校园面积 180 英亩（0.73 平方公里）。学生 1084 名。

圣安东尼学校（英语：St. Anthony School），是一所私立的罗马天主教高中，1848 年成立，当时是一所男孩学校，1884 年成立了女子学校，1968 年女子学校与男孩学校合并，为 K-12 年级的学生服务。位于茂宜岛怀卢库下大街 1618 号，邮箱夏威夷 96793。

五　旅游

茂宜岛气候宜人，景色优美，旅游景点众多。

（一）　哈雷阿卡拉国家公园

哈雷阿卡拉火山顶观象台

在茂宜岛内陆和东南部海岸之间，有一个哈雷阿卡拉国家公园（Haleakala National Park）。在夏威夷语中，哈雷阿卡拉意为"太阳之屋"。这是一座休眠火山。它是茂宜岛的最高峰，山顶海拔为3,050米。

由于哈雷阿卡拉山顶在云层之上，能见度好，在这里观看日出、日落和满天的星斗，都是一种难得的享受。哈雷阿卡拉山顶有巨大的连片的火山口群，非常壮观。不同的观景点，观看火山口的角度不同，景致差别很大，然而都很美。

哈雷阿卡拉山顶和茂宜岛东南海岸之间，有数公里长的山坡，站在山上，居高临下，可以饱览远处的大海、村落、森林和草原，大千世界，一目了然，令人心旷神怡，。

夏威夷大学天文研究所，在哈雷阿卡拉山黑尔卡莱峰建立了哈利卡莱天文台。它是夏威夷第一个天文研究观测站。漂亮的乳白色的建筑，使得哈雷阿卡拉山顶更加熠熠生辉。

（二） 拉海纳捕鲸镇

拉海纳捕鲸镇位于茂宜岛的西部，是一个滨海小镇，每天能聆听到大海的涛声。它有数百年的历史，因而是一个古老的小镇。镇内古建筑比较多，房屋显得有些拥挤，道路不宽，停车比较难。它所以被称为捕鲸镇，是因为在19世纪时，这里曾经是捕鲸的重要基地。每年来自阿拉斯加的大批座头鲸来这里过冬，来自世界各国的捕鲸船，在这里聚集捕鲸。如今，这里已经禁止捕鲸，然而，观鲸仍然是茂宜岛旅游的热门。可以乘大游船，也可以划小船、橡皮艇去海中观看鲸鱼。有幸的游客，曾经乘船一次观看到12头鲸鱼组成的鲸鱼群。倘若不愿意到海里去观鲸，站在码头的岸上，也能频频看到海中戏水的座头鲸，让你心满意足。

（三） 哈纳公路

在茂宜岛的东北部沿海的高山峻岭之间，从卡胡鲁伊到哈纳有一条83公里长的公路，名为哈纳公路。

哈纳公路旁的悬崖

这条公路最早建于1910年,至今已有100多年的历史,称得上是一条古老的公路。这条公路,是一条惊险的公路。许多时候,它在悬崖边上行驶。整条路上有620个弯道,其中500多个是180度的大角度,驾驶员开车时必须全神贯注,双手紧握方向盘,不停地拐弯。路上还有59座桥,其中46座桥是单行车道。两车刚好在桥上相遇时,必须有一辆车倒回去,另外一辆车才能通行。

这是一条美艳绝伦的公路。有时它会穿越茂盛的雨林,你在欣赏热带雨林的同时,还能享受树阴下的凉爽。有时路边瀑布飞流,你在看到白花花的瀑布同时,还能聆听到瀑布的哗哗作响。有时在悬崖边,你在欣赏一望无垠的宽阔海面的同时,还能看到海浪一浪高过一浪的如排山倒海般地涌来。路边还有许许多多的观景点,行驶这条路,一定要留足整整一天的时间,停下来赏景。

毛泽东有句名诗:"天生一个仙人洞,无限风光在险峰。"世界上就是这样,险和美常常联系在一起。要想看到美景,必须到险处。哈纳公路就是美和险的完美结合。在这条公路上,游人能看到许多美景,但是开车、行路要格外小心。

(四) 伊奥山谷州立公园

伊奥山谷州立公园

伊奥山谷州立公园(lao Valley State Park)位于茂宜岛西部,在怀卢库以西约5千米处。公园占地16平方公里,纵长16公里。

山谷的入口处,正对大海。海风将水汽源源不断地吹进山谷,山谷里云气蒸腾,因而山谷里降雨量高于周边其他地区。山谷里热带雨林十分茂盛,从山脚到山顶,一片郁郁葱葱。山谷里小溪众多,白花花的溪水,在山谷的底部欢快地奔腾,发出悦耳的声响。

伊奥山谷曾经是古战场,1790年卡美哈美哈一世率领的军队在此进攻茂宜岛的军队,在这场战役中，卡美哈梅哈国王一世打败了茂宜岛的军队，从而加速了他统一夏威夷群岛的进程。

（五） 卡纳帕利海滩

卡纳帕利海滩位于茂宜岛的西南部，绵延 5 公里的洁白的海滩，曾经被评为美国最美的海滩。这里适宜游泳、浮潜、垂钓、冲浪、散步等，许多人喜欢躺在沙滩椅上晒太阳，享受无限的风光。海滩旁的酒店，一栋挨着一栋。沙滩最有名的景观是最北面的黑岩。黑岩有个传说，有死者的灵魂会从这里跳上陆地，只有具有超凡精神力量的人才能免遭伤害。这里有悬崖峭壁，勇敢者站在峭壁上跳进大海，不仅惊险刺激，而且挑战那古老的传说。黑岩下面是浮潜的圣地，经常吸引大批的游客来这里观鱼。

（六） 怀卢阿瀑布

怀卢阿瀑布位于哈纳公路 45 英里标志处，在植被浓密、郁郁葱葱的悬崖上，一帘 24 米（80 英尺）高的瀑布从天而降。它是茂宜岛上最雄伟、最容易到达的瀑布。在公路上就可以看到美丽的瀑布，无需步行。瀑布下方，一潭清水，成为一个天然的小游泳池。在清凉的池水中游泳，会令人非常惬意。瀑布附近有停车场，游客可以停车以后驻足观看和拍照。

六 交通

卡胡鲁伊机场（OGG）位于茂宜岛的卡胡鲁伊((Kahului)以东。往返于檀香山和卡胡鲁伊之间的航班是最繁忙的航线，也有卡胡鲁伊与美国西部和加拿大的部分机场之间的直达航班。

茂宜岛有环岛公路，除去哈纳公路路段比较狭窄以外，其他路段的公路至少是上下双行线。

卡胡卢伊港(Kahului Port)是美属太平洋群岛港口之一，港口代码为 USKAH。卡胡卢伊港口坐标是纬度：20.8893351，经度-156.4729469，是太平洋岛国的重要枢纽。它与美国众多的港口之间有航线往返。

瓦胡岛

一 概况

瓦胡岛（英语：Oahu，又译为欧胡岛），是夏威夷群岛中面积第三大的岛。位于北纬21°28′、西经157°59′。它的东西长度为71公里，南北宽度为48公里，海岸线绵延365公里。如果将福特岛等小面积离岛以及东南方（迎风面）沿岸和卡内奥赫湾内的小岛屿算到一起，瓦胡岛的总面积则为1,545.4平方公里。

瓦胡岛地图（网上下载）

瓦胡岛是一火山岛，岛上分布着两组相对独立、平行的盾状火山山脉柯欧劳山脉（Koolau）和怀厄奈山脉（Waianae），由中央高原连接。12月和1月是瓦胡岛最冷的月份，冬季下午的平均气温大约在摄氏24°。最热的8、9月气温在摄氏32度多。平均温度在摄氏24度和29度之间。降雨主要集中在向着海岸的北部和东北部，而南部和东南部包括火奴鲁鲁和威基基相对较干。

瓦胡岛最早的居民，是乘独木舟到此定居的玻利尼西亚人。他们最初到达的时间，并未形成共识。历史学家们有的说公元300年，有的说公元500年，依据放射性碳定年法调查，第一批定居者大约在公元940—1130年到达。

瓦胡岛在夏威夷群岛的历史上，具有重要的地位。它既是夏威夷王国君主制的故乡，也是推翻夏威夷王国的舞台，还是导致美国卷入第二次世界大战的引爆点。

1795年，夏威夷岛的酋长卡美哈梅哈率领数千人的军队，进攻瓦胡岛。最激烈的一场战斗在瓦胡岛的努阿努的帕里（Nuuanu Pali）进行。瓦胡岛和茂宜岛的联军战败，800多名战士被卡美哈梅哈的军队驱赶，从300多米高的悬崖跳入大海。这一战役，是夏威夷王国建立的关键一战。从此，君主制的夏威夷王国诞生。

在夏威夷王国存在的98年中，它的首都除40年分别在夏威夷岛和茂宜岛（1796年—1803年在夏威夷岛希洛、1812年—1820年在凯卢阿—科纳，1820年—1845年在茂宜岛的拉海纳）之外，其它58年均在瓦胡岛（1795—1796年在威基基，1803—1812年在火奴鲁鲁，1845—1894年在火奴鲁鲁）。瓦胡岛长期是夏威夷王国的政治中心。1959年8月夏威夷成为美国第50个州。州府同样设在瓦胡岛檀香山（火奴鲁鲁）。

在英国库克船长1778年初次来到夏威夷之后，几乎立即就有美国人移民夏威夷。美国人在这里种植甘蔗、菠萝，生产蔗糖，逐渐垄断了夏威夷的经济，并试图影响王国的政治。1887年，一群外籍人士发动叛乱，用民兵的刺刀威胁卡拉卡瓦国王接受新宪法。1893年1月16日，美国移民为首的夏威夷改革党发动政变，推翻了留利卡尼拉女王的统治，美国陆战队参与了政变。1894年7月4日，夏威夷共和国成立。同年8月夏威夷正式成为美国的领地。存在近百年的夏威夷王国彻底消亡。

第二次世界大战中，位于太平洋中心的夏威夷，具有战略地位。1941年12月7日，蓄谋已久的日本帝国海军，突然袭击了瓦胡岛的珍珠港，炸毁、炸沉了美国的大批飞机、军舰，造成了美国2,403人死亡、1,178人受伤。"珍珠港事件"导致了美国卷入第二次世界大战。四年之后，日本于1945年在密苏里号战列舰上签署了无条件投降书。如今，退役的密苏里号战列舰停泊在珍珠港，供游人参观。

瓦胡岛是冲浪运动的发源地。冲浪运动是运动员利用冲浪板等工具驾驭海浪的一项水上运动，也是一种极限运动。

冲浪是波利尼西亚人的一项古老文化。他们的酋长是部落中技术最好的驾浪者、并拥有使用最好的树木所制造最好的冲浪板。

将冲浪运动从夏威夷推广到世界的，是杜克·卡哈纳莫库（1890年8月24日—1968年1月12日）。他是夏威夷出生的原住民，从小在瓦胡岛的威基基长大，青春大部分时间在海滩上度过。他发展了自己的冲浪和游泳技能。

1911年，"冲浪俱乐部"成立，夏威夷的冲浪运动开始有了现代的正式组织。

1912年，杜克·卡哈纳莫库在瑞典首都斯德哥尔摩举行的奥运会上，打破了100米自由泳项目的世界记录，获得了金牌。他在1912年、1920年、1924年先后获得5次奥运游泳奖牌。退役以后，杜克在国际上举办游泳展览，他将冲浪展览纳入了他的巡回展览。他作为主要示范者和教练员，向世人普及仅为夏威夷人所知的冲浪运动。

1912年，他首先在美国南加州宣传、普及冲浪运动。1914年、1915年，又先后到澳大利亚和新西兰宣传普及冲浪运动。1925年6月14日，杜克在加州纽波特海滩使用冲浪板，从一艘倾覆的渔船上救出了8名男子。这导致了美国各地的救生员使用冲浪板作为水上救援的标准设备。为了纪念杜克·卡哈纳莫库对于推广冲浪运动所做的贡献，先后在瓦胡岛的威基基海滩、澳大利亚的新威尔市州淡水海滩、新西兰的基督城的新布莱顿海滩和美国加州的亨廷顿海滩，建造了他的塑像。

1962年第一届世界冲浪锦标赛在澳大利亚的曼丽（Manly）举行。2010年首届中国海南万宁冲浪节举办。2020年12月7日，国际奥委会同意将冲浪列为2024年巴黎奥运会正式项目。

瓦胡岛是夏威夷群岛人口最多的岛屿，2000年人口876,151人，2010年953,207人，截止2014年人口991,788人，夏威夷州80%的人口集中于此。2020年人口普查，瓦胡岛1,016,508

人，首次突破 100 万人，比过去 10 年增长 6.6%。瓦胡岛是夏威夷群岛的政治、经济和文化中心。

瓦胡岛县于 1905 年 7 月 1 日成立。两年后，它更名为火奴鲁鲁市和县。火奴鲁鲁市县（英语：City and County of Honolulu，也译为檀香山），县名是夏威夷语"避风港"的意思。火奴鲁鲁市县的治理范围包含整个欧胡岛和附近一些小岛，是太平洋上最大的城市。

二 城市

瓦胡岛最的大城市是火奴鲁鲁（檀香山），此外，还有为数众多的城镇。

（一） 火奴鲁鲁

火奴鲁鲁（英语：City of Honolulu），也译作檀岛、檀山或檀香山），位于瓦胡岛东南方沿岸，坐落在北纬 21°18′32″、西经 157°49′34″。海拔 6 米。是美国夏威夷州火奴鲁鲁市县最大的城区暨首府。

根据美国人口普查局的数据，檀香山城市的总面积为 177.2 平方公里（68.4 平方英里），其中陆地面积 156.7 平方公里（60.5 平方英里），水域面积 20.5 平方公里（7.9 平方英里），占总面积的 11.56%。

在 11 世纪，檀香山出现了第一个定居点，那是原始波利尼西亚移民首次定居檀香山。

卡美哈美哈 1795 年率领大军征服了瓦胡岛。1803 年—1812 年，他将夏威夷王国的首都设在了火奴鲁鲁。卡美哈梅哈三世 1845 年将夏威夷王国的首都，从茂宜岛的拉海纳迁至檀香山。他和他的追随者一起，将火奴鲁鲁建设成为一座现代化的都市。这里成了瓦胡岛上的商业中心。美国传教士的后裔在火奴鲁鲁市中心建立了主要的企业。

尽管 19 世纪末、20 世纪初夏威夷出现了政治动荡，1893 年夏威夷王国被推翻，1898 年夏威夷被美国吞并，1941 年又发生了日本海军偷袭珍珠港，火奴鲁鲁一直是夏威夷群岛的首都、最大的城市，主要机场和海港。

20 世纪以来，经济和旅游业的繁荣，为火奴鲁鲁带来了快速的经济增长。每年数百万游客来夏威夷旅游，其中的 62.3%的游客进入火奴鲁鲁国际机场。火奴鲁鲁发展成为一座现代化的城市。

2010 年火奴鲁鲁人口总数为 390,738 人，2019 年火奴鲁鲁人口 34.9 万人。根据 2020 年美国人口普查，檀香山的人口为 350,964 人。

火奴鲁鲁虽然地处热带地区，然而气候较为温和。年均降雨量 1,244.6 毫米（49 英寸），每年有 195 天降水，比夏威夷大多数地方都多。每年有 271 个晴天。9 月最热，平均高温为 29.9°C（85.8°F）。每年有 7.8 天高温超过 32.2°C（90°F），比夏威夷大多数地方都热。1 月最冷，夜间温度平均为 17.5°C（65.3°F），比夏威夷大多数地方都温暖。12 月降雨最多，达 408.9 毫米（16.1 英寸），5 月降雨最少，仅有 322.6 毫米（12.7 英寸）。7 月是降雨天数做多的月份，达 18.7 天，2 月是降雨最少的月份，仅有 12.6 天。

美国 44 任总统巴拉克·奥巴马于 1961 年在火奴鲁鲁出生。

火奴鲁鲁居民职业比例高的前五名是：住宿、餐饮服务 15.6%，零售贸易 12,5%，保健和社会援助 11.5%，教育服务 9.6%，公共行政 7.9%。檀香山居民的家庭收入中位数为每年 60,548 美元。美国平均每年 53,482 美元。

火奴鲁鲁在瓦胡岛的位置

威基基海滩

(注：本文资料引自维基百科：《火奴鲁鲁》、《夏威夷檀香山的气候》《夏威夷檀香山的经济》)

(二) 卡普雷

卡普雷（英语：Kapolei，又译为卡波利、卡波莱、卡波雷、考普雷），位于瓦胡岛南部的埃瓦平原，坐标为北纬 21°20′05″、西经 158°04′51″。海拔 16 米。

卡普雷面积为 11.32 平方公里（4.37 平方英里），全部为陆地。2010 年人口 15,186 人，2020 人口 21,411 人。在瓦胡岛当地被看作是仅次于檀香山的"第二大城市"。卡普雷是一个以甘蔗和菠萝种植园为基础建立起来的城市。

1850 年，24 岁的爱尔兰木匠詹姆斯·坎贝尔（James Campbell）乘船来到夏威夷，开始了商业开发。1877 年他以 95,000 美元在瓦胡岛上买下了埃瓦（Ewa）平原上 41,000 英亩的干旱的牧场。他在这里钻出了夏威夷的第一口井，发现了巨大的纯净水源，将贫瘠的土地变成了甘蔗种植园。他还设想将埃瓦平原变成一个充满活力的经济中心——卡普雷市。

1977 年火奴鲁鲁市和县指定埃瓦地区为瓦胡岛第二大城市。1998 年夏威夷州在卡普雷市建造了第一座政府办公大楼。1999 年夏威夷第一座水上公园在卡普雷开放。2004 年卡普雷的第一所私立大学预备学校太平洋岛学院开学。2012 年夏威夷大学西瓦胡分校在东卡普雷开设，有 2,000 名学生在学校就读。

卡普雷拥有工业园区和夏威夷州第二大深水港。夏威夷州、瓦胡岛县政府以及夏威夷一些最大的公司在卡普雷拥有工作场所。2016 年 10 月皇家礼物（Ka makana alii）购物中心开业。这个中心，拥有一百多家商店，零售空间达 13.0064 万平方米（140 万平方英尺）。

卡普雷有公立的卡普雷小学、卡普雷中学和卡普雷高中，这些学校都由夏威夷教育部主管。

卡普雷年均降雨量 431.8 毫米（17 英寸），年均 74 天降水、271 个晴天。每年有 7 个舒适的月，气温在 21.1——29.4°C（70—85°F）之间。8 月最热，平均高温 31.2°C（88.2°F）；每年有 29.6 天高温超过 32.2°C（90°F），是夏威夷最热的地方之一。2 月的夜间温度最低，平均为 18°C（64.4°F），比夏威夷的大多数地方都要温暖。12 月降雨最多，为 81.3 毫米（3.2 英寸），有 8.4 天的雨天；6 月降雨量最少，仅为 10.2 毫米（0.4 英寸），只有 4.0 天的雨天。卡普雷比夏威夷的大多地方都要干燥。

卡普雷航拍照片（网上下载）

卡普雷居民职业比例高的前五名依次是：公共行政 14.5%，医疗保健和社会援助 12.9%，零售业 10.4%，住宿、餐饮服务 10.3%，运输和仓储 8.5%。

卡普雷是一个富裕的城镇，家庭收入中位数为 97,943 美元，美国平均每年 53,482 美元。近五分之一的家庭收入超过 10 万元，住房拥有率为 70%。

（注：本文资料引自《卡波雷，夏威夷》、《卡普雷的历史》、《卡普雷气候》、《夏威夷卡普雷的经济》）

（三）　卡胡库镇

卡胡库镇（英语：Kahuku），位于瓦胡岛最北端陆地点附近的卡胡库角，坐标为北纬 21°40′49″、西经 157°57′01″，最高点海拔高度 5 米。

根据美国人口普查的数据，卡胡库镇的面积为 6.0 平方公里（2.3 平方英里），其中陆地面积为 2.6 平方公里（1.0 平方英里），水域面积为 3.4 平方公里（1.3 平方英里）。2010 年人口 2,614 人。2019 年人口 2,119 人。2020 年人口普查 2,852 人。

1890 年，在卡胡库镇建立了甘蔗种植园和制糖厂。来自葡萄牙、日本和菲律宾的移民在种植园和磨坊里工作了 80 年。1971 年制糖厂关闭。从 1893 年到 1971 年，制糖业是该镇的主要收入来源。

制糖业结束后不久，卡胡库镇海龟湾度假村开业，旅游业为当地居民提供了离家很近的新工作。卡胡库有大型淡水养殖中心，有许多人造鱼塘，这里饲养着虾。当地居民用卡车销售当地产的新鲜虾制作的特色风格和风味的午餐饭菜。

卡胡库镇的家族农场，提供提前安排的私人旅游，并经营一个小型农场到餐桌的咖啡馆，

卡胡库糖厂（网上下载）

该镇有小学、中学和高中，这些学校都是夏威夷教育部负责管理的公立学校。卡胡库高中和

中学，属于瓦胡岛迎风学区，1897 年成立，为 7 年级至 12 年级的学生服务。2019——20 学年在校生 1351 人。该校的红色突击者足球队在夏威夷州 11 次冠军赛中，8 次获胜。2016 年在全国系统排名中排名第 59。

卡胡库镇年均降雨量 828 毫米（32.61 英寸），年均降水 191.6 天。12 月降水最多，为 103 毫米（4.05 英寸）；6 月降水最少，为 38 毫米（1.51 英寸）。7 月降雨天数最多，为 18.2 天；2 月降雨天数最少，仅为 13.4 天。9 月最热，平均最高温度为 28.4°C；2 月最冷，平均最低气温为 18.7°（65.7°F）。

卡胡库镇居民职业比例高的前五名依次是：住宿、餐饮服务 16.0%，教育服务 15.1%，建设 12.3%，保健和社会援助 10.7%，零售贸易 9.9%。居民的家庭收入中位数为每年 58,594 美元， 美国平均每年 53,482 美元。

（注：本文资料引自维基百科《卡胡库》、《夏威夷瓦胡岛上的卡胡库糖厂和北岸活动》、《夏威夷卡胡库的经济》

（四） 拉耶镇

拉耶镇（英语：Laie，有的译为莱伊），位于瓦胡岛东北部，在豪乌拉以北、卡胡库以南。坐标为北纬 21°38′55″、西经 157°55′32″。海拔 3 米。

2010 年人口普查，拉耶镇总面积 5.62 平方公里（2.17 平方英里），其中陆地面积 3.47 平方公里（1.34 平方英里），水域面积 2.16 平方公里（0.83 平方英里），人口 6,138 人。2019 年人口 5,704 人。2020 年人口普查 5,963 人。

拉耶历史上曾经是一个人口稀少的小村庄，后来成为一个逃犯的避难所。当一名逃犯在避难所时，该逃犯的追捕者伤害他或她是非法的。在战时，在避难所的两端都设置了带有白旗的长矛。如果战士们试图追捕逃犯进入避难所，他们将被避难所的牧师杀害。传统的避难所在 1819 年被废除。

1865 年，拉耶这片土地成为了甘蔗种植园，这里建立了制糖厂。19 世纪末和 20 世纪初，甘蔗种植取代了芋头种植。随后不久，镇上建立了学校和教堂

拉耶是夏威夷拉耶神庙的所在地，该神庙是世界上第五古老的运营寺庙。拉耶还是著名的文化、旅游景点。杨百翰大学夏威夷分校和波利尼西亚文化中心都位于拉耶。波利尼西亚文化中心是夏威夷州最大的活博物馆，每年吸引数百万游客。

拉耶全年高温介于 26°C（79°F）和 31°C（88°F）之间。4—9 月干燥。8 月最热，平均最高气温为 31°C（88°F）。2 月最冷，平均最高气温为 26°C（79°F）。12 月降水最多，达 85 毫米（3.3 英寸）；6 月降水最少，仅为 7 毫米（0.3 英寸）。

拉耶居民职业比例高的前五名依次是：教育服务 36.4%，住宿、餐饮服务 11.7%，艺术、娱乐、休闲 11.6%，建设 8.1%，零售贸易 5.4%。居民的家庭收入中位数为每年 81,948 美元。美国平均每年 53,482 美元。

（注：本文资料引自维基百科《拉耶，夏威夷 》、《气候在拉耶，夏威夷州》、《拉耶经济，夏威夷》

（五） 豪乌拉

豪乌拉（英语：Hau'ula，又译为霍乌拉、豪拉），位于瓦胡岛东北部沿岸，坐标为北纬21°35′18″，西经157°55′19″。海拔2米。

2000年人口普查，豪乌拉有3,651人。根据2010年美国人口普查的数据，豪乌拉的面积为5.00平方公里(1.9平方英里)，其中陆地面积3.00平方公里(1.2平方英里)，水域面积2.00平方公里(0.77平方英里)，人口4,148人。2020年美国人口普查，豪乌拉有人口4,018人。

历史上，豪乌拉曾经遍是甘蔗林。如今甘蔗田已经消失，像是一个沉睡的住宅区。不过，它有几个海滩，包括乌拉拉海滩公园、普纳卢乌海滩公园、科科洛利奥海滩公园和马考阿海滩，仍然吸引游人。它有一条4公里（2.5英里）长的小径，沿着山的一侧。在上面行走，可以欣赏到海岸和峡谷里的美景。

豪乌拉有一所夏威夷教育部开办的公立的豪拉小学。一所私立的亚太国际学校夏威夷校区，提供从幼儿园到12年级的教育。

豪乌拉年均降雨1397毫米（55英寸），比夏威夷大多数地方降雨量都多。每年有226天降水，271个晴天。12月降水量最多，达429毫米（16.9英寸）；7月降雨天数最多，达22.1天。6月降水量最少，只有318毫米（12.5英寸）；2月降水天数最少，仅有15.0天。8月最热，平均高温为28.6°C（83.4°F），比夏威夷大多数地方都凉爽。1月的夜间最冷，平均为18.3°C（65°F），比夏威夷的大多数地方都温暖。全年12个月都舒适，高温在21.1—29.4°C（70—85°F）之间。

豪乌拉职业人口比例高的前五名是：教育服务24.6%，建造15.4%，住宿、餐饮服务9.0%，保健和社会援助8.3%，艺术、娱乐7.5%。居民家庭收入中位数为69,013美元，高于美国平均收入的53,482美元。

（注：本文资料引自维基百科《豪乌拉》、《豪乌拉气候》、《豪乌拉经济》）

（六） 卡阿瓦

卡阿瓦（英语：Kaaawa），位于瓦胡岛迎风海岸（东部海岸），坐标为北纬21°33′25″，西经157°51′，海拔2米。

根据2010年美国人口普查的数据，卡阿瓦的面积为3.40平方公里（1.3平方英里），其中陆地面积2.10平方公里（0.81平方英里），水域面积1.40平方公里（0.54平方英里），人口1,379人。2019年1,132人。

历史上，卡阿瓦是国王的住所。在古代夏威夷，夏威夷酋长的新生儿被带到这里接受古老传统、历史和战争艺术的训练。当渔民经过这个山谷时，他们不得不放下帆。如果他们违反了，那就意味着死亡。

1850年，卡阿瓦谷建立了一个养牛场。除了养牛之外，牧场还为游客提供骑马等活动。1863—1870年间，这里曾经建了制糖厂。由于缺乏降雨没有成功，后来被关闭了。

第二次世界大战期间，美军在山谷中修建了一个机场，在海边的悬崖上建造了掩体。1974年，这个地方被列入国家历史名录。

卡阿瓦山谷是瓦胡岛上最美丽的地方之一，也是许多古代传说中提到的遗址。它曾经是许多电影的拍摄地。

卡阿瓦有一个美丽的海滩公园。公园里有一个狭窄的沙滩，近岸海底有浅礁。当风平浪静时，适合游泳和浮潜。这个公园主要由渔民、露营者和野餐者使用。渔民来这里可以捕捉到章鱼。

卡阿瓦谷（网上下载）

卡阿瓦年均降水量 1905 毫米（75 英寸），比夏威夷大多数地方都多。每年有 248 天降水，275 个晴天。春季雨少，秋季雨多。11 月降水最多，达 478 毫米（18.8 英寸）；6 月降水最少，仅有 152 毫米（6.0 英寸）。7 月降水天数最多，为 24.3 天；2 月降水天数最少，仅 15.9 天。9 月最热，平均最高温度是 29°C（84.2°F），1 月最冷，平均为 18.8°C（65.8°F），是夏威夷最温暖的地方之一。全年 12 个月都舒适，高温在 21.1—29.4°C（70—85°）之间。

卡阿瓦职业人口比例高的前五名是：建设 14.1%，教育服务 12.3%，公共行政 11.8%，零售贸易 11.1%，专业、科学、技术服务 9.8%。居民家庭年收入中位数是 74231 美元，高于美国的平均数。

（注：本文资料引自维基百科《卡阿瓦》、《卡阿瓦谷》、《气候在卡阿瓦，夏威夷》、《卡阿瓦经济》）

（七）怀坎

怀坎（英语：Waikane，又译为怀坎纳、怀坎内），也被称为北库拉波科、北科奥拉乌波科，位于瓦胡岛东部卡内奥赫湾（Kaneohe Bay）的海岸线上，由怀阿霍尔、怀卡内、哈基普乌和库阿洛阿几个郁郁葱葱的山谷组成。坐标为北纬 21°29′47″，西经 157°51′34″，海拔 14 米。其中库阿洛阿（Kualoa）谷是一个占地 1,600 公顷（4,000 英亩）的自然保护区和养牛的牧场，是瓦胡岛迎风海岸的热门旅游景点和拍摄地点。

卡内奥赫湾水浅且清，乘玻璃底船可观赏水下色泽鲜艳的珊瑚石，为一主要游览区。怀坎码头曾经拍摄过电影。

怀坎总面积为 18.6 平方公里（7.2 平方英里），其中陆地面积 17.7 平方公里（6.8 平方英里），水域面积0.9平方公里（0.35平方英里）。

2000年人口普查，怀坎北部有726人。2010年人口778人。

怀坎有一所怀阿霍尔小学，由夏威夷教育部主办。

怀坎年均降雨量1,727毫米（68英寸），274个晴天。有12个舒适月，高温在21.1—29.4°C（70—85°F）之间。8月最热，平均最高温度为29.1°C（84.3°F），每年有1天高温超过32.2°C（90°F），比夏威夷大多数地方都凉爽。1月最冷，平均温度为18.8°C（65.9°F），是夏威夷最温暖的地方之一。怀坎每年有249.5个雨天，是夏威夷降雨最多的地方之一。11月降雨量最多，为465毫米（18.3英寸）；6月降雨量最少，仅为89毫米（3.5英寸）。7月降雨天数最多，达24.4天；2月最干燥，降雨天数仅有15.9天。

怀坎居民职业比例高的前五名依次是：零售贸易12.7%，保健和社会援助10.7%，建设8.9%，运输和仓储8.8%，教育服务8.1%，住宿、餐饮服务8.1%（并列）。居民的家庭收入中位数为每年68,348美元。美国平均每年53,482美元。

（注：本文资料引自维基百科《怀坎》、《怀坎气候》、《怀坎经济》）

（八）　卡哈卢

卡哈卢（英语：Kahaluu，又译为卡哈鲁乌），位于瓦胡岛的库劳波科区，在瓦胡岛东部沿海中间部位，坐标为北纬21°27′40″、西经157°50′28″，最高点海拔高度为2米。

2000年人口普查，卡哈卢有2,935人。2010年人口普查，卡哈卢的面积为11.70平方公里（4.5平方英里），其中陆地面积为9.00平方公里（3.5平方英里），水域面积为2.70平方公里（1.0平方英里），人口4,738人。2020年人口普查，为5,241人。

卡哈卢地区已经有人居住了大约500年，在18世纪和19世纪是一个重要的皇家住所。19世纪初期以前，卡哈卢公园周围地区曾经是夏威夷繁忙的农业和渔业地区。卡哈卢的居民喜欢这里的住所，喜欢这里平静的天气，喜欢在这里游泳和冲浪。

现在，卡哈卢正在由主要是农村的地区，转变为一个更密集的住宅社区。

卡哈卢有一所夏威夷教育部开办的小学。

卡哈卢年均降水量1,727毫米（68英寸），比夏威夷大多数地方降水都多。每年267个晴天，250天降水。8月最热，平均最高温度为29.1°C（84.3°F），每年有1.0天高温超过32.2°C（90°F），比夏威夷大多数地方凉爽。1月夜间气温最冷，平均为18.8°C（65.9°F），是夏威夷最温暖的地方之一。11月降雨量最多，为211毫米（8.3英寸），6月降雨量最少，仅为89毫米（3.5英寸）。7月是降雨天数最多的月份，达24.4天；2月是降雨天数最少的月份，仅为15.9天。

卡哈卢职业人口比例高的前五名是：教育服务12.7%，建设12.5%，零售贸易12.4%，保健和社会救助8.4%，运输和仓储6.2%。居民家庭年收入中位数为77,099美元，高于美国的平均数。

（注：本文资料引自维基百科《卡哈卢》、《卡哈卢历史》、《卡哈卢气候》、《卡哈卢经济》）

（九） 莫卡普

莫卡普（英语：Mokapu，有的译为梅卡普），位于瓦胡岛东部的一个半岛上，横贯瓦胡岛东西方向的 H1 和 H3 公路，将西部的卡普雷和东部的莫卡普连接起来。夏威夷海军陆战队基地占据了整个莫卡普半岛，该基地的总面积为 15.1 平方公里（5.8 平方英里），其中陆地面积 11.4 平方公里（4.4 平方英里），水域面积 3.7 平方公里（1.4 平方英里）。

1918 年美国总统伍德罗·威尔逊指定莫卡普半岛上 1.30 平方公里（322 英亩）的土地供军方使用。美国海军在这里建立了海军航空站。1939 年美国海军在这里建造了一个小型的水上飞机基地。1941 年陆军炮兵部队进入这个地区。1941 年 12 月 7 日，海军航空站遭到了日本海军的袭击。

2000 年美国人口普查，莫卡普有 11,827 人，2010 年人口普查人口为 9,517 人。

莫卡普小学由夏威夷教育部主办，截至 2020 年它的入学人数约为 900 人，是瓦胡岛上迎风一侧入学人数最多的学校。

莫卡普 8 月最热，最高气温 31.7°C（89°F）；1 月最冷，最低气温 18.9°C（66°F）。12 月降雨最多，为 74 毫米（2.9 英寸），6 月降雨最少，为 10 毫米（0.4 英寸）。

（注：本文资料引自维基百科《莫卡普》、《莫卡普历史》、《莫卡普气候》）

（十） 凯卢阿

凯卢阿（英语：Kailua，又译为凯路亚）（檀香山），位于欧胡岛东南向风海岸，受檀香山市县的管辖，距离火奴鲁鲁 19 公里。坐标为北纬 21°23′51″，西经 157°44′22″。海拔 5 米。

凯卢亚湾（网上下载）

约公元前500年（即至少1500年前）已有人在凯卢阿居住，不过在1200年左右才有广泛的耕作活动。凯卢阿是卡美哈梅哈一世占领欧胡岛的关键一战——1795年在努阿努帕里（Nu'uanu Pali）的努阿努之战——的所在地。

根据美国人口普查局的资料，凯卢阿的面积为27.4平方公里（10.6平方英里），其中陆地面积20.1平方公里（7.8平方英里），水域面积7.3平方公里（2.8平方英里）。夏威夷群岛中现存面积最大的湿地——卡瓦努伊湿地（Kawai Nui Marsh）占去了其中大部分的水域面积。

凯卢阿1992年人口为50,000人。2010年美国人口普查，凯卢阿的人口降为38,635人。整个瓦胡岛的居民中，白人不到22%，而在凯卢阿却占到47%。2019年凯卢阿的人口继续降为37,586人。2020年人口普查又增长到40,514人。

凯卢阿有一些政府基础设施，包括檀香山警察局的变电站、美国邮政局的邮局、夏威夷公共安全部的妇女社区矫正中心，以及夏威夷人类服务部的青年惩教所。

凯卢阿海滩（Kailua Beach）呈新月形，长约4.0公里（2.5英里），宽15至46米（50至150英尺）。海滩的海底轻柔而美丽，一直倾斜到头顶深处，没有任何珊瑚。轻度至中度的海浪，有利于开展冲浪活动。稳定的信风，又使凯路亚海滩成为顶级风帆冲浪和风筝冲浪目的地。这个海滩曾在1998年被海滩专家史蒂芬·雷德曼博士（Dr. Stephen Leatherman）评为"美国最佳海滩"。

凯卢阿属热带雨林气候，年均降雨量1366毫米（53.8英寸）。11月降雨最多，为178毫米（7.01英寸）；6、7月降雨最少，仅为69毫米（2.71英寸）。8、9月气温最高，平均最高气温为29.9°C（85.9°F）；2月气温最低，最低气温为19.8°C（67.7°F）。全年气温在21.8°C—28.2°（71.2—82.7°F）之间。12个月都舒适。

凯路亚（檀香山）居民职业比例高的前五名依次是：保健和社会援助14.7%，零售贸易10.5%，教育服务10.3%，公共行政10.1%，专业、科学、技术服务9.2%。居民的家庭收入中位数为每年104,911美元。美国平均每年53,482美元。

（注：本文资料引自维基百科《凯卢阿》、《经济 在 凯路亚 （檀香山 Cnty），夏威夷》）

（十一）卡内奥赫

卡内奥赫（英语：Kāne'ohe，有的译为科内尼奥赫），位于瓦胡岛东部沿海，坐标为北纬21°24′33″，西经157°47′57″。最高海拔28米。

根据美国人口普查局的数据，卡内奥赫总面积为21.91平方公里（8.46平方英里），其中陆地面积16.95平方公里（6.54平方英里），水域面积4.97平方公里（1.92平方英里）。夏威夷语中，卡内奥赫是"竹子人"的意思。

2010年的人口普查中，卡内奥赫人口为34,597人，是卡内奥赫湾沿岸几个社区中最大的一个。该镇的商业中心主要沿卡美哈美哈公路分布。2020年人口普查卡内奥赫人口为37,430人。

自古来，由于雨水充沛，卡内奥赫最初是种植芋头和红薯的农业区。后来是夏威夷王国早期统治者的家，包含30个皇家鱼塘。如今卡内奥赫主要是一个住宅社区，几乎没有了农业。该地区唯一商业作物是香蕉。

卡内奥赫所在的卡内奥赫湾，面积45平方公里，是夏威夷群岛最大的避风港。这个以珊瑚礁为主的安居地是瓦胡岛东北海岸的一个重要风景和娱乐场所。海湾长约13公里，宽约4.3公里，口口宽约 4.4 公里,挖泥通道最大深度为 12 米。

卡内奥赫海滩公园位于瓦胡岛的东侧。公园里有大草坪,浴室,淋浴,野餐桌和儿童游乐场。有趣的是,这个名为海滩公园的公园,却没有沙滩。一条小溪,卡内奥赫西,从这里流入大海。因而,这里的水常常很浑浊。鲨鱼往往更喜欢浑浊的水,因而,人们永远不要去浑浊的水中游泳。这个公园里有码头,小船和皮划艇可以从这里下海。

卡内奥赫属于热带草原气候。年降水量 707 毫米(27.81 英寸),年均雨天 157.8 天。11月降水最多,达 93 毫米(3.68 英寸);6 月降水最少,仅 32 毫米(1.27 英寸)。7 月为降雨天数最多的月份,为 16.2 天;2 月为降雨天数最少的月份,仅为 9.4 天。8、9 月最热,平均最高气温 28.9°C(84.1°F);1 月最冷,平均最低气温 20.1°C(68.1°F)。卡内奥赫夏天比夏威夷大多数地方都凉爽,冬天比夏威夷大多数地方都温暖。一年 12 个月都舒适。

卡内奥赫居民职业比例高的前五名依次是:教育服务 12.5%,保健和社会援助 12.0%,公共行政 11.0%,零售贸易 10.8%,建设 9.2%;居民的家庭收入中位数为每年 84,835 美元。美国平均每年 53,482 美元。

(注:本文资料引自维基百科《卡内奥赫,夏威夷》、《卡内奥赫公园》)

(十二) 怀马纳洛

怀马纳洛(英语:Waimānalo,又译为威梅纳洛、威马纳洛)位于瓦胡岛的东南部的科奥劳波科区。坐标为北纬 21°20′45″、西经 157°43′05″,最高点海拔高度为 9 米。在夏威夷语中,怀马纳洛的意思是"饮用水",它以该地区许多用于灌溉的咸水池塘而得名。

怀马纳洛湾海滩(网上下载)

2010年美国人口普查，怀马纳洛的面积为11.3平方公里(4.4平方英里)，均为陆地，人口5,451人。2020年美国人口普查，怀马纳洛人口6,057人。

怀马纳洛湾海滩，位于瓦胡岛的东南角。这是一片瓦胡岛的乡村海滩，它和其北部的邻居贝洛斯（Bellows）海滩公园，是夏威夷未被发现的宝石。它们共同构成了4.8公里（3英里）长的原始海滨。这个沙滩不仅拥有未受污染的碧蓝的海水，柔软粉状的沙滩，而且还拥有高大的灌木丛和铁木树，以及陡峭的山崖。

怀马纳洛是海洋生物公园的所在地，海洋生物和海洋生物景点位于马卡普乌海滩附近。怀马纳洛在卡拉尼亚纳奥勒公路沿线有一个小型商业中心。

怀马纳洛年均降水量1,078毫米（42.43英寸），年均169.0个雨天。12月降水最多，为138毫米（5.45英寸）；6月降水量最少，为32毫米（1.26英寸）。12月降水天数最多，为18.7天；6月降水天数最少，为11.0天。9月最热，平均最高气温为29.6°C（85.3°F）；1月最冷，平均最低气温18.2°C（64.8°F）

怀马纳洛职业人口比例高的前五名依次是：保健和社会援助13.9%，零售贸易13.4%，公共行政11.4%，行政、支持、废物10.1%，教育服务10.0%。怀马纳洛居民的家庭收入中位数为每年70,028美元。高于美国的平均数。

（注：本文资料引自维基百科《怀马纳洛》、《怀马纳洛湾海滩公园》、《怀马纳洛经济》）

（十三）　怀马纳洛海滩

怀马纳洛海滩（英语：Waimanalo Beach，又译为威马纳洛海滩、威梅纳洛海滩、怀马纳洛比奇），在瓦胡岛的东端，坐标为北纬21°20′1″，西经157°41′53″。最高海拔6米。最近的城镇是西边的怀马纳洛。

根据美国人口普查局的数据，该镇总面积为7.7平方公里（3.0平方英里），其中陆地5.1平方公里（2.0平方英里），水域面积2.6平方公里（1.0平方英里）。

截至2000年人口普查，该镇有4,271人。2010年人口4,481人。2019年4,076人。2020年美国人口普查，有人口4,823人

怀马纳洛海滩镇位于怀马纳洛海滩的东半部，海滩总长度近8.9公里，是瓦胡岛最长的沙滩海岸线。

最近在位于贝洛斯（Bellows）空军基地沙丘的史前村庄遗址中，发掘出了一些文物。因而人们认为，怀马纳洛是古代波利尼西亚人到达瓦胡岛的第一批地区之一。

怀马纳洛海滩为热带干湿气候。年均降水量813毫米（32英寸），年均155.4个雨天，268个晴天。9月最热，平均最高温度为30.3°C（86.5°F），每年有5.2天高温超过32.2°C（90°F），这比夏威夷大多数地方都热。1月最冷，平均最低气温为18.7°C（65.6°F），这是夏威夷最温暖的地方之一。12月降雨量最多，为121.9毫米（4.8英寸）；6月降雨量最少，为38.1毫米（1.5英寸）。12月是降雨天数最多的月份，为15.3天；5月是降雨天数最少的月份，仅11.0天。

怀马纳洛海滩镇职业人口比例高的前五名是：保健和社会援助14.9%，教育服务11.9%，建设9.2%，住宿、餐饮服务8.7%，公共行政8.7%。居民的家庭收入中位数为每年70,662美元，高于美国的平均数。

（注：本文资料引自维基百科《怀马纳洛海滩》、《怀马纳洛海滩气候》、《怀马纳洛海滩经济》）

（十四） 北岸

北岸（英文：North Shore）是位于瓦胡岛北面的一段海岸，在卡胡库角与和瓦胡岛最西端的卡埃那角之间，属于檀香山县管辖。距离威基基大约一个小时的车程。

北岸拥有漫长的、超过11.2公里（7英里）长的不间断的海岸线，其背后是美丽的热带丛林、迷人的风景，被誉为世界冲浪之都。是一级冲浪高手们酷爱的比赛场地。北半球冬季的几个月，北岸的浪头最为壮观，巨大的海浪有时会高达9.14米（30英尺），世界各国冲浪爱好者云集于此，并于每年12月参加一系列高水平冲浪赛事。这种浪高具有很大的危险，只有专业人士才能从事活动。从5月到9月，海浪消退，为冲浪和游泳营造出更加宁静的氛围。北岸还常年设有针对冲浪初学者的教学班。

北岸除适宜开展冲浪以外，还适宜各种旅游活动，诸如徒步旅行，水肺潜水，鲨鱼笼潜水，浮潜，食品卡车，铝箔板，购物，刨冰，海豚之旅等。当地举行圣诞游行和海滩日落活动，吸引游客，推动商业。

北岸有一个哈雷伊瓦小镇，不仅拥有美丽的沙滩，而且拥有当地美味的餐馆和食品卡车，凉爽的商店和刨冰。北岸有一座大型酒店"乌龟湾度假村"、两座高尔夫球场、一些青年旅社和私人旅馆，还有一些超市。

北岸3月、12月降雨最多，为73.7毫米（2.9英寸），6月降雨最少，为10.2毫米（为0.4英寸）。8月气温最高，达31.7°C（89°F），1月气温最低，仅有18.9°C（66°F）。

（注：本文资料引自维基百科《瓦胡岛北岸》、《瓦胡岛北岸气候》）

（十五） 哈来伊瓦

哈来伊瓦（英语：Haleiwa，又译为哈莱瓦、哈利希瓦）位于瓦胡岛北部，坐标为北纬21°35′24″、西经158°6′50″，海拔4米。

根据美国人口普查局的数据，哈来伊瓦总面积7.7平方公里（3.0平方英里），其中陆地面积5.9平方公里（2.3平方英里），水域面积1.8平方公里（0.69平方英里）。海拔4米。

根据2000年人口普查，哈来伊瓦有2,225人。2010年人口3,970人。2019年人口3,757人。2020年人口4,941人。

1898年，一位名叫本杰明·迪林厄姆的商人，在北岸地区开了一家旅馆，并取名为哈利希瓦。在夏威夷语中，是"房子"的意思，他还修建了一条从火奴鲁鲁到怀亚卢亚的铁路线，这条铁路线沿着凯纳角周围的西海岸，于同年开通，终点在酒店的门前。铁路不仅将当地生产的糖运到航运中心，还开通了一列客运列车，旅行一次2个小时。富有的当地人以及一些欧胡岛的游客乘坐火车到这个豪华的度假胜地。

1941年12月7日，日本海军偷袭位于火奴鲁鲁珍珠港的美国海军基地，两名美军飞行员驾驶战斗机从现在废弃的哈利瓦机场起飞，英勇地抵抗日本对珍珠港的攻击。

哈来伊瓦镇拥有30座历史建筑，具有受威亚卢亚糖业公司影响的种植园建筑风格。1984年，火奴鲁鲁市和县将哈来伊瓦指定为国家历史、文化和风景区。规定所有新建筑，都必须遵守反映哈来伊瓦早期糖业时期的领土建筑的设计计划。

哈来伊瓦是瓦胡岛上北岸最大的商业中心。它的古老的种植园小镇特色，保留在许多建筑中。哈来伊瓦海湾岸边有两个公园，其北侧是哈利瓦海滩公园，南侧是哈利瓦阿利希海滩公园。从市中心往西是位于凯卡湾旁的基亚卡角的凯卡州娱乐区。使哈来伊瓦成为游客和居民的热门目的地。游客沿着北岸参观冲浪和潜水地点。

每年的冬天，给哈来伊瓦带来了巨大的海浪，冲浪旅游成为这里的热门旅游。哈利瓦海滩公园有日落苏拉特冲浪学校，常年提供冲浪课程。

哈来伊瓦年降雨量939.8毫米（37英寸），每年有174天降雨，276个晴天。9月最热，平均最高气温29.9°C（85.8°），每年有5.9天高温超过32.3°C（90°F），比夏威夷大多数地方都热。2月最冷，平均最低气温为17.2°C（62.9°F）。每年有10个舒适的月，最高气温在21.1——29.4°C（70—85°F）之间。12月降雨最多，为132.1毫米（5.2英寸）；6月降雨最少，仅为45.7毫米（1.8英寸）。11月降雨天数最多，达16.5天；2月降雨天数最少，仅为12.4天。

哈来伊瓦职业人口比例高的前五名是：住宿、餐饮服务14.1%，零售贸易13.3%，公共行政12.6%，行政、支持、废物7.8%，教育服务7.6%；居民的家庭年收入中位数为65,786美元，高于美国的平均数。

（注：本文资料引自维基百科《夏威夷 哈莱瓦》、《哈雷伊瓦，夏威夷州的气候》、《夏威夷哈雷伊瓦经济》）

（十六） 瓦亚卢阿

瓦亚卢阿（英语：Waialua，又译为怀厄卢阿、怀阿卢阿），位于瓦胡岛北部，在哈来伊瓦西南方。坐标为北纬21°34′31″，西经158°07′46″。最高点海拔为4米。

2010年美国人口普查，瓦亚卢阿的面积为6.20平方公里（2.4平方英里），其中陆地面积为5.70平方公里（2.2平方英里），水域面积为0.50平方公里（0.19平方英里），人口3,860人。2020年人口普查为4,062人。

瓦胡岛北部地区土地肥沃，是古代夏威夷人定居的地方之一。他们种植红薯和芋头，这里的海水还为他们提供了鱼类。1779年英国海军探险队在库克船长于夏威夷大岛死亡后，来到这里取淡水。他们记录了这里海岸线有许多村庄，夏威夷人在这里耕种大片的农田。

19世纪早期，西方人来到这里，收买这里的土地，大力种植甘蔗和菠萝。多尔1901年来到这里，主要种植令其闻名于世的菠萝。随着大批的中国、日本、菲律宾工人来到这里，住在种植园，建立家园和社区，这里逐渐成长为一个小镇。今天，当年多尔种植菠萝的地方，仍然部分是农场，部分作为旅游景点。瓦亚卢阿是瓦胡岛上的最后一个甘蔗种植园，直到1996年才最终关闭。

夏威夷教育部在这个镇开办了一所瓦亚卢阿小学和一所瓦亚卢阿高中和初中。檀香山罗马天主教教区在这里开办了一所K-8学校圣迈克尔学校。夏威夷州立公共图书馆系统在这里开办了瓦亚卢阿图书馆。

瓦亚卢阿一年之中温度通常从18.3°C（65°F）到30°C（86°F)不等。8、9月最热，平均最高气温为30°C（86°F）；1、2月最冷，平均最低气温为18.9°C（66°F）。1月降雨最多，月均降雨量为58.4毫米（2.3英寸）；6月降雨量最少，为10.2毫米（0.4英寸）。1月降雨天数最多，为7.0天；6月降雨天数最少，为2.9天。每年的5月24日至9月11日风力较大，平均风速为每小时 22.2 公里（13.9 英里），其中 7 月风力最大，平均每小时风速达 25.3 公里（15.8 英里）；1 月风力最少，平均每小时风速为 19.0 公里（11.9 英里）。到瓦亚卢阿旅游的最佳时间，为从 5 月下旬到 10 月初。

瓦亚卢阿的职业人口比例高的前五名依次是：零售贸易 13.2%，教育服务 13.0%，住宿、餐饮服务 11.4%，保健和社会援助 9.6%，建设 7.1%；居民的家庭年收入中位数为 73,966 美元，高于美国的平均数。

（注：本文资料引自维基百科《欧胡岛北岸历史：从 1779 年船舶抵达现代房地产》、《邮编 96791（怀亚卢亚，HI）》、《瓦亚卢阿气候》、《瓦亚卢阿经济》）

（十七）　马卡哈

马卡哈（英语：Makaha，又译为梅卡哈）位于瓦胡岛西部海岸，是瓦胡岛背风的一个城镇，其最近的城镇是迈利。它在火奴鲁鲁的西北约 55 公里，坐标是北纬 21°28′14″，西经 158°12′51″。最高点海拔为 6 米。

根据 2010 年美国人口普查的数据，马卡哈的面积为 13.0 平方公里（5.2 平方英里），其中陆地面积为 6.0 平方公里（2.3 平方英里），水域面积为 7.50 平方公里（2.9 平方英里），人口 8,278 人。2020 年人口普查为 9,916 人。

最早的马卡哈居民，在这里种植芋头、钓鱼、养鸡、养猪和养狗。茂密的森林，为他们提供了需要的木材。他们过着自给自足、怡然自得的生活。他们虽然在酋长的统治之下，但是可以随时离开，去投靠另一个酋长。

大约在 1780 年，来自茂宜岛的卡赫基利酋长，入侵并占领了瓦胡岛。1795 年，大岛的卡美哈美哈一世征服了瓦胡岛。他开除了地方酋长，并将他的人安排在他们的位置上。卡美哈美哈一世 1819 去世。1823 年以后，在卡胡曼努王后（卡哈梅哈最喜欢的妻子）开始将基督教及其随之而来的所有传教限制（禁止裸体、禁止呼啦圈、禁止饮酒）强加给她的人民之后很久，怀亚纳海岸的人民仍然坚持着古老的传统。

1876 年美国国会通过了一项条约，允许夏威夷糖免税进入美国。一位名叫赫尔曼·威德曼的人，在瓦胡岛的怀亚纳谷开办了第一个甘蔗种植园。就业机会来了，人口开始增加，很快怀亚纳发展成为瓦胡岛上的第二大城市。

如今马卡哈仅仅是一个小镇，这里是一个住宅社区，除了超市和一些小餐馆和便利店，没有太多其他的东西。该镇的主要景点是海滩，马卡哈海滩是世界上最受欢迎的海滩之一。每年在这里都举行冲浪活动，这里是 1954—1971 年举办国际冲浪锦标赛的场地。对于不同技能水平的冲浪者来说，这是一个理想的去处。冬季是冲浪的季节，海浪往往超过 4.6 米（15 英尺），有时高达 7.6 米（25 英尺）。1969 年的冬天，这里出现的海浪甚至高达 12 至 15.2 米（40 至 50 英尺）。

马卡哈海滩很宽，是日光浴和游泳的好地方，夏天的海浪最平静。马卡哈海滩的另一项热门活动是潜水，潜水通常只能在平静的水域进行。在冲浪区外，拥有一系列拱门，洞穴和悬垂的窗台，那里适宜潜水。

马卡哈年均降雨量 533.4 毫米（21 英寸），每年有 72 天降雨，267 个晴天，比夏威夷大多数地方都干燥。8 月最热，平均最高气温为 31.2°C（88.2°F）。每年有 28.5 天高温超过 32.2°C（90°F），是夏威夷最热的地方之一。2 月最冷，夜间平均气温为 18.1°C（64.6°F）。这比夏威夷大多数地方都温暖。每年有 7 个月是舒适的月份，高温在 21.1—29.4°C（70—85°F）之间。12 月降雨最多，为 101.6 毫米（4 英寸）；6 月降雨最少，为 12.7 毫米（0.5 英寸）。1 月是降雨天数最多的月份，为 8.8 天；6 月是降雨天数最少的月份，只有 3.7 天。

马卡哈居民职业比例高的前五名依次是：保健和社会援助 14.3%，教育服务 11.4%，零售贸易 11.3%，建设 11.2%，住宿、餐饮服务 7.4%；居民的家庭收入中位数为每年 43,015 美元。美国平均每年 53,482 美元。

（注：本文资料引自维基百科：《夏威夷梅卡哈》、《马卡哈简史》、《马卡哈气候》、《经济 在 马卡哈，夏威夷》）

（十八）　瓦希阿瓦

瓦希阿瓦（英语：Wahiawa，有的译为瓦希亚瓦），位于瓦胡岛北部的两座火山山脉之间的高原或"中央山谷"。坐标为北纬 21°29′59″、西经 158°1′12″，海拔 285 米。在夏威夷语中，瓦希阿瓦的意思是"瓦人的空间"。

根据美国人口普查局的数据，瓦希阿瓦的面积为 6.2 平方公里（2.4 平方英里），其中陆地面积为 5.5 平方公里（2.1 平方英里），水域面积为 0.7 平方公里（0.27 平方英里）。2010 年人口 17,821 人，2019 年 17,122 人。2020 年人口普查为 18,658 人。

湖泊和水库在夏威夷很少见，然而瓦希阿瓦却是三面被威尔逊湖（也称为瓦希阿瓦水库）所环绕，这是它的独特之处。威尔逊湖或瓦希阿瓦水库，是夏威夷第二大水库，面积 1.22 平方公里（302 英亩）。它灌溉农田，包括瓦希阿瓦北部的多尔菠萝种植园，一直灌溉到瓦胡岛的北岸。

在古代，瓦希阿瓦是瓦胡岛上的最古老的地方之一。在卡美哈美哈一世统一夏威夷群岛之前，现在的斯科菲尔德军营的所在地，是瓦胡岛的酋长们训练他们军队的地方。现在该地区有大量美国陆军设施，包括斯科菲尔德军营、惠勒陆军机场和东靶场。

夏威夷王国 1895 年颁布《土地法》，使得瓦希阿瓦的土地从放牧租约中撤出，出售给农民。1898 年 1 月 1 日，这块 1,350 英亩的土地，被指定用于宅基地。

宅基地主们，治理了瓦希阿瓦周围的考科纳瓦溪的南北叉子，清理了土地，并种植了他们所需的果树和作物。他们铺设了道路，建造了桥梁和房屋，获得了水权，开办了商店和邮局，他们的孩子接受了教育。在很短的时间内，宅基地主们有一个社区，并开始了运用一块 370 亩（61 英亩）的土地（原来是宅基地）生产菠萝。他们在瓦希阿瓦的菠萝田旁建了一个罐头厂，并在 1903 年装了第一罐。今天，夏威夷菠萝公司（HAPCO）被称为夏威夷多尔食品公司。

瓦希阿瓦同瓦胡岛一样，慢慢地旅游业成为了支柱产业。都乐菠萝种植园（Dole Pineapple Plantations），是瓦希阿瓦最著名的一个旅游景点，是瓦胡岛最受欢迎的旅游景点之一，每年有超过百万的游客到此游玩。瓦希阿瓦植物园占地 11 公顷，位于瓦胡岛的高原上，它是檀香山植物园之一，是热带植物群所在地，自 1957 年开发，每周开放七天。

瓦希阿瓦年均降雨量 1346.2 毫米（53 英寸），每年有 240 个降雨天，276 个晴天，比夏威夷大多数地方都潮湿。12 月降雨最多，达 431.8 毫米（17 英寸）；6 月降雨量最少，仅 325.1 毫米（12.8 英寸）。7 月降雨天数最多，达 23.5 天；2 月降雨天数最少，仅为 15.1 天。9 月最热，平均最高气温为 28.9°C（84.1°F），每年有 2.0 天高温超过 32.2°C（90°F）。2 月最冷，夜间平均最低气温为 16.3°C（61.3°F），这比夏威夷大多数地方都冷。

瓦希阿瓦职业人口比例高的前五名依次是：住宿、餐饮服务 15.2%，建设 11.1%，教育服务 9.7%，运输和仓储 9.5%，零售贸易 9.1%、保健和社会援助 9.1%（并列第五）；居民的家庭年收入中位数为 57,049 美元，仅仅略高于美国的平均数。

（注：本文资料引自维基百科《瓦希阿瓦》、《瓦亚瓦简史》、《瓦希阿瓦气候》《瓦希阿瓦经济》）

（十九） 米利拉尼

米利拉尼（英语：Mililani）镇是一座位于欧胡岛中心附近的城市，在瓦胡岛的中部高原，坐标为北纬21°26′46″，西经158°00′51″。最高点海拔为191米。

根据2010年美国人口普查的数据，米利拉尼的面积为17.10平方公里（6.6平方英里），均为陆地。当地共有人口48,668人。它由两个地方组成，米利拉尼镇人口为27,629，米利拉尼·莫卡人口为21,039人。2020人口普查，米利拉尼·莫卡为21,075人。

米利拉尼坐落在城堡和库克（Castle & Cooke）所拥有的原来的种植园内，城堡和库克于1960年代初开始规划和开发，使米利拉尼镇成为一个卫星城市，它计划最终容纳75,000人。米利拉尼的第一批房屋于1968年6月3日开始销售。1977年，H-2号州际公路开通，将从米利拉尼到檀香山的路程时间缩短了一半。1990年4月6日，米利拉尼·莫卡破土动工，这是H-2号州际公路以东一个更新、更高档的社区。第一批房主于1992年搬进了莫卡。2005年，《金钱》杂志将米利拉尼评为美国最佳居住地之一。

虽然米利拉尼主要是檀香山的卧室社区，但是它也有自己的商业购物中心，学校（如米利拉尼高中），公园，社区中心和高尔夫球场。几乎所有的米利拉尼商业和零售中心都在米利拉尼镇。

米利拉尼年均降雨量1,320.8毫米（52英寸），每年有269个晴天。9月最热，平均最高温度为29°C（84.2°F），每年有2天的高温超过32.2°C（90°F），是夏威夷的平均水平。2月最冷，夜间平均温度为16.3°C（61.3°F），这比夏威夷大多数地方都冷。12月降雨量最多，为177.8毫米（7.0英寸）；6月降雨量最少，为71.1毫米（2.8英寸）。7月是降雨天数最多的月份，达23.4天；2月是降雨天数最少的月份，只有15.0天。全年总计239天降雨，比夏威夷大多数地方都多。每年有12个月舒适，高温在21.1—29.4°C（70—85°F）之间。

米利拉尼职业人口比例高的前五名依次是：零售贸易12.4%，公共行政12.2%，保健和社会援助11.3%，教育服务10.6%，住宿、餐饮服务8.6%；居民的家庭年收入中位数为94,410美元，远远美国的平均数。

（注：本文资料引自维基百科《米利拉尼》、《米利拉尼历史》、《米利拉尼气候》、《米利拉尼经济》）

（二十） 迈利

迈利（英语：Māili，又译为马里、马伊利、梅利、玛莉），位于瓦胡岛西部沿岸，在海滨的马伊利海滩公园和怀阿奈山脉脚下的卢阿卢阿莱伊山谷之间。它处于怀厄奈镇以南2.2公里处，与马里伊利河隔开，纳纳库利以北2.4公里。坐标为北纬21°25′06″、西经158°10′43″。最高点海拔为4米。在夏威夷语中，迈利的意思是"鹅卵石"，指的是岸边的圆形石头。

2000年人口普查，迈利人口为5,943人。根据2010年美国人口普查的数据，迈利的面积为7.30平方公里（2.8平方英里），其中陆地面积为4.40平方公里（1.7平方英里），水域面积为2.80平方公里（1.1平方英里），人口9,488人。2019人口11,437人。2020年人口普查为

11,535 人。迈利是夏威夷原住民比例最高的地区之一，2009 年占人口的 48.8%。

迈利及其海滨公园——马伊利海滩公园——是冲浪、浮潜、游泳和趴板冲浪热门的地方。马利海滩公园总面积为 240 亩。这里冬季的水况很危险，但夏季通常很平静。海滩公园设有救生站，游乐场，海滩设施，洗手间，野餐桌和淋浴等。迈利海滩公园，是瓦胡岛西侧最美丽的海滩之一。白色的沙滩，碧绿的海水，蔚蓝的天空，美丽的山景，翠绿的草坪，共同组成了一幅天然美景。

迈利海滩公园（网上下载）

该镇也是几个奶牛场和菜地的所在地。

迈利的年均降雨量为 533.4 毫米（21 英寸），每年有 72 天降水，267 个晴天，比夏威夷大多数地方都干燥。12 月降雨量最大，为 101.6 毫米（4.0 英寸）；6 月降雨量最少，仅 38.1 毫米（1.5 英寸）。1 月是降雨天数最多的月份，达 8.8 天；6 月是降雨天数最少的月份，只有 3.7 天。8 月最热，平均高温为 31.2°C（88.2°F），每年有 28.5 天高温超过 32.2°C（90°），是夏威夷最热的地方之一。2 月最冷，夜间平均温度为 18°C（64.4°F），比夏威夷大多数地方都温暖。

迈利在瓦胡岛中属于经济偏低的地域，家庭的年平均收入为 48,068 美元，低于美国的平均数。约 19.3%的家庭和 21.5%的人口生活在贫困线以下。

迈利地区的历史地震活动明显高于夏威夷州的平均水平。它比美国整体平均水平高出 1031%。1951 年 8 月 21 日、1975 年 11 月 29 日、1983 年 11 月 16 日、2006 年 10 月 15 日、2018 年 5 月 4 日先后发生地震，震级普遍在 6 级以上，最高达 7.2 级。

（注：本文资料引自维基百科《迈利》、《气候 在 迈利，夏威夷州 - 斯珀林最好的地方》）

（二十一）纳纳库利

纳纳库利（英语：Nanakuli，又译为那那库利），处于瓦胡岛西部海岸，坐标为北纬21°23′36″，西经158°9′10″。距离檀香山48公里，位于怀阿奈山的南端附近。

说起纳纳库利的名字，有这样一个故事。古时候，夏威夷有个习俗，就是向路过的陌生人提供水和食物。而纳纳库利这个地方，是一片贫瘠的土地，几乎没有农业。居民转而依赖在海里捕鱼，并用鱼和其他人交换农产品。这里的居民饮用淡水也很困难，要到很高的地方，用大葫芦装上淡水带回家。这里的居民，因无法好客、向路过的陌生人提供水和食物而感到尴尬，于是给自己住的地方起名纳纳库利。纳纳，是"看"的意思；库利，是"聋子"的意思，合起来的意思则是"看起来像是聋子"。有路过的陌生人时，他们尽量躲起来，远离陌生人的视线。有时躲起来之前就遇到了陌生人，他们便毫无表情地面对陌生人，好像他们是石头聋子，没有听到陌生人的问候。这样陌生人就不会要求他们提供水和食物。

根据2020年人口普查，纳纳库利有11,461人，比2010年人口普查中的12,666人减少2.39%。总面积17.07平方公里，其中陆地面积为7.74平方公里，水域面积为9.26平方公里。海拔为3米。

纳纳库利的大多数居民居住在山谷里，在大约12,000名人口中，只有3,970名居民认为自己具有某种夏威夷血统。纳纳库利有夏威夷教育部管理的纳纳库利高中和中学，另外还有两所小学。在纳纳库利小学，孩子们可以参加夏威夷语言的沉浸式课程。

在纳纳库利海滨，有一个受欢迎的公园——纳纳库利海滩公园。在冬季，海滩的海浪和水流很强，但在夏季，它通常是平静的，是当地居民最喜欢的聚会场所，他们在这里烧烤和野餐。

纳纳库利年均降雨量为533.4毫米（21英寸），每年有72天降水，274个晴天，比夏威夷大多数地方都干燥。12月降雨量最大，为101.6毫米（4.0英寸）；6月降雨量最少，仅12.7毫米（0.5英寸）。1月是降雨天数最多的月份，达8.8天；6月是降雨天数最少的月份，只有3.7天。8月最热，平均高温为31.2°C（88.2°F），每年有28.5天高温超过32.2°C（90°），是夏威夷最热的地方之一。2月最冷，夜间平均温度为18°C（64.4°F），比夏威夷大多数地方都温暖。

纳纳库利居民职业比例高的前五名是：建设13.7%，零售贸易13%，教育服务10.3%，行政、支持、废物管理8.6%，保健和社会援助8.4%；居民的家庭收入中位数为每年59,148美元。美国平均每年53,482美元。

（本文资料引自维基百科《纳纳库利》、《纳纳库利气候》《纳纳库利经济》，霍马纳奥《夏威夷历史》）

三 经济

瓦胡岛经济为服务业导向型，主要产业为旅游业、军需服务业、工业和农业。国内生产总值（GDP）占夏威夷州的绝大多数。

2016年至2020年瓦胡岛（檀香山市区）GDP占夏威夷州GDP比重表：

年分	2016年（亿美元）	2017年（亿美元）	2018年（亿美元）	2019年（亿美元）	2020年（亿美元）
夏威夷州GDP	790.9	810.4	822	824.7	758.6
瓦胡岛GDP	629.5	652.1	669.3	675.9	621.2
瓦胡岛占夏威夷州GDP比重	79.59%	80.47%	81.42%	81.96%	81.89%

旅游业是瓦胡岛的支柱产业。2018年瓦胡岛的旅游收入每天平均2,180万美元，全年收入79.57亿美元，占檀香山市2018年GDP669.3亿美元的11.98%。2019年瓦胡岛的旅游收入每天平均2,240万美元，全年收入81.76亿美元，占檀香山市2019年GDP675.9亿美元的12.10%。

瓦胡岛旅游资源丰富，夏威夷全州最著名的旅游景点珍珠港、波利尼西亚文化中心、威基基海滩全部在瓦胡岛。瓦胡岛海滩约有69个，大多开放，其中19个海滩设有人工救护。这些海滩适宜游客散步、日光浴、游泳、冲浪、浮潜等娱乐活动。

瓦胡岛旅游项目多种多样，丰富多彩，海陆空都有。陆地上的有参观亚利桑那号纪念馆和密苏里号战列舰、波利尼西亚文化中心、威基基海滩、都乐波罗园、威美亚山谷等；海上的有乘坐豪华邮轮、双体船等到海上观看鲸鱼、绿海龟、热带珊瑚鱼群及海岛周边美景和日落的美景，乘坐潜艇和电动滑板车潜入海底，近距离地观看海龟、热带鱼、珊瑚和其它海洋生物；空中的有乘坐直升机、高空滑索等观看瓦胡岛的空中美景以及农场、海滩和山谷等。

瓦胡岛旅游设施齐全，火奴鲁鲁机场是国际机场，是夏威夷群岛空中运输的枢纽，美洲、亚洲、大洋洲许多国家的机场，都有直达瓦胡岛的航班。火奴鲁鲁机场还有飞往茂宜岛、大岛、可爱岛等其它夏威夷岛屿的支线航班。从1985年到2010年，瓦胡岛酒店客房数量从6.5万间增至13.2万间，翻了一番。自2015年至2018年，瓦胡岛酒店入住率均在83%以上。不仅高于夏威夷州的酒店入住率，而且高于其它各岛的酒店入住率。夏威夷州的4条高速公路，全部在瓦胡岛上。夏威夷的公交车、出租车，绝大部分在瓦胡岛上。威基基海滩旁，遍是酒店、饭店和商店，为游客吃住和游玩提供了方便。

2018年游客在瓦胡岛每天消费2180万美元，占在夏威夷州每天消费4830万美元的45.13%；2019年游客在瓦胡岛每天消费2240万美元，占在夏威夷州每天消费4860万美元的46.09%。游客在瓦胡岛的消费额，居夏威夷州大岛、茂宜岛、可爱岛等四个主要岛屿之首。瓦胡岛年接待游客600万—700万人，其中吸引游客最多的景点亚利桑那号纪念馆每年约150万人，波利尼西亚文化中心每年约100万人。瓦胡岛旅游收入居各项产业之首。

军需服务业是瓦胡岛的一个重要产业。"夏威夷军事社区共有近145,900名军人和家属，其中包括近60,000名现役、预备役和国民警卫队成员，超过66,100名家属和19,720名国防部文职人员。"军事社区这些成员，虽然分布在夏威夷州的多个岛屿上，但是绝大多数集中在瓦胡岛。

珍珠港海军造船厂是夏威夷最大的工业/维修综合体和雇主，拥有近5000名平民和军事人员，其中，雇佣了4,600名工程师和熟练的技术人员。该造船厂每年的总产值25.4亿美元，其中有9.25亿美元流入夏威夷的经济。

"据报道，军费开支的直接和间接影响，为夏威夷经济带来了147亿美元，为居民创造了超过102,000个就业机会，这些居民的家庭收入总计约87亿美元。其中，瓦胡岛的军需服务业收入，占夏威夷州军需服务业收入的绝大多数，因为不仅美军在夏威夷州的五大司令部全部在瓦胡岛上，而且珍珠港是美国在太平洋内最大的军港，也在瓦胡岛上。

夏威夷有几百家公司从事多元化的制造业，夏威夷的主要工业也集中在瓦胡岛上。其中，重工业主要使用从美国大陆进口的原材料，生产包括各种石油产品和化合物的炼油厂；混凝土管道工厂和铝挤压工厂；轻工业主要是食品工业和服装工业。食品工业中，制造糖和菠萝罐头占工业总产值一半以上。

瓦胡岛盛产菠萝、甘蔗、香蕉等。2020年瓦胡岛种植面积为23,275英亩，其中，主要种植有三项，多样化作物生产为8,000英亩，种子生产7,376英亩，菠萝生产3,437英亩。

四　教育

瓦胡岛在夏威夷群岛中，人口最多，学校也最多。它是夏威夷州的文化教育中心。

（一）　瓦胡岛的高等学校

夏威夷州有五所大学（学院）和八所社区学院，多数在瓦胡岛。瓦胡岛的高等学校如下：

夏威夷大学（英语：University of Hawaii System，前称University of Hawaii，缩写为UH），建于1907年，是位于美国夏威夷州的一个公立大学，提供副学士、学士、硕士和博士学位课程。夏威夷大学，现有夏威夷大学马诺阿主校、夏威夷大学希洛分校、夏威夷大学西瓦胡分校3个大学校园，夏威夷社区学院、火奴鲁鲁社区学院、卡皮欧拉尼社区学院、考爱岛社区学院、背风社区学院、迎风社区学院和茂宜岛学院，7个社区大学校园。这些学院分布在夏威夷的各个岛上。夏威夷大学机构提供616门课程，其中123门是学士学位课程，92门是硕士学位课程，53门是博士学位课程，3门第一专业学位课程，4门后本科学位课程，115门副学士学位课程和其他各种认可。

夏威夷大学马诺阿主校区（英语：University of Hawaii at Manoa）是美国的一所公立大学，是夏威夷大学系统中的主学区，位于夏威夷州瓦胡岛马诺阿山谷（Mānoa Valley），坐标为北纬21°29′7″、西经157°81分7″，离火奴鲁鲁（檀香山）市区仅5公里，成立于1907年，现有19个学院，包括建筑学院、地球科学技术学院、人文艺术学院、教育学院、工程学院等。校园面积1.3平方公里。在校生20,435人，其中本科生13,952人，研究生6,483人。该校图书馆总藏书量达340万册。

夏威夷大学西瓦胡分校（英语：University of Hawaii: West Oahu），建立于1976年，是夏威夷卡波莱的一所公立大学。它是夏威夷大学系统的十个校区之一。位于瓦胡岛的卡波莱法灵顿高速公路91-1001号，邮箱夏威夷96707。2007年，该校增加了一年级和二年级的科目，成为一所四年制大学。2018-19学年学生人数2,636人。

火奴鲁鲁社区学院（英语：Honolulu Community College）是夏威夷火奴鲁鲁的一所公共社区学院。它是夏威夷大学系统的十个分支之一，位于夏威夷檀香山迪林厄姆大道874号，邮箱夏威夷96817。坐标为北纬21°19′17″、西经157°52′12″。创建于1920年，优势是其工业项目，包括汽车和飞机维修等项目。2018-19学年学生2,618人。

卡皮欧拉尼社区学院（英语：Kapiolani Community College，缩写KCC）位于夏威夷州檀香山市钻石头路4303号，邮箱夏威夷96816。是一所公立社区学院，成立于1946年，前身为卡皮欧拉尼技术学校。1965年，成为由夏威夷大学管理的开放式公立学院，学校采用了现在的名称。卡皮欧拉尼社区学院是夏威夷大学系统的十个分支之一。2018年秋季招生约8,000人。该校园拥有全国最大的国际学生团体之一，吸引了来自100多个国家的学生，包括来自日本，韩国，中国和香港的大量学生。夏威夷大学卡皮欧拉尼社区学院是美国排名前10的社区学院(Niche, 2017 Best College)。它距离夏威夷大学马诺阿主校区不到10分钟车程，距离火奴鲁鲁国际机场20分钟车程。卡皮欧拉尼社区学院学生可以免费使用夏威夷大学马诺阿主校区的图书馆、健身房设施。被卡皮欧拉尼社区学院录取的学生将获得夏威夷大学马诺阿主校区的有条件录取。

背风社区学院（英语：Leeward Community College，缩写LCC），是夏威夷大学系统的一个分支，位于夏威夷州珍珠市（Pearl City）阿拉艾克96-045号，邮箱夏威夷96782，是一所公立社区学院，成立于1968年，拥有在校学生6500人。该校提供50多个学位和证书课程，从职业培训到文科，还提供会计，商业，汽车技术，电子商务，教育，管理，烹饪艺术，数字媒体，人类服务，信息和计算机科学以及电视制作方面的课程。珍珠市位于檀香山市的珍珠港北岸。

迎风社区学院（Windward Community College）成立于1972年，是一所两年制的公立社区学院，是夏威夷大学系统10所分校之一，通过西部各州高等院校协会的认证。位于夏威夷州瓦胡岛东部的卡内奥赫市凯哈拉路45-720号，邮箱夏威夷96744。坐标为北纬21°40′81″，西经157°81′28″。主要服务于瓦胡岛的迎风地区，学院为学生提供副学士学位课程和证书课程，另外还提供了一些非学分的课程。迎风社区学院的优势在于夏威夷语研究、美术、兽医技术和职业训练，开设的专业主要有艺术、生物资源开发与管理、商科、夏威夷语研究、植物生物技术、社会心理发展研究、农业技术、植物造景、亚热带城市树木保护、应用商业和信息技术、网站支持、艺术、人文和文学、自然科学和社会科学。学生可转入四年制学院，包括夏威夷大学马诺阿分校和夏威夷太平洋大学。2018—19学年招生1108人，在校学生2,705人。

杨百翰大学夏威夷分校（Brigham Young University Hawaii，缩写：BYUH）坐落于瓦胡岛西岸离檀香山市三十五里外拉耶镇库拉努伊街55-220号，邮箱夏威夷96762。是一所私立大学，其本校杨百翰大学设立于美国犹他州。杨百翰大学夏威夷分校创办于1955年9月26日，最初名称为夏威夷教会学院(Church College of Hawaii)，为两年制学院。最初只有153名学生和20位教师。1959年改为四年制学院。1961年，此学院获得西部学校和学院协会认证。1974年更名为杨百翰大学夏威夷分校，2004年成为一个单独的机构。校园占地40公顷（100英亩）。该大学唯一重点是本科教育。来自70个国家的2,039名国际生，占学校学生总数的65%。该校提供50门学士学位课程，师生比15：1。2018-19学年在校生3,176人。

檀香山查米纳德大学（Chaminade University of Honolulu，又译为火奴鲁鲁查米纳德学院），地址为瓦胡岛檀香山怀阿勒大道3140号，邮箱夏威夷96816。是一所位于夏威夷檀香山的私立玛丽安天主教大学，一所男女同校的私立大学。创建于1955年，初名为圣路易斯初级学院，为两年制。1957年改为四年制，更名为查米纳德学院。1977年增加研究生课程，更名为查米纳德大学。在校生最多时2,800人，其中约1,000人为全日制本科生。2018-19学年本科生入学人数1,558人。学生来自全美34个州和其它31个国家。查米纳德大学侧重于人文学科的教学，学校提供23个研究领域的学士学位和6个硕士学位的课程。该校专门从事生物学、商业、刑事司法、教育、法医学、室内设计、护理和宗教研究。学校学生2,836人，其中大学生2,132人。

夏威夷太平洋大学（Hawaii Pacific University, HPU）是位于夏威夷州瓦胡岛檀香山和卡内奥赫的一所私立大学，是中太平洋地区最大的私立大学。其学位为美国西部高等教育协会(WASC)及本国教育部所认可。学生人数9,000人，其中，本科生7,500人，研究生1,500人。它以来自近65个国家的近5,000名学生的多元化学生群体而闻名。学校的顶级学术课程是工商管理，护理，生物学，外交和军事研究以及社会工作。夏威夷太平洋大学1965年9月17日创建于夏威夷檀香山，原名夏威夷太平洋学院（英语：Hawaii Pacific College），1966年9月，1949年成立的檀香山基督学院并入该学院。1990年改名为夏威夷太平洋大学。1992年，夏威夷洛亚学院并入该大学。夏威夷太平洋大学的两个校区皆位于夏威夷欧胡岛。城中校区（Downtown Campus）位于檀香山商业中心阿罗哈塔市场1号，邮箱夏威夷96813；距城中校区13公里（8英里）的洛亚校区（Loa Campus）占地54.63公顷，位于瓦胡岛卡内奥赫卡美哈美哈高速路45-045号，邮箱夏威夷96744。

夏威夷洛亚学院（英语：Hawaii Loa College，又译为夏威夷罗亚学院），是夏威夷瓦胡岛卡内奥赫的一所私立四年制文科学院，1963年成立，初名太平洋基督教学院。1964年9月，改名为夏威夷洛亚学院（HLC）。到1970年高级班有27名学生。1992年面对失去认证和背负300万美元的债务，夏威夷洛亚学院与夏威夷太平洋大学合并。

（二） 瓦胡岛的高中学校

瓦胡岛有公立高中 25 所（含计划建立 1 所），公立特许高中 8 所，私人高中 26 所。还有公立中学 41 所，公立小学 131 所，以及私立中小学校若干所。瓦胡岛排名靠前的公立高中和高中名单如下：

西奥多·罗斯福总统高中（英语：President Theodore Roosevelt High School），是夏威夷最古老的公立学校之一，男女同校的大学预科高中，建立于 1932 年，位于瓦胡岛檀香山尼和街 1120 号，邮箱夏威夷 96822。站在校园里，能俯瞰檀香山市中心。为 9—12 年级学生服务，2012—13 学年注册学生 1,427 人，2017—18 学年注册学生 1,363 人，其中亚洲学生占 54%。2019 年在《美国新闻与世界报道》的"最佳高中"中，在全美国 17,245 所学校中获得第 360 名，在夏威夷 65 所高中获得第 1 名。

亨利 J. 凯撒高中（英语：Henry J. Kaiser High School），以实业家和慈善家亨利 J. 凯撒命名。建于 1971 年，位于瓦胡岛檀香山卢纳利洛家园路 511 号，邮箱夏威夷 96825。是四年制公立高中（9—12）。入学人数多年来一直在波动，2017—18 学年在校学生 1,441 人，其中，亚洲学生占 39%。2013—14 学年学生的大学预科课程（AP）参与率为学生总数的 34%，参与者通过率为 44%。亨利 J. 凯撒高中在夏威夷 65 所高中排名第 2。

卡拉尼高中（英语：Kalani High School），1958 年建立，是一所四年制的公立高中，男女同校。位于瓦胡岛檀香山卡拉尼亚诺尔公路 4680 号，邮箱夏威夷 96821。2017—18 学年学生人数为 1,383 人，其中，亚洲学生占 63%。学校为微积分、初级和高级英语、化学、物理、生物、中文、美国历史、经济学、世界历史、心理学、计算机科学、研究和研讨会提供先修课程。学生大学预修课程（AP）入学率为 56%。在全国高中排名第 1,976 名，在夏威夷 65 所高中，排名第 3 名。

米利拉尼高中（英语：Mililani High School），建立于 1973 年，位于瓦胡岛米利拉尼镇梅赫拉公路 95—1200 号，夏威夷 96798。公立，男女同校，2019—20 学年 9—12 年级学生注册 2,620 人，其中，亚洲占 41%。学生大学预修课程（AP）入学率为 44%。全国排名第 2,509 名，夏威夷州排名第 4 名。

威廉·麦金利总统高中（英语：President William Mckinley High School），通常称为麦金利高中，公立高中，建立于 1865 年，是夏威夷最古老的中学之一，位于瓦胡岛檀香山南国王街 1039 号，邮编夏威夷 96814。其前身是福特街英语走读学校，后来称为檀香山高中，1907 年为纪念美国第 25 任总统，而更名为威廉·麦金利总统高中。为 9-12 年级的学生服务。校园面积 3.2 公顷（8 英亩）。 2019—20 学年注册学生 1,663 人。学生亚洲占 60%。学生大学预修课程（AP）入学率为 49%。威廉·麦金利总统高中全国排名第 2,616 名，夏威夷高中排名第 6 名。

莫瓦纳鲁瓦高中（英语：Moanalua High School，又译为莫阿纳鲁阿高中），成立于 1972 年，公校，男女同校的大学预科高中，位于檀香山阿拉伊利玛街 2825 号，夏威夷邮箱 96818。学校位于一座死火山的山坡上，俯瞰着檀香山市中心。学生大学预修课程（AP）入学率为 42%。2017—18 学年在校学生 1,942 人，其中亚洲人占 52%。全国排名第 2709 名，夏威夷高中排名第 7。

珍珠城高中（英语：Pearl City High School）1971 年建立，位于瓦胡岛珍珠城胡基基街 2100 号，邮箱夏威夷 96782。公立，男女同校，大学预科高中。2019—20 学年注册学生 1,591 人，其中亚洲人占 50%。学生大学预修课程（AP）入学率为 36%。全国排名第 3190 名，夏威夷高中排名第 9 名。

爱亚高中（Aiea High School），1961 年建立，位于瓦胡岛爱亚乌伦街 98-1276 号。邮箱夏威夷 96701。9-12 年级公立高中。校园原来是甘蔗种植园，俯瞰珍珠港。2017-18 学年注册学生 997 人，其中亚洲人占 42%。学生大学预修课程（AP）入学率为 45%。全国排名第 3245 名，夏威夷高中排名第 10。

法灵顿高中（英语：Farrington High School），建立于 1936 年，位于瓦胡岛檀香山北国王街 1564 号，邮箱夏威夷 96817。校园占地 100,000 平方米（26 英亩），是一所公立的 9—12 年级高中，学校以已故的夏威夷领地第六任州长华莱士·莱德·f 法灵顿（Wallace Rider Farrington）的名字命名。第二次世界大战期间，美国陆军将该校用作医院。2019—20 学年注册学生 2,396 人。学校 2017 年被国际教育领导中心评为模范学校。

除以上高中外，瓦胡岛还有以下公立高中：

学校名称	地址	年级	建立时间
海木高中	凯姆库	9-12	1949
瑞德福高中	阿利亚马努/珍珠港	9-12	1957
坎贝尔高中	埃瓦海滩	9-12	1962
城堡高中	卡内奥赫	9-12	1951
卡胡莱中学	卡胡库	7-12	1914
凯路亚高中	凯路亚	9-12	1954
卡拉希奥高中	凯路亚	9-12	1966
卡波雷高中	卡波雷	9-12	2000
雷乐华中学	瓦希瓦	9-12	1924
纳纳库利中学	纳纳库利	7-12	1967
奥洛马纳高中	凯路亚	7-12	
怀阿奈高中	怀阿奈	9-12	1957
怀阿卢阿中学	怀阿卢阿	7-12	1924
怀帕胡高中	怀帕胡	9-12	1939
规划东卡波莱高中	伊娃平原	9-12	2017
计划中的高中	怀皮奥-瓦希阿瓦附近	9-12	2017

瓦胡岛公立特许高中入选为 2022 年夏威夷最佳特许高中的学校如下：

夏威夷技术学院公立特许学校（英语：Hawaii Institute of Technology Public Charter School），在 2022 年夏威夷最佳特许高中排名第 1。位于夏威夷州瓦胡岛怀帕胡莫库拉街 94-450 号，邮箱夏威夷 96797。服务于 K-12 年级学生，在校生 1,285 人，师生比 17：1。根据州考试成绩，43%的学生至少精通数学（精通百分比，指这所学校在州数学评估测试中得分达到或高于熟练水平的学生百分比——下同），68%的学生至少精通阅读（精通百分比，指这所学校在州阅读/语言艺术评估测试中得分达到或高于熟练水平的学生百分比——下同）。该校在夏威夷 201 所公立小学排名第 1，在 200 所公立小学教师中排名第 1，在 73 所高中排名第 1。

大学实验学校（英语：University Experimental School），在 2022 年夏威夷最佳特许高中排名第 2。位于瓦胡岛火奴鲁鲁大学大道 1776，邮箱夏威夷 96822。服务于 K-12 年级学生，在校生 443 人，师生比 12：1。根据州考试成绩，45%的学生至少精通数学，71%的学生至少精通阅读。该校在夏威夷 201 所小学中排名第 2，在夏威夷 73 所高中排名第 2，在夏威夷 25 所特许小学排名第 2。

迈伦湾汤普森学院（英语：Myron B. Thompson Academy），在 2022 年夏威夷最佳特许高中排名第 4。位于瓦胡岛理查兹街 1040A，邮箱夏威夷 96813。为 K-12 年级服务，学生 585 名。师生比为 31：1。根据州考试成绩，56%的学生至少精通数学，80%的学生至少精通阅读。在 59 所公立高中最佳排名第 2，在 73 所公立中学教师最佳排名第 3。

克库拉·奥塞缪尔·M·卡马考公立特许学校（Ke Kula O Samuel M kamakau Public Charter School），在 2022 年夏威夷最佳特许高中排名第 7。位于瓦胡岛凯檀香山卡内奥赫议会街 46-500

号，邮箱夏威夷凯卡96744。为K-12年级学生服务，学生124人，师生比为12：1。根据州考试成绩，32%的学生至少精通数学，47%的学生至少精通阅读。

哈劳库马纳公立特许学校（英语：Halau Ku Mana Public Charter School），2022年夏威夷最佳特许高中排名第10。位于瓦胡岛檀香山牧木高地博士2520号（一说2101号），邮箱夏威夷96822。为4-12年级学生服务，学生131人，师生比8：1。根据州考试成绩，17%的学生至少精通数学，42%的学生至少精通阅读。

卡迈勒学院（英语：Kamaile Academy），2022年夏威夷最佳特许高中排名第11。位于瓦胡岛檀香山怀厄奈阿拉阿卡乌街85-180号，邮箱夏威夷96792。为K-12年级的学生服务，学生919人，师生比14：1。根据州考试成绩，11%的学生至少精通数学，22%的学生至少精通阅读。

哈基普乌学习中心公立特许学校（Hakipuu Learning Center Public Charter School），在2022年夏威夷最佳特许高中排名第16。位于瓦胡岛卡内奥赫凯阿哈拉路45-720，邮箱夏威夷96744。为4-12年级学生服务，学生55人，师生比11：1。根据州考试成绩，10%的学生至少精通数学，10%的学生至少精通阅读。

夏威夷亲善的卡波雷公立特许学校（英语：Kapolei Charter School By Goodwill Hawaii），又称为夏威夷卡波莱特许学校，在2022年夏威夷最佳特许高中排名第19。位于瓦胡岛卡波雷劳维利唯利2140号，邮箱夏威夷96706。（一说位于夏威夷火奴鲁鲁 2610号，邮箱夏威夷96819）为9-12年级的学生服务学生140人（一说161人）。师生比23：1。

瓦胡岛私人高中进入2022年夏威夷州最好的10所私立高中如下：

伊奥拉尼学校（英语：Iolani School），2022年夏威夷州最好的10所私立高中排名第1。1863年创立，1870年由夏威夷国王和王后正式赐名。位于夏威夷瓦胡岛檀香山市神国街第563号，邮箱夏威夷96826。是一所私立的男女同校的大学预科私立高中学校，为9-12年级的学生服务，在校学生2,020多名。伊拉奥尼学校理科很强，获得2016年美国奥林匹克竞赛第一名，2013年获全美经济竞赛总冠军。该校拥有100%的大学升学率，体育也很强，获得夏威夷州75个各项体育比赛的冠军。在美国4290所最好的私立高中排第132名，在美国4180所最好的大学预科私立高中排第82名。在2017年夏威夷州37所最好的私立高中排名第1。在夏威夷州35所最好的大学预科私立高中排名第1。

普纳霍学校（英语：Punahou School，又译为普纳荷学校、朴纳好学校），2022年夏威夷州最好的10所私立高中排名第2。1841年由新教传教士创办，是美国最古老的学校之一。最初，它是一所传教士子女学校，只有英语课程。从1853年到1934年，它被称为瓦胡岛学院，曾经教育过夏威夷王室成员。这所美丽的学校位于夏威夷瓦胡岛火奴鲁鲁普纳霍街1601号，邮箱夏威夷96822。坐落在瓦胡岛库劳山脉山脚下，与夏威夷大学主校区共享马诺阿山谷。从该校到火奴鲁鲁威基基海滩，只有几分钟的车程。它现在是男女同校的私立大学预科高中学校，超过3,700名从幼儿园到12年级的学生在该校就读，是美国密西西比河以西全美最大的单校区私立学校。该校是美国200所开设中文普通话课程的学校之一，至今已经开设了35年。普纳霍学校体育成绩突出，在美国26,060所最佳运动员高中排名第61，在体育画报统计的美国38,000所学校中，排名首位。在美国2,560所最好的K-12私立学校中排名第111名。在美国4,180所最好的大学预科私立高中排名第186名，在美国4,290所私立高中总排名第206名。在夏威夷35所最好大学预科私立高中排名第2 。在夏威夷37所最好的私立高中排名第2。2006年，普纳霍学校北评为全美最环保的学校，2008、2009年《体育画报》将普纳霍学校体育评为全美最佳。

夏威夷宣教学院（英语：Hawaii Mission Academy），亦称夏威夷传教学院，2022年夏威夷州最好的10所私立高中排名第4。位于夏威夷瓦胡岛火奴鲁鲁的萨科拉街1438号，服务于9-12年级的学生，是一所男女同校走读和寄宿学校、岛上唯一提供国际宿舍的学院，一所大学预科私立学校。平均在校生135人，教职工14人。该校教育工作做出始于1895年，当时是一所男孩寄宿学校。1897年曾经被命名英中学院。1949年学校中学及行政办公室迁入现在校园。

亚太国际学校（英语：Asia Pacific Internationl School），2022年夏威夷州最好的10所私立高中排名第5。该校拥有东亚和西部两个校区。东亚校区位于韩国首尔，是一所私立非营利K-12学校。西部校区建于2007年，在夏威夷瓦胡岛北岸上，位于卡美哈美哈高速公路54-230号，邮箱夏威夷96717。占地97英亩，是一所为5-12年级的学生服务的私立走读、寄宿的学校。学生90人，其中35%是国际学生。师生比为10：1。每个班级10人。

花园学院（英语：Le Jardin Academy），2022年夏威夷州最好的10所私立高中排名第6。建于1961年，最初是一所幼儿园。1961年之后接下的8年，几乎每年增加一个新的年级。1992年与迎风预备学校合并，成为一所从幼儿园到初中的学校，在校生人数达到462人。1999年学校校址迁到面积24英亩的主校区。2006年学院第一个高中班毕业。2017-18学年在校生为834人。学校校址位于夏威夷瓦胡岛凯卢亚卡拉尼奥勒高速公路917号，邮箱夏威夷96743。为K-12年级的学生服务。

圣安德鲁中学（英语：St. Andrew's School），2022年夏威夷州最好的10所私立高中排名第7。位于夏威夷瓦胡岛火奴鲁鲁艾玛皇后广场224号，邮箱夏威夷96813。该校由卡美哈美哈四世国王的妻子艾玛王后于1867年创建，是一所K-12私立大学预科学校。学校分为四部分：艾玛女王幼儿园（2-5岁的男孩和女孩），低年级（女孩，K-6年级），中学（女生，7-8年级），高中（女生，9-12年级）。在校学生550人，师生比8：1。该校是一所大学预科学校，如今隶属于美国圣公会，几乎100%的毕业生就读于美国四年制的学院和大学。该校的传统是每年在校园和皇家陵墓庆祝艾玛女王的生日，举办一年一度的艾玛女王舞会。在舞会上筹集到的资金用于学生的奖学金和经济援助，该校的35%的学生获得了奖学金。这是夏威夷私立学校中比例最高的学校之一。

太平洋岛屿学院（英语：Island Pacific Academy），2022年夏威夷州最好的10所私立高中排名第9。成立于2004年，是一所私立的男女同校的大学预科高中，为K-12年级的学生服务，校园面积3英亩。位于夏威夷瓦胡岛卡波雷宏美亚街909号，邮箱夏威夷96707。2004年9月招收了第一批学生，2010年5月毕业第一届45名高年级学生。学校有两栋教学楼和办公楼。其中，一栋教学楼占地2,600平方米（28,000平方英尺），为小学部；另一栋教学楼3,700平方米（40,000平方英尺），为中学部。

还有一所私立学校，虽然没有进入2022年夏威夷州最好的10所私立高中，因其特殊，介绍如下：

卡美哈美哈学校（英语：Kamehameha School），位于瓦胡岛火奴鲁鲁卡帕拉马幕府街1887号，邮箱夏威夷96817。是一所K-12年级的私立学校，建立于1887年。它是使用公主伯尼丝·鲍伊·毕晓普（Bernice Pauahi Bishop）的遗赠建立的，用于教育夏威夷血统的孩子。毕晓普是夏威夷王室成员，她经历并亲眼目睹了夏威夷人的衰落，深知教育对她的人民和文化生活至关重要。因此，她留下了375,000英亩土地，委托她的受托人，用来教育自己的人民。最初，卡美哈美哈学校招收夏威夷本地男生。1894年开设了女子学校。1965年建成了男女同校。这所学校在瓦胡岛、茂宜岛和夏威夷岛有三个校区。瓦胡岛火奴鲁鲁卡帕拉玛校区面积3600亩（600英亩）1931年开放，茂宜岛校区1080亩（180英亩）1996年开放，位于茂宜岛真川尾阿普奥高速公路270号，邮箱夏威夷96768。夏威夷校区1800亩（300英亩）2001年开放。2011-12学年，卡美哈美哈学校在三个主校区招收了5398名学生。该校申请人必须提交证据，证明其1959年前的祖先至少有一位是夏威夷人。1995年华尔街日报的文章评估，毕晓普庄园捐赠总额为100亿美元。

除以上私人高中学校以外，瓦胡岛还有以下私人高中学校：

学校名称	地址
太平洋学院	檀香山
资产学校	檀香山
基督教学院	檀香山
达米安纪念学校	檀香山
夏威夷浸信会学院，	檀香山
拉皮耶特拉夏威夷女子学校	檀香山
玛利诺学校	檀香山
中太平洋研究所	檀香山
迈伦·汤普森学院	檀香山
太平洋佛学院	檀香山
圣心学院	檀香山
圣路易斯学校	檀香山
圣弗朗西斯学校	檀香山
华德福学院	檀香山
友谊基督教学校	伊娃海滩
哈纳拉尼学校	米利拉尼
黑尔奥乌鲁学校	埃瓦
拉纳基拉浸信会高中	埃瓦海滩

五 旅游

由于瓦胡岛独特的自然环境，一年四季不冷不热，因而终年适宜旅游。主要旅游景点如下：

（一） 亚利桑那号战列舰纪念馆

美国海军亚利桑那号战列舰纪念馆（The USS Arizona Memorial）是一个坐落于美国夏威夷州欧胡岛的珍珠港中，在珍珠港袭击中被击沉的亚利桑那号战列舰（USS Arizona BB-39）残骸正上方的纪念馆。1941年，日本帝国海军对珍珠港发起了突袭，并直接造成了美国加入二战。为了纪念此事件以及在事件中阵亡的官兵，于1962年开始建造此纪念馆。除了沉没的战列舰外，直到今日亚利桑那号的残骸中仍躺着1,177名阵亡将士中的1,102具遗体。纪念馆自1980年建成之后，就由国家公园管理局和海军亚利桑那纪念馆游客管理中心共同负责管理。亚利桑那号上两具19,585磅重的铁锚也被打捞上岸，其中一具被安置在了纪念馆岸上的游客中心内，而另一具则安置在亚利桑那州首府凤凰城。

纪念馆由三个部分组成：纪念馆入口区，纪念主馆以及阵亡将士名录墙。纪念馆入口区展出有亚利桑那号打捞上来的钟和铁锚。主纪念馆作落在亚利桑那号的遗骸上，在两边和天花板上分别被开了7个大窗户，代表纪念亚利桑那号沉没于12月7日，总共21个窗户则代表21声至高礼炮，象征对亚利桑那号和珍珠港阵亡将士的最高致意。阵亡将士名录墙，或被称为"圣地"，在水上的纪念主馆末端，在墙上陈列出了亚利桑那号在珍珠港事件中全部阵亡的士兵名字。

1999年，密苏里号战列舰从美国西海岸移动到珍珠港，停泊在亚利桑那号纪念馆的附近，舰首朝向亚利桑那号，表示现在密苏里号正在"守卫"着亚利桑纳那号的遗骸以及"守卫"亚利桑那号中葬身的战士的遗骨。密苏里号曾在东京湾举行由五星上将道格拉斯·麦克阿瑟和海军上将切斯特·尼米兹主持的接受日本投降仪式,并标志着二战的结束。这两艘战列舰对于美国来说标志着二战的开始与结束,以最屈辱的岁月开始,以最荣光的时刻结束。

亚利桑那号战列舰纪念馆为瓦胡岛上最受欢迎的旅游点,2005年参观人数达1,556,808人。

亚利桑那号战列舰纪念馆(网上下载)

(二) 波利尼西亚文化中心

波利尼西亚文化中心(PCC)是一个以家庭为中心的文化旅游景点和生活博物馆,位于夏威夷欧胡岛北岸的莱伊。它由耶稣基督后期圣徒教会(LDS教会)拥有,占地17公顷(42英亩),属于附近的杨百翰大学夏威夷分校。

1962年初,LDS教会主席大卫·麦凯授权建立非营利性中心,作为为夏威夷大学的学生提供就业和奖学金以及保护波利尼西亚文化的一种方式。波利尼西亚文化中心1963年10月12日成立。

波利尼西亚的每个主要文化都有自己的部分,以一个传统的村庄为中心。这些村庄每小时举行一次表演和文化学习活动。村庄包括:夏威夷、萨摩亚、奥特亚罗亚(今新西兰)、斐济、塔希提岛、汤加、马奎萨斯群岛。除了村庄,波利尼西亚文化中心还有一个特别展览,专门展示拉帕努伊(复活节岛或帕斯夸岛)。

在波利尼西亚文化中心的大约1,300名员工中,70%是杨百翰大学夏威夷分校的学生。自开办以来,波利尼西亚文化中心已向12,000多名杨百翰大学夏威夷分校的学生提供了财政援助。学生在上课期间每周最多工作20小时,在课间休息期间工作40小时。作为一个非营利组织,波利尼西亚文化中心的收入用于日常运营和支持教育。

波利尼西亚文化中心是夏威夷游客最频繁的旅游目的地之一,每年吸引70万游客。自1963年开业以来,已有3,200多万人参观了该中心。

(三) 威基基海滩

威基基海滩(英语:waikiki beach)位于夏威夷首府火奴鲁鲁(又称为檀香山市),是世界上最著名的海滩。东起钻石山下的卡皮欧尼拉公园，西至阿拉威游艇码头，长度约 1.61 千米。威基基在土著人语言里是"喷涌之泉"的意思，在古代是夏威夷王家御用的海滩。在海滩游玩，散步、游泳、冲浪、浮潜、划船等，是来夏威夷旅游的一项重要活动。瓦胡岛有海滩 69 个，其中 19 个有人工救护，最著名的当属威基基海滩。

威基基海滩的精华部分，是从丽晶饭店到亚斯顿威基基海滨饭店之间的一段，总长度约三四百米。这一段海滩，不仅有细软洁白的沙滩，摇曳多姿的椰子树，以及林立的高楼大厦，而且这一段海滩开阔，海水宁静，是一家老小休闲、游玩的理想地点，可以尽情享受夏威夷沙滩的无限风情。在这里，还能欣赏当地青少年驾驭着冲浪板，随着海浪高低起伏的优美身影。

在威基基海滩，有一尊杜克·卡哈纳莫库塑像。杜克·卡哈纳莫库（1890 年 8 月 24 日－1968 年 1 月 22 日），夏威夷檀香山出生的波利尼西亚人，游泳运动员，从小便在海滩上担任救生员的工作，由于与生俱来的泳技以及绝妙的冲浪技术，他在奥林匹克运动会游泳比赛中共获得 3 枚金牌和 2 枚银牌，被人们尊为"国际冲浪者之父"（Father of International Surfing）。

在威基基海滩周围的酒店和度假村，每天都有现场表演的夏威夷音乐和呼啦舞。游客在享受美食的同时，还能欣赏到波利尼西亚人的优美舞姿。

威基基海滩还曾经是古战场。1795 年卡美哈美哈一世率领大军，乘数百所独木舟战船，在威基基抢滩登陆，开始了统一夏威夷群岛的战争。为建立统一的夏威夷王国奠定了坚实的基础。

（四） 菠萝园

瓦胡岛的菠萝园，正式名称叫"多尔种植园"（Dole Plantation，有的译为都乐种植园）。多尔种植园最初于 1950 年作为水果摊经营，于 1989 年作为夏威夷的"菠萝体验"向公众开放。如今，都乐种植园是瓦胡岛最受欢迎的旅游景点之一，园内有观光小火车，游客可以乘坐小火车在院内参观。菠萝园里不仅种植了大量的菠萝，还种植了许多其它热带水果，有香蕉、椰子、杨桃、可可、芒果等。游客在这里可以观看各种热带水果的生长。

菠萝原产于南美洲，后来传到中美洲和墨西哥，由阿兹特克和玛雅人种植。哥伦布向西班牙人介绍菠萝，然后将菠萝带到菲律宾和后来的夏威夷。1903 年，美国人詹姆斯·德拉蒙德·多尔（James Drummond Dole）在瓦胡岛开始种植菠萝，并制作成菠萝罐头，使其在全世界都很容易到达。瓦胡岛的多尔菠萝种植园是夏威夷的一个较大的菠萝种植园。如今几乎垄断了整个美国的菠萝和菠萝汁，它生产的菠萝几乎遍布美国各个城市的超市。

波罗园的商店里销售自产的菠萝冰激凌，味道鲜美，受游客的喜爱。

如今，瓦胡岛的菠萝园是瓦胡岛的一个热门旅游景点，每年接待超过一百万的游客 4

（五） 钻石山

钻石山（Diamond Head）位于美国夏威夷檀香山市，是一座在海边形成的独立环形死火山。传说是女火神贝利（Pele）的家。是夏威夷州立公园。这座 232 米高的火山口，是夏威夷最著名的地标之一。据说第一个发现夏威夷群岛的英国人库克船长，在夜晚看到整个山头冒出蓝光，像蓝宝石一样闪闪发光，以为发现了钻石，就把它称作钻石山。

钻石山宽阔的碟形火山口是在大约 30 万年前的一次爆炸性喷发中形成的。

钻石山州立公园是夏威夷最著名的地标，以其历史悠久的远足小径、迷人的海岸景色和军事历史而闻名。钻石山州立公园占地超过 2,774 亩（475 英亩），包括火山口的内坡和外坡。通往山顶的小径建于 1908 年。从小道起点到山顶约 1.3 公里（0.8 英里），其最后一段完全是比较陡峭的台阶路。

六　交通

丹尼尔·井上国际机场（HNL），又称为檀香山国际机场，位于北纬21°8′17″、西经157°51′26″，海拔4米，1938年开始启用，是夏威夷州主要的空中交通门户，是夏威夷的主要机场，为全美最繁忙的机场之一。2017年4月27日以夏威夷州已故参议员丹尼尔·井上命名。有多个飞往北京、台北、首尔、东京、悉尼、上海和马尼拉的直达航班，还有众多直飞美国本土主要城市的航班以及夏威夷州内各城市的航班。在夏威夷各岛之间旅游，主要靠乘飞机来来往往。

瓦胡岛不仅有环岛公路，而且还有公路在岛的中部纵贯南北。到各个景点旅游，自驾车非常方便。

檀香山巴士（英语：TheBus）是美国夏威夷州瓦胡岛的公共巴士交通系统。在2012至2013的财务年度，该系统拥有110条线路、518辆运营车辆，客运量约为7,550万人次。公交线路几乎遍布岛上的每一个角落。

可爱岛

一 概况

可爱岛（英语：Kauai，有的译为考艾岛、考爱岛），太平洋中部夏威夷群岛中第四大岛，属美国夏威夷州可爱县管辖。可爱县包括可爱岛和尼豪岛，2020年人口普查73,298人，比10年前增长了9.3%，是夏威夷州人口增长最快的县。可爱岛位于夏威夷几个大岛的最北端，地质上是夏威夷主要岛屿中第二古老的岛屿（仅次于尼豪），相传夏威夷最初的神就居住在这里。可爱岛长约53公里，宽约43公里，海岸线144公里，全岛面积1456.4平方公里。

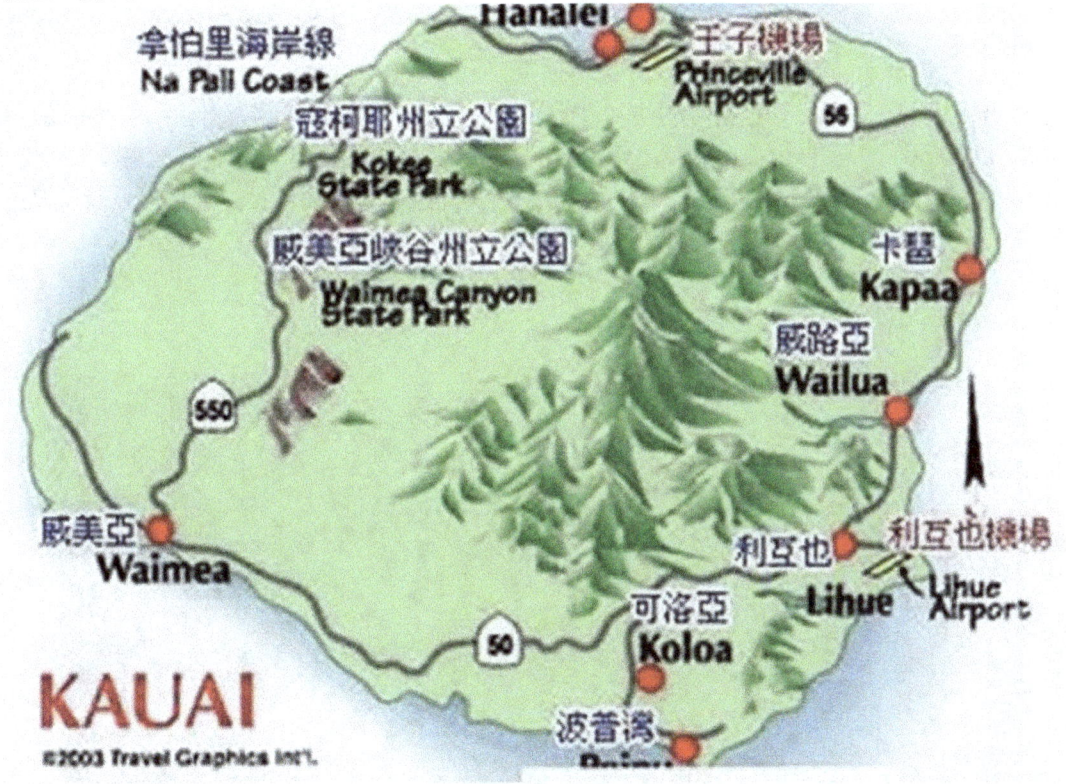

可爱岛地图（网上下载）

可爱岛的第一批居民是在公元200年左右来到岛上的，比其他各岛的居民要早五百年左右。岛上的居民享受着平和的环境，至今仍遵守着此地社会规范，不同世代的王室交替继承使得可爱岛富裕繁荣。2000年统计人口58,303人。人口最多的城镇是卡帕阿。

在夏威夷王朝的历史上，可爱岛及其西部的尼豪小岛，是夏威夷群岛中没有被卡美哈美哈国王用武力征服而是后来自动归顺的岛，其首领直到1810年方才臣服卡美哈梅哈大帝。该岛是英国探险家兼航海家詹姆斯·库克上尉首次在夏威夷登陆（1778年）的地点。

可爱岛是一个火山岛，近乎圆形，沿海地区被边缘低地所环绕，岛上最高点是卡瓦伊基尼（Kawaikini），海拔1,598米；第二高是怀阿莱山（Mount Wai'ale'ale），海拔1,570米。可爱岛位于瓦胡岛西北，两岛之间有170公里宽的可爱海峡。可爱岛周围被连绵的山谷、葱翠的山峰和交错的悬崖所环绕。有历经数百年的发展形成的茂密的热带雨林，有多条纵横交错的河流，有许多飞流直下的瀑布,可爱岛拥有夏威夷唯一一条一直可通航的河流——长 23.4 公里的怀卢阿河,可爱岛上第五长的河流。可爱岛的部分地区无路可走,只能乘坐直升机到达,俯瞰小岛茂盛的内陆地区。

可爱岛雨量丰沛,岛中部海拔 1,569 米的怀厄莱峰,年降雨量超过 11,430 毫米,居世界降雨量之最。岛上几乎没有一天不降雨。岛上最宽的地方只有 53 公里,每日阳光犹如白驹过隙,一扫而过。卡约是岛上天气最晴朗的地区。

可爱岛堪称夏威夷最为宁静,最具田园风格的地方。喜欢热闹的人,最好去瓦胡岛旅游;喜欢安静的人,最好到可爱岛旅游。

二 城镇

可爱岛没有大的城市,它的城镇多集中在岛的东南沿海一带。

(一) 利胡埃

利胡埃(英语:Lihue,有的译为利胡也、利互也)位于考爱岛东部,坐标为北纬 21°58′29″、西经 159°21′56″,总面积 21.33 平方公里,其中土地面积 19.32 平方公里,水域 2.01 平方公里。海拔 67 米。根据美国人口普查 2000 年统计,共有人口 5,694 人,其中亚裔美国人占 49.24%、白人占 22.75%。2010 年人口 6,455 人,2019 年人口 7,267 人。

利胡埃鸟瞰图(网上下载)

在古代,利胡埃是一个小村庄。它的名字在夏威夷语中的意思是"寒冷的寒意"。随着 19 世纪制糖业的出现,利胡埃建造了一个大型糖厂,成为岛上的中心城市。

利胡埃属热带干湿气候,夏季相对干燥。有记录的最低气温为 8°C,最高纪录为 33°C,月均最高气温在 25.6°C—29.6°C,月均最低气温在 18.9°C—24°C,年均降雨量为 920 毫米。

利胡埃是可爱岛的商业和政治文化中心,是可爱县的县城所在地,是夏威夷大学系统附属可爱岛社区学院所在地，拥有岛上唯一的大型百货公司梅西百货公司，现代化的库伊格罗夫购物中心，和几家大型商店，包括沃尔玛、家得宝、好市多、凯马特、边境之书书店等，还有几家汽车经销商，电影院和餐馆。设有可爱岛博物馆，详细介绍了可爱岛的历史。

利胡埃居民职业比例高的前五名是：住宿、餐饮服务14.7%，零售贸易12.5%，房地产、租赁10.3%，保健和社会救援7.2%，建设7.0%。居民家庭收入中位数为每年59,214美元。美国平均每年53,482美元。

（二） 卡帕

卡帕（英语：Kapaa，有的译为卡琶、卡帕阿），位于可爱岛中东部岸边。坐标为北纬22°05′18″、西经159°20′16″。海拔6米。2010年人口普查显示，该镇总面积26.80平方公里，其中陆地面积25.90平方公里，水域面积0.9平方公里，人口10,699人。2019年人口1.058万。

甘蔗、菠萝种植园，以及水稻种植，曾经围绕在卡帕阿的周围地区。自20世纪60年代以来，旅游业，多元化农业和服务业已成为主要的收入来源，取代了菠萝种植。

卡帕镇坐落在可爱岛的沉睡的巨人山脚下，拥有各种各样的酒店、餐馆，和热带风情的购物广场，以及当地特有工艺品贝壳花环、手工缝制的枕头以及相思葫芦树。卡帕酒店还提供滑水和皮划艇等水上运动，非常适合游客。

卡帕居民职业比例高的前五名是：住宿、餐饮服务23.1%，保健和社会救援12.8%，建设10.27%，零售贸易9.6%，公共行政9.6%。居民的家庭收入中位数为每年62,923美元。美国平均每年53,482美元。

（三） 威路亚

威路亚（英语：Wailua，又译为怀卢阿）镇，位于可爱岛东海岸，在利胡埃和卡帕两镇之间。坐标为北纬22°3+31″、西经159°20+30″。总面积4.6平方公里，其中陆地面积3.8平方公里，水域面积0.8平方公里。2020年人口普查2,359人。

威路亚沿海是一条商业街，是重要的商业中心，有许许多多的酒店和公寓。威路亚河是夏威夷州唯一一条通航的河流，是划水、皮划艇的活动中心。在威路亚河（怀卢阿河）谷，有一个怀厄卢阿州立公园。在公园里，游客可以划皮划艇，开摩托艇，乘坐河船游览探索热带雨林。

威路亚居民职业比例高的前五名是：住宿、餐饮服务22.7%，零售贸易11.3%，保健和社会救援10.3%，教育服务9.3%，专业、科学、技术服务7.2%。居民的家庭收入中位数为每年55,375美元。美国平均每年53,482美元。

（四） 可洛亚

可洛亚（英语：Koloa，有的译为科洛阿），位于可爱岛南部滨海处，坐标为北纬21°54′26″、西经159°27′57″。海拔65米。面积3.24平方公里，全部为陆地。人口普查2000年1,942人，2020年2,231人。

可洛亚甘蔗种植园和磨坊成立于1835年，是夏威夷群岛第一个成功的大型制糖厂，为夏威夷群岛上的商业制糖开创了先河。制糖业的兴起，导致了夏威夷多元文化移民高潮的到来。

在可洛亚，有一条16公里长的小径，小径上有十几个景点和纪念碑，保留了夏威夷甘蔗种植园时代的历史。每年七月，科洛亚举办为期一周的种植园节日，庆祝制糖业这一遗产。

传教士丹尼尔·多尔（Daniel Dole）和他的家人于1855年在可爱岛为讲英语的儿童开设了一所寄宿学校，有时也被称为科洛亚学院。

可洛亚居民职业比例高的前五名是：住宿、餐饮服务28.8%，零售贸易10.4%，行政、支持、废物管理10.4%，教育服务7.3%，保健和社会救援7.2%。居民的家庭收入中位数为每年55,114美元。美国平均每年53,482美元。

（五） 威美亚

威美亚（Waimea，有的译为韦梅亚），位于可爱岛西南部，坐标为北纬21°57′42″，西经159°40′25″，是一个历史悠久的海港。总面积5.6平方公里，其中陆地面积4.8平方公里，水域面积0.8平方公里。海拔3米。人口普查2000年有1,787人，2020年2,057人。

在公元200年至600年之间，第一批定居者从马克萨斯群岛抵达可爱岛。他们带来了芋头、红薯、猪和家禽，以及种子。他们是经验丰富的农民和渔民。公元1000年左右，大溪地探险者抵达夏威夷并征服了马克萨斯人。根据夏威夷的传说，身材矮小的马克桑人被大溪地人追赶到山上。大溪地人带来了一个社会和政治等级制度，具有独特的规则和禁忌，也被称为"卡普。"

在18世纪末和19世纪初，威美亚是海上毛皮贸易、捕鲸和檀香工业的重要贸易站，后来在19世纪被制糖业所取代。目前，主要产业是建筑和旅游业。

威美亚在通往威美亚峡谷的路上。这个小镇历史悠久，它距离英国库克船长登陆夏威夷的地方仅一箭之遥。镇中心有库克船长的雕像。这个迷人的小镇拥有各种小商店、企业和越来越多的科技公司。

每年二月，威美亚镇举办夏威夷文化庆祝活动。该节日始于1978年，现已扩大到为期九天的活动，包括庆祝考艾岛最后的国王考穆阿利乌，电影节，几场音乐会，帕尼奥洛（牛仔）帽子的花环制作比赛，牛仔竞技表演，独木舟比赛以及许多其他体育赛事。

威美亚居民职业比例高的前五名是：住宿、餐饮服务19.1%，保健和社会援助15.9%，公共行政10.7%，零售贸易7.9%，其他服务7.3%。家庭收入中位数为每年65,000美元。美国平均每年53,482美元。

（注：本文资料引自维基百科《利胡埃》、《利胡埃经济》、《卡帕》、《卡帕经济》、《威路亚》、《威路亚经济》、《可洛亚》、《经济在科洛阿，夏威夷》、《老科洛亚镇遗产》、《威美亚镇》、《夏威夷威美亚岛（可爱岛）的经济》）

三 经济

公元600年左右，波利尼西亚人开始在可爱岛上居住，他们依靠捕鱼和农业，过着自给自足的生活。这里的土地和气候，适宜种植芋头、红薯、山药、香蕉和椰子。他们还饲养了狗和鸡。这种自然经济持续了一千多年。

1878年英国库克船长发现了可爱岛和其它夏威夷岛屿，引发了西方世界的贸易船只竞相来到这里。1810年卡美哈美哈一世统一了夏威夷群岛，建立了夏威夷王国。这些因素导致了可爱岛经济由自给自足的自然经济向市场经济转变。可爱岛及其它岛屿开始出口檀香木，与中国和欧洲国家进行贸易。1826年，新英格兰的捕鲸船开始来可爱岛进行补给。可爱岛很快成为贸易船只和捕鲸船只的主要补给和娱乐中心。到19世纪50年代每年有超过500艘捕鲸船到夏威夷捕鲸和补给。捕鲸业一度成为可爱岛的支柱产业。

1835年，可爱岛开始了大规模种植甘蔗和制糖，可爱岛的可洛亚镇（Koloa）建起了夏威夷第一个制糖厂。夏威夷在十九世纪繁荣的制糖业起源于可爱岛。有记录的是1837年第一次销售蔗糖，当时以2吨200美元的价格出售。1852年，大批的中国移民来到这里从事甘蔗种植和制糖工作，可爱岛的蔗糖出口大幅度地增长。建造于1864年的蔗林农场是最早的甘蔗种植园，时至今日，这座占地0.4平方公里的甘蔗种植园，仍然是可爱岛一个世纪以前的种植园时代的缩写。

1905年，可爱岛县政府成立。岛上开始出现了电力、道路、机场和报纸，现代发展的大门开始打开。然而，甘蔗种植和制糖业的主导地位却开始下降。

利胡埃机场的建成，导致了可爱岛旅游业开始兴起。1960年可爱岛上一家十层的酒店开业，1971年第一家麦当劳开业，推动了旅游业的发展。1970年，每年有42万多游客访问可爱岛。到1980年，到访游客飙升至80万人。到20世纪80年代末，可爱岛80%的收入与旅游业直接或间接挂钩。

如今，可爱岛是一个以旅游业为中心的经济体。沿海的各个城镇，到处是酒店、旅店、商场，为游客提供服务。2017年有近128万游客到访，在岛上消费超过18.3亿美元。岛上仍然有强大的农业，主要种植玉米、咖啡、芋头和番石榴等。

（注：本文资料引自维基百科《考艾岛经济史》）

四 教育

可爱岛有大学1所，公立高中3所，公立中学3所，公立小学13所。另有4所K—12年级的公立特许学校，8所私立学校。

（一） 可爱岛高等学校

夏威夷大学可爱岛社区学院（英语：University of Hawaii :Kauai community College），是岛上唯一的一所高等学校。成立于1926年，1965年成为夏威夷大学10所校园之一，位于夏威夷可爱岛胡利埃考穆阿利高速公路3-1901号，邮箱夏威夷96766。为学生提供商业、酒店、健康、幼儿教育和文科课程，提供副学士学位和证书。2018-19学年学生入学人数935人。该院继续教育和培训办公室为岛上终身学习者提供非学分课程。

（二） 可爱岛高中

可爱岛的公立高中如下：

卡帕亚高中（英语：Kapaa High School），是夏威夷可爱岛上卡帕阿的一所公立高中，成立于1883年。最初建在凯利亚河的正上方，后来搬到了山上。1938年学校正式宣布为初中，1946年毕业了第一批66名高中生。1997年学校被拆分，只剩下9-12年级，更名为卡帕亚高中。位于夏威夷可爱岛卡帕阿迈利胡纳路4695号，邮箱夏威夷96746。2018-19学年招生1,083人，师生比15.47：1。

可爱岛高中（英语：Kauai High School），坐落在山顶之上，位于夏威夷可爱岛胡利埃拉拉路 3577 号，邮箱夏威夷 96766。是可爱岛上的第一所公立高中，也是夏威夷群岛的第五所高中。1914 年学校建立时，第一届学生只有 7 人入学。当时第一次世界大战爆发仅 1 个月，只有一人留下了毕业。以后入学人数逐渐增加，到了 1930 年代，每班人数攀升至约 100 人。学校距离拉那公路不远，在校园里，能够饱览卡拉帕基湾和纳维利威利港的美景。学校为 9-12 年级的学生服务。2018-19 学年学生 1154 人。

威美亚高中（英语：Waimea High School），成立于 1881 年，是可爱岛最古老的高中，是美国最西端的高中。服务于 9 年级至 12 年级，位于夏威夷可爱岛威美亚土屋路 9707 号，邮箱夏威夷 96796。

可爱岛入选 2022 年夏威夷最佳特许高中的学校如下：

卡努卡波诺学习中心公立特许学校（Kanu Kapono Learning Center Public Charter School），在 2022 年夏威夷最佳特许高中排名第 9。2002 年 9 月建立，位于夏威夷可爱岛阿纳霍拉库奎哈勒路 4333 号，邮箱夏威夷 96703。为 K-12 年级的学生服务，在校学生 201 人，师生比 11：1。根据州考试成绩，27%的学生至少精通数学，32%的学生至少精通阅读。

卡瓦伊基尼公立特许学校（英语：Kawaikini Public Charter School）在 2022 年夏威夷最佳特许高中排名第 18。位于夏威夷可爱岛利胡埃考穆阿利高速公路 3-1821 号，邮箱夏威夷 96766。为 K-12 年级的学生服务，学生 168 人，师生比 12：1。根据州考试成绩，22%的学生至少精通数学，32%的学生至少精通阅读。。

凯卡哈尼豪学校（英语：Niihau School of Kekaha），也称为**克库拉尼奥凯卡哈公立特许学校**（Ke Kula Niihau O Kekaha Public Charter School），在 2022 年夏威夷最佳特许高中排名第 20。位于夏威夷可爱岛凯卡哈路 8135 号，邮箱夏威夷 96752。2001 年 5 月 17 日夏威夷州教育委员会批准成立，为住在可爱岛的尼豪人提供服务。2004 年，该校 95%的学生都是以尼豪为母语的人。该校 2016 年有学生 54 人，2017 年有幼儿园教师 3 人，其他教师 2 人。小学课程以尼豪语授课，中学课程以英语授课。

库拉·奥普尼 尼豪 A 卡赫莱拉尼·阿罗哈公立特许学校（Kula Aupuni Niihau A Kahelelani Aloha Public Charter School），在 2022 年夏威夷最佳特许高中排名第 21。位于可爱岛凯卡哈路 8315，邮箱夏威夷 96725。为 K-12 年级学生服务，学生 33 人，师生比 9：1。

可爱岛私立高中如下：

岛屿学校（英语：Island School，又译为海岛学校），是可爱岛一所私立的男女同校的大学预科学校，为 K-12 年级的学生服务，位于可爱岛利胡埃夏威夷大学可爱岛社区学院校园后面，地址是利胡埃考玛利高速公路 3-1875 号，邮箱夏威夷 96766。1977 年创立。其毕业生 96%继续就读四年制大学，其中一些已被麻省理工学院、耶鲁大学、斯坦福大学、南加州大学等若干所大学录取。该校所有的学生都接受夏威夷研究的指导，包括研究夏威夷的原住民文化、语言、历史、音乐和地理等。

卡希利基督复临安息日会学校，位于夏威夷可爱岛可洛亚考马里高速公路 2-4035 号，邮箱夏威夷 96756。建于 1938 年，是一所 K-12 年级私立预科学校。校园规划 80 公顷（197 英亩）。2010-11 学年注册学生 27 名，2015-16 学年教学人员 2 人。该校属于基督复临安息日会，该机构在世界各地设有大型教育系统，截止 2008 年有中学 1,678 所。

库拉高中和库拉中学（英语：Kula High & Kula Intermediate School），位于夏威夷可爱岛基拉韦厄卡普纳路 4551 号，邮箱夏威夷 96754。

（注：本文资料引自维基百科：《夏威夷教育局》、《可爱岛教育》、《夏威夷大学可爱岛社区学院》、《卡帕亚高中》、《可爱岛高中》、《威美亚高中》、《卡努卡波诺学习中心公立特许学校》、《卡瓦伊基尼公立特许学校》、《凯卡哈尼豪学校》、《库拉·奥普尼 尼豪 A 卡赫

莱拉尼•阿罗哈公立特许学校》、《岛屿学校》、《卡希利基督复临安息日会学校》、《库拉高中和库拉中学 》）

五 旅游

可爱岛同夏威夷其它岛屿一样，有许许多多的沙滩，有黄沙滩，也有黑沙滩。这些沙滩适宜人们游泳、划船、冲浪和浮潜。骑马也是可爱岛的一项娱乐活动。年轻人结伴骑马，在小溪里行驶，欣赏热带雨林，别有一番情趣。

（一） 威美亚峡谷州立公园

威美亚峡谷州立公园（网上下载）

威美亚峡谷州立公园（Waimea Canyon State Park），位于可爱岛西侧，从550夏威夷州立公路的威美亚可以进入。它的坐标是北纬22°03+20″、西经159°39+55″。这是一个大峡谷，也被称为太平洋大峡谷。长约16公里，深达900米。峡谷是由威美亚河的深切口形成的。可爱岛中部的威亚莱莱山有极端降雨，是世界上最潮湿的地方之一。在峡谷的东侧，熔岩流造就了悬崖峭壁。天长日久、日晒雨淋，裸露的玄武岩由原来的黑色风化为鲜红色。

威美亚峡谷州立公园占地7.5平方公里，里面既有鲜红的岩石和土壤，也有碧绿的浓密的热带雨林，还有白花花的瀑布。公园里许许多多的小径，适宜人们远足。

（二） 科基州立公园

科基州立公园（英语：Kokee State Park，有的译为寇柯耶州立公园、可可州立公园），占地26,375亩（4,345英亩），位于可爱岛的北部975米—1,280米（3,200英尺—4,200英尺）高的高原上，在威美亚峡谷州立公园的北面。550公路经过它的旁边。在科基州立公园里，遍是森林和野花，是观赏五颜六色的夏威夷本土植物和夏威夷特有的森林鸟类的绝佳去处。公园里有72公里长的小径，是远足的好地方。公园里还提供露营地、野餐区和洗手间。公园里有一个自然历史博物馆，向游客提供有关公园和小径的信息。

（三） 可爱岛博物馆

可爱岛博物馆（英语：Kauai Museum），位于利胡埃的赖斯街，1960年开馆。收藏了可爱岛和尼豪岛从1778年至今的14,000张照片和305份主题文件，反映了可爱岛和尼豪岛的历史变迁。此外，还收藏了从移民时期至今的包括夏威夷、韩国、中国、日本、德国不同种族的服饰和帽子，手工艺品、工具、宗教物品、乐器、贝壳、新英格兰早期家具，以及卡伊工匠的惊人藏品，游客可以了解夏威夷群岛的地质构造、夏威夷原住民的早期生活、库克船长抵达威美亚可爱岛海岸和夏威夷君主制。此外，游客还可以观看展示多元文化艺术家、雕塑家和工匠作品的画廊。

（四） 威陆雅瀑布

威陆雅瀑布（网上下载）

威陆雅瀑布（Wailua Falls，有的译为威卢阿瀑布、威卢亚瀑布、怀卢阿瀑布），位于怀卢阿河上，在利胡埃以北，坐标为北纬22°02+16″、西经159°22+54″。瀑布高52.7米。瀑布就在路边，有一条小路可以走到瀑布下近距离观看瀑布，甚至可以到水中游泳。

如果早晨去观看瀑布，阳光与瀑布的薄雾相遇，游客可能观赏到美丽的彩虹。

（五） 梅内胡内鱼塘

梅内胡内鱼塘，离利胡埃只有数分钟的车程，它是将近 1,000 年前建造的，这个具有独创性的鱼塘被用于捕鱼，是古老的夏威夷式水产养殖的最佳范例之一。这个鱼塘的神秘之处来源于一个传说。当年当地人排起了 40 公里长的人链，手手相传、一块一块地输送石头，一夜之内完成这个巨大的鱼塘工程。这个鱼塘 1973 年起被列入《国家历史名胜古迹》。

（注：本文资料引自维基百科《威美亚峡谷州立公园》、《科基州立公园》、《可爱岛博物馆》、《怀卢阿瀑布》、《梅内胡内鱼塘》）

六 交通

利胡埃机场（英语：Lihue Airport，有的译为丽辉机场、丽湖机场、利休机场），是可爱岛上的主要机场，是游客进出可爱岛的主要门户，位于可爱岛东南海岸，是国有公共机场。机场有许多夏威夷岛际航班，也有通往美国、加拿大大陆的航班。机场每天运营 300 多次航班。机场的大部分是无围墙和露天的，办理登机手续完全在外边。机场和利胡埃市中心有 70 号线考阿伊巴士。

50 号公路和 56 号公路相连，环绕了可爱岛周边的大部分。自驾车可抵达岛上绝大部分景点。

摩洛凯岛

一 概况

摩洛凯岛（英语：Molokai，有的译为莫洛凯岛）是美国夏威夷的一个火山岛。东摩洛凯岛和小得多的西摩洛凯岛两座火山造就了中部大面积适宜耕种的平原。坐标为北纬21°08′、西经157°02′。摩洛凯岛属于夏威夷州茂宜县，岛上卡劳帕帕半岛单独为卡拉沃县。

摩洛凯岛是一座长条形的岛，长61公里，宽16公里，面积673.4平方公里，是夏威夷群岛中面积第五大的岛屿，俗称"友善之岛"。拥有141公里长的海岸线，岛上任何一处距离海边都不会超过8公里。岛上最高处是海拔1,512米的卡马口（Kamakou）山。

摩洛凯岛与茂宜岛、瓦胡岛、拉奈岛相邻，与其西北部的瓦胡岛之间，由42公里宽、700米深的凯维海峡隔开；与其东南部的茂宜岛之间，由最短处13.5公里宽、夏威夷群岛风力最大，最粗糙的海峡之一的派洛洛海峡隔开；与其南部的拉奈岛之间，由15公里宽、79米深的卡洛西海峡隔开。

摩洛凯岛拥有世界上最高的海崖，和最长的连续边缘礁（近40公里）。摩洛凯岛人口中有很大一部分是夏威夷原住民血统，由于他们对土地的热爱，继续保留乡村的生活方式

摩洛凯岛最早的居民，可能是来自马克萨斯群岛的土著人，也可能是来自塔西提和其他南太平洋的岛屿。第一位到访的欧洲人是1786年的英国皇家海军的乔治·迪克森船长。

1795年卡美哈美哈一世占领之前，该岛属于茂宜王国。摩洛凯岛的牧场始于19世纪上半叶，当时国王卡美哈美哈五世在岛上建立了一个乡村庄园，由迈耶管理，成为现在的摩洛凯牧场。

摩洛凯岛（网上下载）

岛上的最西端与欧胡岛仅有40公里之遥。岛上的卡希瓦（Kahiwa）瀑布落差高达1,570米，是夏威夷最大的瀑布。

摩洛凯岛上2010年有人口约7,345人，岛上的夏威夷土著居民占人口比例仅次于尼豪岛。

摩洛凯岛被认为是草裙舞的发源地，这个岛上每年都举行卡呼啦舞节。

二 城镇

摩洛凯岛由于地域小、人口少，因而城镇不多。

（一） 考纳卡凯

考纳卡凯（英文：Kaunakakai，有的译为考纳卡卡伊），摩洛凯岛上最大的城镇，位于摩洛凯岛南部海岸的中间，坐标为北纬21°05′20″、西经157°00′45″，总面积42.60平方公里，其中陆地面积33.20平方公里，水域面积9.40平方公里。2019年人口3,038人，2020年人口普查3,419人。考纳卡凯拥有摩洛凯岛上最大的港口和夏威夷最长的码头。

在19世纪中期，卡美哈美哈五世国王有时会在考纳卡凯的家中度过他的夏天。考纳卡凯的主要街道——阿拉·马拉马大道——以国王的避暑别墅命名。

考纳卡凯属于热带稀树草原气候。月均最高气温为9月的30.4°C，月均最低气温为1月的17.9°C。年均降雨量为552毫米。

考纳卡凯只有三个街区，没有红绿灯和大型连锁店，只有几家夫妻店出售杂货和其他用品，是居民的主要购物中心。大多数商店和餐馆都位于阿拉·马拉马街道上。

考纳卡凯居民职业比例高的前五名是：保健和社会援助14.2%，教育服务13.8%，公共行政11.6%，零售贸易11.6%，建设10%。居民的家庭收入中位数为每年51,714美元。美国平均每年53,482美元。

（二） 茂纳洛亚

茂纳洛亚（英文：Maunaloa，有的译为冒纳罗亚、毛纳洛亚），位于摩洛凯岛西南部，坐落在海岸上方的山丘上，是岛的西区唯一的城镇。坐标为北纬21°08′11秒、西经157°12′51″。面积1.90平方公里，最高点海拔271米。2010年人口376人，2019年人口336人。

这是一个小而迷人的种植园村庄。有一个邮局，一个小超市，一个画廊，一个礼品店，一个大风风筝工厂，那里生产独特的手工风筝。

茂纳洛亚居民职业比例高的前五名是：运输和仓储17.1%，农业、林业、渔业、狩猎12.4%，保健和社会援助12.4%，教育服务10.5%，行政、支持、废物管理10.5%。居民的家庭收入中位数为每年37,750美元。美国平均每年53,482美元。

三 经济

摩洛凯岛的早期是自然经济，居民多以种植芋头和捕鱼为生。王国时期，摩洛凯岛人口约为6,000人。200多年前，摩洛凯岛的檀香木便驰名世界。然而由于滥砍乱伐，至今檀香木已近绝迹。

德国移民鲁道夫·威廉·迈耶1850年来到摩洛凯岛，他是岛上第一个以商业方式种植、生产和碾磨糖和咖啡的农民。1878年他在岛上建造了第一个，也是唯一的糖厂，现在是一个博物馆。

到1910年，岛上居民只剩1,000人。二十世纪二十年代菠萝种植业兴起，人口逐渐回升，一度达到6,700人。

摩洛凯岛的经济以农业为主，主要有养牛场、菠萝生产、甘蔗生产和西瓜、玉米、棉花、咖啡等经济作物。咖啡种植是新兴产业，年产量约200万磅。旅游业只占该岛经济的一小部分，

四 教育

摩洛凯岛上公立学校系统包括1所高中、1所中学、4所小学和1所特许学校，私立学校

有一所高中和中学。

摩洛凯岛公立高中如下：

摩洛凯高中（英语：Molokai High School），成立于1939年，摩洛凯岛上唯一的一所公立男女同校的高中。位于摩洛凯岛霍奥莱华法灵顿大道2140号，邮箱夏威夷96729。2004-05学年初中和高中分为两所不同的学校。现在为322名9-12年级的学生服务。夏威夷原住民学生占学校学生的77.2%。

摩洛凯岛私立高中如下：

阿卡乌拉学校（英语：Akaula School），成立于2003年7月1日。为6-12年级的学生服务。位于夏威夷摩洛凯岛考纳卡凯卡莱高速公路1000号，邮箱夏威夷96748。学生46人。

五 旅游

摩洛凯岛上当地土著社区和居民，几十年来一直在努力抑制牧场的发展，一直抵制私人开发商增加旅游业的尝试，以保护他们的社区和独特的生活方式。因此，2008年3月24日，当时岛上最大的雇主摩洛凯牧场决定关闭所有度假村业务，包括酒店、电影院、餐馆和高尔夫球场。导致120名工人被解雇，茂纳洛亚的居民不得不到其他地方去寻找工作，其中许多人仍然找不到工作。截至2014年，岛上只有一家酒店开业。2015年，只有64,767名游客到访了摩洛凯岛。摩洛凯岛的旅游业相对较小，居民的收入也相对较少。

（一） 哈拉瓦山谷

哈拉瓦山谷（英语：Halawa Valley），位于摩洛凯岛东端，距离摩洛凯机场1.5小时行程。山谷宽800米，深4至6千米，到处是美丽的风光和高耸的瀑布，是摩洛凯岛上最古老的地区之一。

哈拉瓦山谷（网上下载）

哈拉瓦山谷曾经拥有肥沃的平原和丰富流动的淡水。据说，早在公元650年，古代波利尼西亚人就已经在郁郁葱葱的哈拉瓦山谷定居，这里曾经是成千上万人的家园，至今山谷中还隐藏了许多神庙。

1946年突然发生的一场毁灭性的海啸，淹没了山谷。盐水破坏了土壤，海浪摧毁了房屋。这里长久的居民被迫迁移。

山谷里有高达76米的雄伟的莫阿拉（Mooula）瀑布群，分为上下两层。瀑布飞流直下，令人荡气回肠。今天参观哈拉瓦山谷，最佳的方式是在导游的带领下的文化徒步旅行。

（二） 哈拉瓦海滩公园

哈拉瓦海滩公园（Halawa Beach Park），位于摩洛凯岛东海岸的哈拉瓦湾。它有两个游泳海滩，凯里（Kaili）和凯维利（Kaiwili）。夏季期间，海水通常非常宜人；但在冬季（10月 - 3月），海浪较高、波涛汹涌，避免去海滩。

（三） 卡劳帕帕国家历史公园

卡劳帕帕国家历史公园（Hawaii Kalaupapa National Historical Park）位于摩洛凯岛北端的卡劳帕帕（Kalaupapa）半岛上。这里是摩洛凯岛上一个未合并的小社区，最初是一个夏威夷原住民渔村。

1866年，在卡美哈美哈五世统治期间，夏威夷立法机构通过了一项法律，将莫洛卡奇指定为麻风病聚居地。在那里，受麻风病（也称为汉森病）严重影响的患者可以被隔离，以防止他们感染他人。这个村庄在高峰期间，约有1,200名男女和儿童麻风病患者在这里居住。至今，仍有14个以前患有麻风病的人继续住在那里。卡劳帕帕国家历史公园成立于1980年12月22日。公园每天只允许100名游客进入。

卡劳帕帕没有医疗设施，没有餐饮或购物设施，游客需要自带食物和杂物。任何紧急医疗反应可能需要数小时，可能需要直升机飞往瓦胡岛或茂宜岛。儿童不宜前往。这个宁静的国家公园属于保护区，是接受教育的地点，只能通过骑骡、徒步或从卡劳帕帕通勤小机场（LUP）乘飞机进入。汽车不能到达卡劳帕帕历史公园。想要参加卡劳帕帕之旅，需要提前预约。

（四） 帕波哈库海滩

帕波哈库海滩（Papohaku Beach），位于摩洛凯岛的西端。占地超过60亩，长3.2公里，宽91米，是夏威夷州最大的白沙海滩之一。海滩露营地、野餐区、洗手间和淋浴间一应俱全。站在海滩可以尽情欣赏横跨凯威海峡（Kaiwi Channel）的欧胡岛的美丽风光，遥看钻石山。这里没有救生员，虽然可以近海游泳，但要注意安全。

来帕波哈库海滩游玩，只能住在附近的公寓或居民出租的房屋。

六 交通

摩洛凯机场位于摩洛凯岛的中部平原。目前美国大陆没有直飞摩洛凯岛的航班，要去摩洛凯岛，只能从欧胡岛的檀香山国际机场（HNL）、茂宜岛卡互陆伊机场（OGG）、卡帕陆亚机场（JHM）、夏威夷岛的科纳机场乘坐本地航空公司航班，才可抵达摩洛凯机场（MKK）。

在摩洛凯岛旅游最好租车。驾车十分容易，只有一条双车道公路（450 和 460 号高速公路）穿越整个岛屿的东西方向，470 号公路是通往卡拉沃县（Kalawao）和卡劳帕帕（Kalaupapa）半岛屏障山脉的支线。行车时注意减速慢行。

（注：本文资料引自维基百科《摩洛凯岛》、《考纳卡凯》、《考纳卡凯经济》、《茂纳洛亚》、《茂纳洛亚经济》、《哈拉瓦山谷》、《哈拉瓦海滩公园》、《卡劳帕帕国家历史公园》、《帕波哈库海滩》）

拉奈岛

一 概况

拉奈岛（Lanai，又译拉尼爱岛、门廊），是夏威夷州茂宜县的一个火山岛，长 28.8 公里，宽 20.8 公里，面积 365.2 平方公里，海岸线长 75.2 公里，形状像个鸭梨。最高点是拉纳伊哈尔山，是一座不活跃的火山，靠近岛屿中心，海拔高度为 1,026 米。拉奈岛是夏威夷面积第六大、美国面积第 42 大的岛屿。其西北距檀香山 96 公里，北距摩洛凯岛 12.8 公里，东距茂宜岛 12.8 公里。拉奈岛是夏威夷六个游客可以访问的岛屿之中最小的一个。

拉奈岛地图（网上下载）

拉奈岛的第一批居民可能 15 世纪才到达，很可能是来自茂宜和摩洛凯岛。他们最初沿着海岸建立了渔村，慢慢地发展到内陆。他们在肥沃的火山土地上种植芋头。拉奈岛的居民，受茂宜岛莫伊人的统治。

夏威夷的甘蔗种植和制糖开始于拉奈岛。1802年，来自中国的农民黄慈春，用随身携带的一个粗造的石磨机，来压榨甘蔗，生产出少量的糖。

由于茂宜岛和摩洛凯岛阻隔了季风，使得拉奈岛气候干燥，除山顶地区，其他地方很少降雨。拉奈岛降雨量每年约97厘米。拉奈岛气温为摄氏21℃至29℃。岛上有18个美丽的沙滩，其中12个对公众开放。

2000年人口普查3,194人，2010年为3,131人。

2012年6月，甲骨文公司创办人拉里·埃里森以5至6亿美元买下拉奈岛98%的土地所有权。其余2%土地则仍属于夏威夷州政府和部分私人住宅拥有者。

二　城市

岛上唯一的城市是拉奈市（Lanai City），位于拉奈岛的中部，总面积17.9平方公里，全部为陆地。海拔518米。温度比岛上其它沿海地区凉爽。2010年人口3102人，2020年人口普查为3,332人。

拉奈市（网上下载）

拉奈市建于20世纪初期。企业家詹姆斯·德拉蒙德·多尔曾一度拥有整个岛屿，并于1920年代建造了拉奈市，为工人社区提供住所和服务。1923年，围绕一个开放的公园建造了几家商场、一家银行、一家医院、一家剧院、一座教堂和商业总部。

现在拉奈市拥有社区医院、社区健康中心、奥林匹克规模的公共游泳池、最先进的电影院、超市和公共图书馆。

拉奈市9月最热，月均最高气温25.8°C；2月最冷，月均最低气温15.1°C。年均降雨量852毫米。

拉奈岛市居民职业比例高的前五名是：住宿、餐饮服务39.4%，建设12.3%，教育服务9.5%，保健和社会援助7.5%，零售贸易6.2%。居民的家庭收入中位数为每年53,684美元。美国平均每年53,482美元。

三 经济

拉奈岛得天独厚的自然资源适宜种植菠萝。18世纪，拉奈岛是一个大牧场，主要用来种植菠萝，因此也被称作"菠萝之岛"。近100年来，拉奈岛一直是夏威夷最大的菠萝种植地。1921年，拉奈岛种下了第一棵菠萝，1922年企业家詹姆斯·德拉蒙德·多尔用110万美元买下这个荒弃的海岛，又花费数百万美元、将它改造成菠萝园，占地81平方公里，雇佣了数千名工人，是世界上最大的波罗园。"在其鼎盛时期，拉奈的菠萝产量占全世界产量的75%"。

20世纪60年代开始，适应旅游业的发展，拉奈岛进行的大规模度假村开发。20世纪80年代，菠萝种植园关闭。拉奈岛渐渐成为全球极富田园风情的度假胜地，现今已成为世界屈指可数的成熟的旅游胜地。

四 教育

拉奈岛上只有一所学校，即拉奈高中和小学（英语：Lanai High and Elementary School），1938年建立，包含从幼儿园到12年级。它是夏威夷州教育部系统六所K-12公立学校中最大的学校。拉奈高中(LHES)和小学位于夏威夷拉奈岛拉奈市中心，邮箱夏威夷96763。截至2007年，该校有672名学生，师生比15：1。

五 旅游

夏威夷国王卡美哈美哈一世非常喜欢拉奈，曾在这里建了一座行宫。

（一） 四季度假村

拉奈岛有一个四季度假村（Four Seasons），既是酒店，又是景点。度假村有两处地址，一处在拉奈岛的曼内雷湾，依山傍海。海边是平坦的白花花的沙滩，蔚蓝的大海，波涛翻滚。沙滩的尽头，是悬崖峭壁，颇有些惊险。在阳光的照射下，岩石泛出火红的光芒。这里阳光灿烂，风和日暖。另一处在拉奈岛内陆的柯艾雷山庄，藏在密林之中。周围是高耸的树林，遍是郁郁葱葱，气候湿润。这里秋风习习，凉爽宜人。两处犹如两重天。度假村的两处之间，有班车往来穿梭，用时约25分钟。酒店里的设施，无论是壁画，还是雕塑，中国文化气息浓厚。四季度假村是拉奈岛主要的和最大的接待游客的酒店。

（二） 卡内普吾自然保护区

卡内普吾自然保护区（英语：Kanepuu Preserve，又译为卡内普保护区），位于拉奈市西北方向约20分钟的车程，需开四轮驱动车前往。保护区占地3,540亩（590英亩），是一片旱地森林。这里有48种本地植物。它拥有夏威夷最大的旱地森林遗迹。参观这个保护区，可以看到夏威夷特有的植物物种，如当地稀有的芙蓉和用来建造独木舟的树木。

六 交通

拉奈岛是夏威夷群岛中有公共交通可达的最小的有人定居的岛屿。拉奈机场（LNY）是一个国有公用机场，位于拉奈岛拉奈市西南5公里，机场于1930年开始正常运营。是唯一一家为拉奈岛提供服务的机场。从檀香山（火奴鲁鲁）国际机场飞到拉奈机场，大约30分钟航程。

拉奈岛上没有公共交通，可以租车。整个岛屿没有一个交通信号灯，车辆也很少。岛上640公里长的道路，绝大多数没有铺好，驾车行驶在崎岖的道路上，会感到狂野的颠簸。

（注：本文资料引自维基百科《拉奈岛》、《拉奈市》、《四季度假村》）

尼豪岛

一　概况

尼豪岛（英语：Niihau）位于可爱岛西南 28.2 公里处，中间隔着的是考拉卡希海峡。这是一个火山岛，长 28.3 公里，宽 9.1 公里，面积 179.9 平方公里，是夏威夷最西端的主要和第七大有人居住的岛屿。坐标为北纬 21°54′、西经 160°10′。帕尼奥山为岛上的最高山，海拔为 390 米。

尼豪岛拥有约 600 万年的历史，在地质上比东北部拥有 580 万年历史的邻近的可爱岛，还要古老，是夏威夷群岛八个大岛中地质最悠久的岛屿。

由于可爱岛上的高山遮挡了尼豪岛东北潮湿的信风，使得尼豪岛气候长期处于干旱状态。8、9 月最热，平均最高气温 31°C（87°F）。1、2、3 月最冷，平均最低气温 18°C（65°F）。年均降雨量 445 毫米（17.51 英寸），降雨多集中在 10、11、12 和次年 1 月。1 月降雨最多，达 75 毫米（2.96 英寸）；6 月降雨最少，只有 8.4 毫米（0.33 英寸）。只有冬季暴风雨来临的时候，岛上的两个大湖才能蓄满水。其它时间，它们有时甚至干涸。几个间歇性的湖泊，为夏威夷鸬鹚、夏威夷高跷和夏威夷鸭，提供了湿地栖息地。

尼豪岛鸟瞰图，从北向西南方向看。由 Christopher P. Becker（polihale.com）于 2007 年 9 月 25 日从直升机上拍摄。（网上下载）

在卡美哈美哈一世统一夏威夷王国之前，尼豪岛由古代夏威夷世袭贵族阿里人统治。1790 年，尼豪岛和可爱岛出现了统一的国王考穆阿利（1778 年—1824 年 5 月 26 日）。他是可爱岛的第 23 任高级酋长，在 1794 年至 1810 年间统治尼豪岛和可爱岛。1795 年，卡美哈美哈一世统一了除可爱岛和尼豪岛之外的夏威夷所有岛屿。他并非不想统一这两个岛屿，他曾于 1796 年、1803 年两次尝试征服可爱岛和尼豪岛，然而均已失败告终。他的士兵的尸体，覆盖了可爱岛东海岸的海滩。1810 年，卡美哈美哈一世再次集结了庞大的舰队，这些舰队装有大炮，进攻可爱岛和尼豪岛。这两岛的最后一位独立的最高统治者考穆阿利，不愿意冒着进一步流血的风险，而是通过谈判投降，卡美哈美哈一世才建立了真正完全统一的夏威夷王国。考穆阿利则继续担任卡美哈美哈统治下的可爱岛总督。

1864 年，新西兰和夏威夷的苏格兰家庭主妇、农民、种植园主伊丽莎白•辛克莱（Elizabeth Sinclair）以 10,000 美元（相当于 2020 年的约 170,000 美元）从夏威夷王国购买了尼豪岛。该岛的私人所有权传给了她的后代罗宾逊一家。现在，罗宾逊家族的第五代子孙，只有基斯•鲁宾孙（Keith Robinson）和布鲁斯•鲁宾孙兄弟二人，他们是尼豪岛的所有者。

老照片-尼豪岛原住民（网上下载）

为防止尼豪岛保持了几百年的热带风貌遭到毁坏，1970 年，当时的夏威夷州州长约翰•本斯提议，以政府的名义，用 30 万美元，买下尼豪岛，原封不动地加以保护。罗宾逊家族致信州议会，明确表示，该家族无意以任何价钱出售尼豪岛，万一有的家庭成员有卖岛的念头，州政府有权干预，推翻任何交易。因得到罗宾逊家族的承诺，州议会没有采纳本斯的提案，尼豪岛至今仍然保持其原始的封闭状态。

尼豪岛是一座属于罗滨逊家族的私人岛屿，因此也是夏威夷群岛中唯一以夏威夷语为主要语言的岛屿。尼豪岛只许夏威夷原住民居住，禁止游客进入，是保存传统生活习惯最完整的一个岛。全岛大部为干旱低地，无法耕作。牧场经营为主要行业。

2000 年人口普查尼豪岛人口为 160 人，其中大多数是夏威夷原住民。2010 年人口普查人口为 170 人。

尼豪岛中央有一个哈拉里湖（Lake Halalii），是普尤卡波霍火山口的淡水陨石坑湖。面积为

0.8公顷，最大深度为61米，在雨季它是夏威夷群岛最大的天然淡水湖。2018年6月2日，当熔岩从普纳火山喷发流出时，湖水被冲走，整个盆地被完全填满。

二 村庄

普韦（夏威夷语：pu'uwai，又译为普瓦伊），位于尼豪岛的西海岸，坐标为北纬21°54′7″，西经160°12′15″。是尼豪岛唯一的定居点，人口130人。这个村庄的居民说夏威夷语的尼豪岛方言。村子里的生活就像几百年前一样，现代生活设施极其有限。岛上没有军队，没有警察，没有电话服务，也没有铺砌的道路。马是主要的交通工具，酒店还使用自行车。没有电力线，太阳能提供所有电力。没有管道或自来水，水来自雨水集水区。

三 经济

1875年左右，尼豪岛的人口由大约350名夏威夷原住民组成，他们饲养了约20,000只绵羊，居民主要依靠畜牧业和捕捞海产品为生，过着自给自足的生活。

拥有135年历史的尼豪岛牧场（Niihau Ranch），长期以来是岛民男人们就业的首选，以致延绵了五代尼豪岛人。他们在牧场里放牧牛和羊。长大了做牛仔，是岛上男孩们普遍的想法。然而不幸的是，因干旱少雨，以及市场价格低迷，这个牧场从2013年开始，已经完全倒闭。岛民们面临着就业的压力。有些人主要依靠自给自足的捕鱼和农业来养活自己，而另一些人则依靠福利，还有些居民通勤到可爱岛工作。居民到可爱岛工作、医疗或上学，他们中的许多人，把这两个岛屿都当作自己的家。

在尼豪岛396米高的悬崖上，有一个美军的小型海军装置，用于可爱岛太平洋导弹靶场设施的测试和训练。该装置每年给尼豪岛带来数百万美元的稳定的经济收入，这项收入占了尼豪岛每年收入的绝大部分。

四 教育

尼豪岛有一所夏威夷教育部主办的公立的K-12学校，包括幼儿园、小学、初中和高中，它只有一个单间校舍。学生人数从25人到50人不等。一位老师向不同年级的学生教授学术基础知识。学术科目和计算机素养与教学生"从土地上茁壮成长"相结合。学校完全由太阳能供电。学生们接受8年义务教育后，可到邻近的可爱岛上上中学，也可以到夏威夷首府檀香山（火奴鲁鲁）读大学。

五 旅游

尼豪岛是家族私人海岛，要向岛主申请批准才能游览。自1987年以来，尼豪岛出现旅游业的苗头，业主提供半天的直升机和海滩之旅。这种旅游不提供住宿，尽量避免游客与当地居民接触。

自1992年以来，尼豪岛开辟了狩猎之旅。游客通过付费，前往岛上狩猎羚羊、奥达德羚羊和羚羊，以及野羊和野猪。猎人不带走的任何肉，都会被送给村庄。

岛上有一起鲜为人知的不速之客来访的轶事。那是在二次大战期间，日本偷袭珍珠港时，一名日本飞行员因飞机发生故障，被迫降落在尼豪岛。他点火发信号，寻求日本军方救助，结果被发现了，岛上土著人拿走了它的文件。日本飞行员无法索回文件，便拔出手枪，向一名土著人连开三枪。受伤的土著人大吼一声，抓起他抛向一堵石墙，这名飞行员顿时毙命。此后流传着一句话："招惹夏威夷人不得超过两次，第三次他可就要发怒了。"这名土著勇士后来得到了政府的嘉奖。

（注：本文资料引自百度百科《尼豪岛》、维基百科《尼豪》、育婴坊夏威夷：《夏威夷旅游禁区：尼豪岛（之二）》

卡胡拉威岛

卡胡拉威岛(英语：Kahoolawe，又译为卡胡拉韦岛、卡霍奥拉威岛)，是夏威夷群岛8个主要火山岛中最小的一个岛。位于茂宜岛西南海岸约10公里（6英里），由阿拉莱克基海峡隔开，长18公里，宽9.7公里，土地面积117平方公里（45平方英里）。坐标为北纬20°33′，西经156°36′。全岛的最高点是普阿·莫拉努伊（Pua Moaulanui）山顶的卢阿·马基卡（Lua Makika）火山口，最高海拔452米。岛上的大部分地区都被玄武岩熔岩流覆盖。

由于其东北方茂宜岛上海拔3,055米的哈雷阿卡拉火山挡住了湿润的东北风，使低海拔的卡胡拉威岛无法产生大量的地形降水，因而卡胡拉威岛相对干燥，年平均降雨量只有402毫米（15.82英寸）。9月气温最高，平均为27.6°C（81.6°F）；2月气温最低，平均为18.2°（64.8°F）1月降雨最多，为62毫米（2.44英寸），6月降雨最少，为17毫米（0.67英寸）。

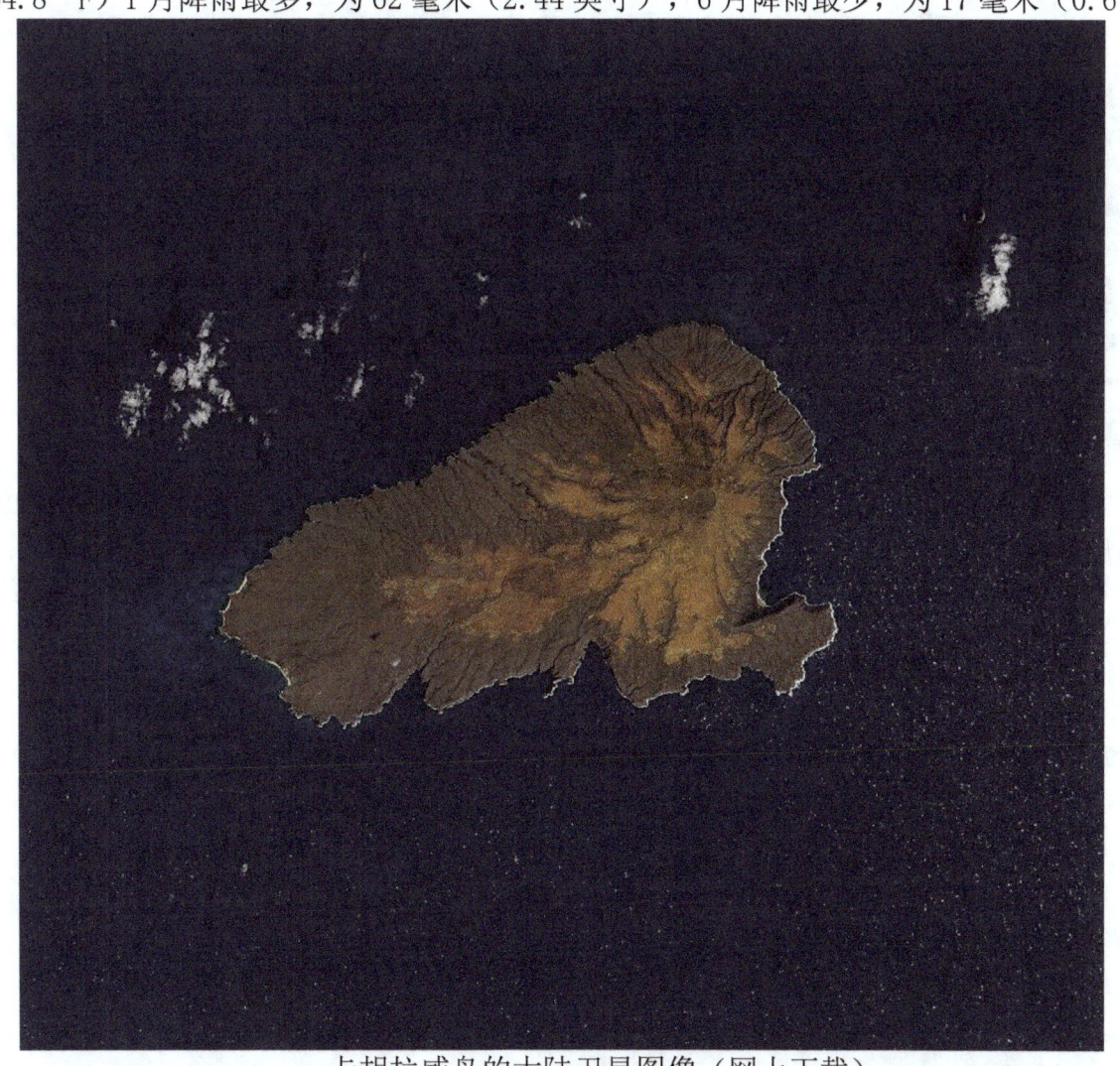

卡胡拉威岛的大陆卫星图像（网上下载）

"考古证据表明，该岛已经有人居住了一千多年"。波利尼西亚人在卡胡拉威岛的沿海地区建立了小型的临时捕鱼社区，他们还在一些内陆地区耕种。多达120人可能曾经住在哈吉亚瓦

（英语：Hakioawa），这是最大的定居点，位于岛屿的东北端， 面向茂宜岛。

1826年到1853年，卡胡拉威岛曾经是夏威夷王国的犯人岛。卡胡玛奴王后把这里作为放逐天主教徒的地方。1910年它成为森林保护区，但是重新造林的努力没有成功。19世纪，山羊和绵羊被引入，该岛成为牧羊场。从1941年到1990年，该岛被美国武装部队用于弹药测试和轰炸演习。这二者对岛上的生态都起到了破坏作用。岛上无水源，经济价值不大，又称"死亡之岛"。但现在的卡胡拉威岛已经没有常住居民。

经过数十年的抗议，1990年10月，布什总统颁布命令停止投弹演习。美国国会也于1993年通过法案将卡胡拉韦岛归还夏威夷州。1994年，整个岛屿移交给夏威夷州管辖。

卡胡拉威岛植被（网上下载）

1993年夏威夷州议会决议在此建立卡胡拉威岛保护区（Kahoʻolawe Island Reserve），以恢复和监督这座岛屿及其周围水域。禁止所有商业用途。州政府努力清除未爆弹药，重新引进原生植被。今天，卡胡拉威岛只能用于发展夏威夷原住民的文化、精神和生计。如今，岛上现仍有大量当年作为靶场使用时残留的未爆弹。

2020年，一场野火烧毁了该岛30%以上的面积。

（本位资料引自《英国大百科全书》"美国夏威夷卡胡拉威岛"，维基百科《卡胡拉威》）

历史画卷篇

科纳海滩酒店油画展英文说明

An exhibit of images of 40 paintings by 'Kona artist
HERB KAWAINUI KANE honoring the life and legacy of King Kamehameha the Great
founder of the Kingdom of 'Hawai'i who resided where you now stand.

HERB KAWAINUI KANE (pronounced KAH-nay), a Kona resident, is an artist-historina and author with special interest in Hawaii and the South Pacific. He studied at the University of Chicago and the School of the Art lnstitute of Chicago (master's degree 1953, and honorary doctorate, 2008). His clientele has included private collectors, the Hawaii, State Foundation on Culture and the Arts, the National Park Service, as well as paintings appeared on 9 postage stamps for the U.S. Postal Service and 32 for other nations. He has worked as a resort design consultant in Hawai'i, Tahiti and Fiji.

Research on ancient Polynesian canoes and voyaging led to a series of paintings. A co-founder of the Polynesian canoes and voyaging led to a series of paintings. A co-founder of the Polynesian Voyaging Society, he was general designer and builder of the voyaging canoe replica Hokule'a, and captain on its 1975 shake-down and training cruise.

Awards include Living Treasure of Hawai'i (1984); Po'okela (champion) in the 1987year of the Hawaiian Celebration, Bishop Museum's 1998 Charles Reed Bishop Medal, and the 1993 Hawaii Book Publishers Association John D. Holt Award for Excellence.

From 1988 to 1992 he served as a founding board member of the federal Native Hawaiian Culture & Arts Program. To browse through some of his paintings, visit HerbKaneStudio.com where you'll also find his "Painting of the week" series-a free retrospective exhibit-by-email of work done in Hawai'i and on the Mainland. Began in April 2009, this series goes back fifty-four years. It is also found on http://herbkane.wordpress.com/.

His authored and illustrated books in print are: PELE, Goddess of Hawai'i's Volcanoes (1987); VOYAGERS, Polynesian legends and history illustrated with 140 paintings and drawings (1991); and ANCIENT HAWAI'I(1997).

An earlier illustrated book, now out of print, is available as a 60 minute motion picture on DVD. Made by film-maker and composer Paul Csige(Guiding Star Pictures), VOYAGERS-The First Hawaiians(2009) is a conjectural account, based on evidence, of how Hawai'i was first discovered by Polynesians exploring from South Pacific。

（注：本文根据拍照的照片抄录）

科纳海滩酒店油画展英文说明中文大意

"科纳艺术家"40 幅画作展览
赫伯·卡瓦努伊·卡恩纪念伟大的卡美哈美哈国王的一生和遗产
"夏威夷"王国的创始人,居住在你现在所在的地方。

赫伯·卡瓦努伊·卡恩(发音为 KAH-nay),科纳居民,是一位艺术家兼历史学家和作家,对夏威夷和南太平洋特别感兴趣。先后就读于芝加哥大学和芝加哥艺术学院(1953 年获得硕士学位,2008 年获得荣誉博士学位)。他的客户包括私人收藏家、夏威夷、国家文化和艺术基金会、国家公园管理局,以及在美国邮政局的 9 张邮票和其他国家的 32 张邮票上出现的画作。他曾在夏威夷、大溪地和斐济担任度假村设计顾问。

酒店画展作者赫伯·卡瓦努伊·卡恩

对古代波利尼西亚独木舟和航海的研究,导致了他的一系列绘画。担任波利尼西亚独木舟和航行的联合创始人,他创作了一系列绘画。作为波利尼西亚航海协会的联合创始人,他是航海独木舟复制品霍库莱阿(毛利语:Hokule'a)的总设计师和建造者,并在 1975 年试航和训练巡航中担任船长。

他的获奖作品,包括《夏威夷珍宝》(1984 年)。他在 1987 年的夏威夷庆典获得冠军,主教博物馆的 1998 年查尔斯·里德·毕晓普奖章,以及 1993 年夏威夷图书出版商协会约翰·D·霍尔特卓越奖。

从 1988 年至 1992 年,他担任联邦夏威夷原住民文化与艺术项目的创始董事会成员。要浏览他的一些绘画作品,请访问 HerbKaneStudio.com,在那里,你还可以找到他的"每周绘画"系列——一个通过电子邮件免费回顾展,介绍在夏威夷和大陆完成的作品。从 2009 年 4 月开始,这个系列可以追溯到 54 年前。它也可以在 http://herbkane.wordpress.com/网站上找到。

他出版的著作和插图有：《夏威夷火山女神贝利》（1987）、《旅行者》、《波利尼西亚传奇》和《历史》共 140 幅绘画作品（1991 年），以及《古代夏威夷》（1997 年）。

他的早期的一本插图书，现在已经绝版，可以在 DVD 上以 60 分钟电影的形式提供。由电影制作人兼作曲家保罗·西格（Guiding Star Pictures）制作的《航海者——第一批夏威夷人》（2009 年），是基于证据的推测性作品，讲述了波利尼西亚人首次在南太平洋探险时发现夏威夷的经过。

参观画廊，了解夏威夷

2021 年 8 月在夏威夷大岛旅游期间，我参观了科纳海滩酒店两座楼之间的画廊。这里展出了赫伯·卡瓦努伊·卡恩的几十幅画作。这些画，是卡恩研究夏威夷历史、民俗的基础上创作的，反映了夏威夷王国的历史，特别是卡美哈美哈国王的一生，同时也反映了夏威夷人历史上的生活。现将画廊里的画作、旁边的英文说明列下。根据英文说明，翻译了"中文大意"，一并列下。对于画中的个别人物，撰写了"传说"或者"简介"；为了帮助读者看懂这些油画，我还撰写了"酒店画廊解读"，也一并附后。

画廊里展出的第 1、2、3、4 幅油画

一 第1幅油画"夏威夷的发现"

第1幅油画英文说明

The Discovery of Hawaii

Lured by the light and smoke of a volcanic eruption, a Polynesian canoe exploring from the South Pacific arrives at Hawaii. Archaeological dating suggests that the discoverers arrived at some unknown time before 1,600 years ago from the Marquesas Islands. Another wave from the leeward Tahitian Islands of Rai'iatea, Bora Bora, and Huahine arrived about 850 years ago, subjugating the inhabitants, establishing the ruling dynasty from which Kamehameha was descended, and opening round-trip voyaging with the Tahitian islands.

第1幅油画英文说明中文大意

夏威夷的发现

在火山喷发的光亮和烟雾的诱惑下，一艘来自南太平洋探索的波利尼西亚独木舟抵达夏威夷。考古年代测定表明，这些发现者是在1600年前的某个未知时间从马克萨斯岛来到这里的。大约850年前，另一拨人来自背风的塔西提群岛的赖亚特阿，波拉波拉和华欣岛，他们到达后，征服了当地的居民，建立了卡美哈美哈后裔的统治王朝，并开启了与塔西提群岛的往返航行。

二 第 2 幅油画 "女神贝利的夏威夷之旅"

第 2 幅油画英文说明

The Goddess Pele's Voyage to Hawai'i

  From Tahiti comes the woman, Pele
  From the islands of Bora Bora
  From the rising mist of Kane, dawn swelling,
  From the clouds blazing over Tahiti

第 2 幅油画英文说明中文大意

女神贝利的夏威夷之旅

  从塔西提岛来了一个叫贝利的女人,
  来自波拉波拉岛,
  从凯恩的晨雾中升起,
  从塔西提岛上空燃烧的云层中。

女神贝利的传说

贝利（英语：Pele，有的译为佩蕾），火山女神。夏威夷土著人（波利尼西亚人）的图腾神，是原住民神话中最强大、最重要的神灵之一。她被夏威夷人称为"祖母"。关于她的传说，有许多矛盾的说法。

贝利是火山和火之女神，既代表着创造，也代表着毁灭。她统治着基拉韦厄火山，并负责控制其熔岩流，她的领域包括夏威夷大岛上的所有火山活动。作为火山女神，她创造了构成夏威夷岛的大部分土地。

贝利出生于塔希提岛（英语：Tahiti，又译为大溪地），她的兄弟姐妹包括风、雨、火、海浪和云等各种类型的神灵。她是被她的姐姐海神娜玛卡欧卡海赶出家门的。或许是因为娜玛卡欧卡海担心贝利的强度会对他们的家庭造成破坏，或许是因为贝利勾引了她的丈夫。贝利和她的妹妹、弟弟一起乘坐神圣的独木舟，从塔希提岛来到夏威夷，首先到达尼豪岛和可爱岛。

贝利离开塔希提岛时，母亲给了她一个卵子来照顾她。后来这个卵子在贝利的胸中孵化成一个女婴，名叫希亚卡（贝利之胸的希亚卡）。希亚卡是她最喜欢的妹妹。

根据历史学家赫伯·卡恩（英语：Herb Kane）的说法，贝利，夏威夷的女神。她试图挖一个火山口用来埋葬她的圣火，但她的姐姐用水填满了火山口，将她赶了出去。她们姐俩继续沿着岛链来回走动，直到贝利到达基拉韦厄火山的顶峰，并能够深入地下以躲避她的姐姐。她今天仍然留在那里。有人说，她被杀死了，然而她的灵魂仍然居住在燃烧的火山口。

贝利通过熔岩展示自己。当熔岩流来时，夏威夷人会拆除自己的房子，以欢迎贝利，并将贡品——花、钱和食物堆放在他们的家外边，供奉给贝利。

贝利通常穿着白色的衣服，并伴随着一条白狗。有时以年轻美丽的少女出现，有时以老妇人的形象出现。

在夏威夷，无论是那个岛屿长大的孩子，至少都懂得一条规则：永远不要从基拉韦厄（夏威夷大岛的活火山）拿走一块熔岩或者一把黑沙。如果你觉得拥有这样的权力，那么，女神贝利就会诅咒你，直到你归还她的东西。

（注：本文根据网上资料整理）

三 第 3 幅油画"奥洛帕纳"

第 3 幅油画英文说明

Olopana

A Paramount Chief and ruler of Waipi'o Valley, Hawaii, Olopana sailed with his brother Mo'ikeha to "Tahiti of the Golden Haze." Ancient myths and legends tell of an era of long distance voyaging to and from the South Pacific.

第 3 幅油画英文说明中文大意

奥洛帕纳

奥洛帕纳是夏威夷岛怀皮奥山谷的最高酋长和统治者,他和他的兄弟莫伊凯哈一起航行到"金色雾霾中的塔希提"。古代神话和传说讲述了一个往返于南太平洋的长途航行时代。

四 第4幅油画"航海家"

第4幅油画英文说明

Navigator

A brotherhood of experts (kahuna kilo hoku) trained to acute powers of observation and memory, Polynesian navigators could at any time point in the direction of their home island. The altitude of stars passing overhead gave them latitude, and the rising and setting places of stars on the horizon was their compass. Sensitivity to dominant ocean swells enabled them to hold a steady course when under cloudy skies. Clouds building over a sun-heated island, and the home-bound or out-bound flight paths of land-based birds fishing far out to sea were among the many phenomena that could lead navigators to islands below the horizon.

第4幅油画英文说明中文大意

航海家

波利尼西亚航海家是一个由专家组成的兄弟会（卡哈纳基洛霍库，Kahuna kilo hoku），他们受过敏锐的观察和记忆能力的训练，可以随时向他们家乡的岛屿方向前进。从头顶掠过的星星的高度给了他们纬度，地平线上星星的升起和落下的地方是他们的指南针。对主要海浪的敏感性使他们能够在多云的天空下保持稳定的航向。在阳光加热的岛屿上空形成的云层，以及远海捕鱼的陆基鸟类回家或外出的飞行路线，都是可能导致航海家到达地平线以下岛屿的众多现象之一。

画廊里展出的第5、6幅油画

五 第5幅油画"西班牙帆船发现夏威夷"

第 5 幅油画英文说明

A Spanish Galleon sights Hawaii

Old Spanish charts and a 1613 A.D. Dutch globe suggest that a Spanish "Manila" galleon may have sighted Hawaii long before Captain Cook Arrived in 1778. Galleons laden with silver from Mexican mines had been passing south of Hawaii for two centuries on annual round-trip voyages between Mexico and Manila in the Philippines. The silver purchased spices, silks, porcelain and other riches of Asia brought out to Manila in Chinese ships. With full cargoes the galleons sailed northeast on monsoon winds, then caught prevailing west winds that carried them eastward. Slanting southeast, they returned to Acapulco. The cargoes were transported across Mexico, and shipped across the Atlantic to Spain—cargoes the King's agents sold at great profit.

Passing south of Hawai'i for 200 years, the glow of a distant volcano in the night sky could have lured a galleon captain northward in 1743 British Captain George Anson fought and captured a galleon. Along with much treasure he found a chart with islands at the latitude of Hawai'i. The Admiralty would not have ordered Cook to explore the North Pacific without equipping him with a copy of that chart.

第 5 幅油画英文说明中文大意

西班牙帆船发现夏威夷

古老的西班牙海图和公元 1613 年的荷兰地球仪表明,早在 1778 年库克船长抵达夏威夷之前,一艘西班牙"马尼拉"大帆船就已经发现了夏威夷。两个世纪以来,满载着墨西哥矿山白银的大帆船,一直在夏威夷南部经过,每年往返于墨西哥和菲律宾马尼拉之间。白银购买了香料、丝绸、瓷器和其他亚洲财富,并用中国船只运到马尼拉。满载货物的大帆船在季风的作用下向东北方向航行,然后顺着盛行的西风向东航行。他们向东南倾斜,返回阿卡普尔科。这些货物被运往墨西哥各地,然后通过大西洋运到西班牙。国王的代理人以巨大的利润出售这些货物。

在夏威夷南部经过 200 年航行后,夜空中遥远的火山发出的光芒,可能吸引了一名大帆船船长向北航行。1743 年,英国船长乔治·安森(George Anson)战斗并俘获了一艘大帆船。除了许多宝藏之外,他还发现了一张海图,上面标明了位于北太平洋岛屿的纬度。如果不给库克一份该海图的副本,海军部是不会命令他探索北太平洋的。

六 第6幅油画"年轻的卡美哈美哈"

第6幅油画英文说明

The Young Kamehameha

Kamehameha means "The Lonely One." Considered an upstart by those who sought to crush him, he sought victory less by the urge for conquest than by the need for personal survival. Later, he saw his people could survive as a nation only if all the islands were consolidated under one government.

A Carefully researched description of him was written by King David Kalakaua, the last Hawaiian king:

"Kamehameha was a man of tremendous physical and intellectual strength. In any land and in any age he would have been a leader. The impress of his mind remains with his crude and vigorous laws, and wherever he stepped is seen an imperishable track. He was so strong of limb that ordinary men were but children in his grasp, and in council the wisest yielded to his judgment. He seems to have been born a man and to have had no boyhood. He was always sedate and thoughtful, and from his earliest years cared for no sport or pastime that was not manly. He had a harsh and rugged face, less given to smiles than frowns, but strongly marked with lines indicative of self-reliance and changeless purpose. He was barbarous, unforgiving and merciless to his enemies, but just, sagacious and considerate in dealing with his subjects. He was more feared than loved and respected, but his strength of arm and force of character well fitted him for the supreme chieftaincy, and he accomplished what no one else could have done in his day."

第6幅油画英文说明中文大意

年轻的卡美哈美哈

卡美哈美哈的意思是"孤独的人",那些试图粉碎他的人认为他是一个暴发户。他寻求胜利的原因不是出于征服的冲动,而是出于个人生存的需要。后来,他看到,只有把所有岛屿统一在一个政府之下,他的人民才能作为一个国家生存下去。

夏威夷最后一位国王大卫·卡拉卡瓦国王(King David Kalakaua)对他进行了仔细研究,他描述:

"卡美哈美哈是一个体力和智力都非常强大的人。无论在任何地方,任何时间,他都能成为领袖。他的头脑中留下的印象仍然是他粗暴而有力的法律,无论他走到哪里,都能看到一条不朽的道路。他的四肢如此强壮,以至于普通人在他的手中只不过是孩子;而在议会中,最聪明的人也会屈服于他的判断。他似乎生来就是个男子汉,没有童年。他总是沉着冷静,深思熟虑,从小就不喜欢没有男子气概的运动或消遣。他长着一张严厉而粗犷的脸,与其说是微笑,不如说是皱眉,但明显地布满了皱纹,显示出他的自力更生和永不改变的决心。他对待他的敌人野蛮、无情,但对待他的臣民却公正、睿智、体贴。与其说他受人爱戴和尊敬,不如说他受人敬畏;但他的臂力和人格力量非常适合他担任最高酋长,他完成了那个时代任何人都无法做到的事情。"

画廊里展出的第7、8、9、10幅油画

七　第7幅油画"接触时刻"

第7幅油画英文说明

Moment of Contact

"How do we account for this Nation spreading itself over this Vast Ocean?" Thus wrote Capt James Cook on meeting people of Kauai, a people speaking the same language he had found throughout Polynesia. Sailing northward from Tahiti. Oahu was sighted, then Kauai. Off Nawiliwili Bay, he backed his sail, awaiting the approach of fishermen in canoes. Coming alongside, they "exchanged a few fish for anything that was offered them, but valued nails, or iron above every other thing."

After trading for provisions on Kauai and Ni'ihau, he continued northward to Alaska and a fruitless search for a fabled "northwest passage" between the Pacific and the Atlantic. He would return to Hawaii (naming them the Sandwich Islands after his patron, the Earl of Sandwich) ten months later.

第7幅油画英文说明中文大意

接触时刻

"我们如何解释这个国家在这片辽阔的海洋上扩张？"詹姆斯·库克上尉这样写道，他与可爱岛的人见面，可爱岛人说的是他在波利尼西亚各地发现的同一种语言。他从塔希提岛向北航行，看到瓦胡岛，又看见了可爱岛。在纳威利威利湾附近，他靠着帆，等着划独木舟的渔民靠近。他们来到这里，"用几条鱼交换给他们提供的任何东西，但最重要的是钉子或铁。"

在可爱岛和尼豪岛换取了粮食以后，他继续向北前往阿拉斯加，徒劳地寻找太平洋和大西洋之间传说中的"西北通道"，但一无所获。十个月后，他将返回夏威夷（以他的赞助人三明治伯爵的名字将其命名为三明治群岛）。

八 第8幅油画"库克探险队进入基亚拉凯库亚湾"

第8幅油画英文说明

The Cook Expedition entering Kealakekua Bay

When winter drove Captain Cook south from Alaska to repair and provision his ships, he met the King of Hawai'i at sea, who directed him to his island. Cook sailed along the wind-ward coast, trading for provisions and looking for a safe harbor. Rounding the southern cape, he sailed north along the leeward coast, attracting a growing escort of canoes that ushered him into Kealakekua Bay. His officers estimated 1,000 canoes in the bay of which 160 were large double canoes, with 10,000 people on the water in canoes, on surfboards (a sport invented in Hawai'i) and swimming "like shoals of fish"—not counting the crowd on shore. The king, arriving nine days later with a large fleet of war canoes, had obviously sent word ahead of Cook's coming.

第8幅油画英文说明中文大意

库克探险队进入凯阿拉凯库亚湾

当冬天迫使库克船长从阿拉斯加南下修理他的船只并补充给养时，他在海上遇到了夏威夷国王，国王指引他前往他的岛屿。库克沿着迎风的海岸航行，买卖粮食并寻找安全的港湾。他绕过南海角，沿着背风海岸向北航行，吸引了越来越多的独木舟护送他进入凯阿拉凯库亚湾。他的官员估计海湾中有 1000 艘独木舟，其中 160 艘是大型双人独木舟，有 10000 人乘坐独木舟、冲浪板（夏威夷的一项运动）和"像鱼群一样"游泳——这还不包括岸上的人群。九天后，国王带着一支庞大的独木舟舰队抵达，显然是在库克到来之前就已经发出了消息。

九　第 9 幅油画"库克船长之死"

第 9 幅油画英文说明

The death of Captain Cook

When leaving Hawai'i to return to Alaska, Resolution's foremast was shattered in a sudden wind. Cook was forced to return to Kealakekua Bay for repairs, much to the displeasure of the king. The Makahiki, an annual season of peace, was now over and the British return was seen as a threat. Tempers flared. When a boat tied to the Resolution's consort Discovery was stolen, Cook and a file of marines tried to take the king hostage against the boat's return, but in a scuffle with the King's bodyguards, Cook, four marines and a number of Hawaiians were killed. Cannon fire from Resolution cleared the shoreline. Kamehameha, then a young chief, was injured by fragments of rock struck by cannon balls. But Captain Clerke of the Discovery made peace with the Hawaiians, and the expedition sailed north for another unsuccessful attempt to find a passage to the Atlantic before returning home.

第 9 幅油画英文说明中文大意

库克船长之死

当离开夏威夷返回阿拉斯加时，决心号的前桅干被突如其来的风吹断了。库克被迫返回凯阿拉凯夸湾进行维修，这令国王非常不满。一年一度的和平季节马卡希基刚刚结束，英国人的回归被视为一种威胁。库克船长脾气暴躁起来,当系在决心号的伴舰发现号上的一艘小艇被偷时,库克和一队海军陆战队试图将国王扣为人质,阻止船只返回。但在与国王保镖的混战中,库克、四名海军陆战队士兵和一些夏威夷人丧生。决心号的炮火清除了海岸线。卡美哈美哈当时是一名年轻的酋长,被炮弹击中岩石的碎片打伤。但是发现号的船长克莱克与夏威夷人达成了和解,探险队向北航行,再次尝试寻找通往大西洋的通道,然后返回家园,但没有成功。

十 第 10 幅油画"费利斯冒险家号商船"

第 10 幅油画英文说明

The Trading ship Felice Adventurer

The homeward bound Cook Expedition stopped in China for repairs, and discovered that sea otter furs purchased from American Northwest Coast Indians were highly prized by the Chinese. Within a few years some of Cook's men returned to the Pacific to buy furs along the Northwest Coast, trading the furs in China for Asian goods highly valued in Europe and the U.S., then sailing home to sell cargoes at great profit. Hawai'i became the convenient mid-Pacific stop for buying provisions and recruiting Hawaiian sailors.

One trading captain was John Meares. Sailing into Kawaihae Bay at dawn, he saw, beneath the "great mountain Mauna Keah …a beautiful amphitheater of villages and plantations, while the shore was crowded with people, who, from the coolness of the morning, were clothed in their many-coloured garments. Some were seated on the banks to look at the ship, while others were running along the shore towards the little sandy patches where their canoes were drawn up … a considerable number of canoes came off to the ship, with hogs, young pigs, taro root, plantains, sugar-cane, and a few fowls."

第 10 幅油画英文说明中文大意

费利斯冒险家号商船

回国途中的库克探险队在中国停下来修理,发现从美国西北海岸印第安人那里购买的海獭毛皮受到中国人的高度珍视。几年内,库克的一些手下回到太平洋沿岸,沿着西北海岸购买毛皮,在中国用毛皮换取在欧洲和美国价值很高的亚洲商品,然后杨帆回国出售货物,赚取巨额利润。夏威夷成了中太平洋地区购买给养和招募夏威夷水手的方便驿站。

约翰·米尔斯是贸易队的队长之一。黎明时分驶入川海湾,他看到,在"莫纳基亚大山之下,由村庄和种植园组成的美丽的圆形剧场。岸边挤满了人,清晨凉爽,他们穿着五颜六色的衣服。一些人坐在岸边看这艘船,而另一些人则沿着海岸向他们的船所在的小沙地跑去……相当多的独木舟从船上下来,带着猪、小猪、芋头、芭蕉、甘蔗和一些家禽"。

库克船长简介

詹姆斯·库克船长(Captain James Cook),英国海军上校,1728 年 11 月 7 日出生于英国英格兰约克郡马顿(今米德尔斯勒伯市郊)。他在家中八名兄弟姐妹中排名第二。父亲同样名为詹姆斯·库克(1694—1779),是农场的工人。母亲名为格雷斯·佩斯(Grace pace)(1701/1702—1765)。

詹姆斯·库克船长画像

在农场主出钱帮助下,库克在当地的波斯盖特学校(Postgate School)接受了五年的教育。1741 年,库克离开学校,返回农场,协助已经升任农场主管的父亲工作。

1745年，16岁的库克搬到离家32公里的一个渔村斯特尔兹（Staithes）生活，在一家食品杂货店任见习员。在这里他干了18个月，认为自己不适合这份工作。在店主人的引荐下，他转到邻近的港口市镇惠特比（Whitby）的一家船主，起初担任商船队见习学徒，负责在苏格兰沿岸各地运送煤炭。在这儿的几年时间里，作为见习学徒受训的一部分，他学习了代数学、几何学、三角学、航海和天文学等知识，为他日后指挥自己的船只打下了基础。

完成为期三年的见习学徒训练后，库克转到往返于波罗的海的商船队工作。1752年通过考试后，他在商船队屡获提升。正在春风得意之际，1755年6月7日，库克正式加入了英国皇家海军。他认为，在军队服役晋升的机会更多更快。

加入皇家海军后，库克很快地从大副升任水手长、临时指挥和船长等职务。在参加的七年战争期间，他展现出了测量学、地图学方面的才能。战后，1760年他获得了纽芬兰总督聘任为海事测量师，负责为纽芬兰岛的海岸制作地图。库克历时五年，费尽心思、勤勤恳恳为纽芬兰海岸绘制了有史以来首批大规模的和精准的地图。

库克在纽芬兰崭露头角，受到了海军部和皇家学会的青睐。库克本人也是抱有大志的野心航海家。他在完成纽芬兰的绘图任务后不久的日记里写道："我的野心不止于比前人走得更远，而是要尽人所能走到最远。

库克一生最大的贡献，在于三下太平洋探险。

此前，15世纪西方便进入了"地理大发现"的大航海时代。库克之前，欧洲人做出了一系列创举。

1498年，葡萄牙航海家达伽马绕过非洲南端好望角，再往东航行，成为首位从海路抵达印度的欧洲人。

1492年至1504年间，意大利航海家哥伦布在西班牙王室支持下四度出海，发现了美洲"新大陆"。他对"新大陆"的探索，改变了西方人对世界的认知。

1520年，另一位葡萄牙航海家麦哲伦和他的船员同样在西班牙王室支持下向西进发，成功经海路绕过美洲南端进入太平洋。麦哲伦后来虽然在旅途上逝世，但他的船员继续航行，最终在1522年返回西班牙，完成了人类首次环绕地球航行一周。

在库克探索太平洋之前，西方人对于现代世界版图的认知已经开始形成。不过，对于南半球许多地方的认知，仍然存在空白。

1768年8月25日，库克海军上尉受皇家学会所托，开始了第一次探索太平洋。他率领考察队，乘坐奋进号（HMS），从英格兰的普利茅斯出发，越过大西洋后，经南美洲南端合恩角进入太平洋，于1769年4月13日抵达位于南太平洋中部大洋洲的塔西提（大溪地）岛。库克在南太平洋期间，主要停留在塔西提岛，到访了附近大洋洲的多个岛屿，并把这些岛屿统称为社会群岛。库克进行完测量后，接到了海军部的指示，要他在南太平洋寻找"未知的南方大陆"（即南极洲）。库克和奋进号1769年8月离开社会群岛向西进发，于10月6日抵达新西兰。库克对新西兰做了环岛航行，绘制了新西兰全域的海岸线。1770年3月31日，t他们驶离新西兰，4月19日抵达澳大利亚的东南方海岸。库克成为绕行新西兰和到达澳大利亚的首位欧洲人。库克率领考察队途径好望角，于1771年6月12日返抵英格兰唐斯（The Downs）。

库克在第一次探险太平洋时，记录了超过五千公里的海岸线。回国后，他将自己的周记出版成书。一时间为科学界所重视。

库克于1771年8月29日被提升为海军中校。

1772年库克再次受皇家学会所托，开始了第二次太平洋探索，主要是搜索传闻中"未知的南方大陆"。这次旅途，除了库克指挥的决心号（HMS Resolution）带领外，还有由托拜厄斯•弗诺负责指挥的伴舰探险号（HMS Adventure）同行。两舰1772年7月13日从普利茅斯出发。1773年1月17日，舰队创下了横跨南极圈的创举。2月9日，两舰因南冰洋的大雾而分开，到5月17

日才于新西兰会合。在失散期间，库克率领决心号发现了乔基岛，并绘制了该岛地图。此后，两舰因海上风暴再度失散。探险号1774年7月14日返回英格兰。而库克指挥的决心号于1773年12月和1774年1月26日，先后两度驶入南极圈，并于1月30日成功驶至南纬71度10分离南极洲不远的海域，成为整个18世纪中航海家所到过的最南的地方。库克终因天气恶劣，没有找到神秘的南极洲而折返。库克在太平洋游走多地，于1775年3月21日回到开普敦卓湾。

第二次太平洋探索，库克最重要的成果是绘制了精细的航海图。这些航海图，一直到20世纪中期仍为航海人士所使用。

1775年8月9日，库克晋升为上校舰长，时年47岁。1776年2月29日，库克当选为皇家学会院士，同年还获得皇家颁发的科普利奖章，以表扬他对科学界的贡献。先后两次的航海经历，使得库克逐渐成为英国家喻户晓的航海家。

1776年，库克获得机会，第三次前往太平洋，任务是寻找太平洋和大西洋的西北航道。库克指挥的决心号和他的随员查尔斯•克拉克指挥的伴舰发现号（HMS Discovery）1776年7月12日再次从普利茅斯出发。1778年1月，库克一行发现夏威夷群岛，并从可爱岛威美亚首次登陆，成为首批登陆夏威夷群岛的欧洲人。

离开夏威夷以后，库克率领的船队向东北进发，于1778年3月7日抵达俄勒冈沿岸海域。此后，库克一行继续前行，曾经到达白令海峡，于1778年8月14日驶入北极圈。8月18日，决心号和发现号驶达北纬70度44分的海域。这是库克到达的最北的地方。由于冰川和冰封的海面的阻隔，迫使他不得不向南折返。1778年12月，决心号和发现号驶进夏威夷过冬。

库克一行1779年1月17日在凯阿拉凯夸湾登陆，访问夏威夷群岛的夏威夷岛。他们到访时，恰值岛上居民正在庆祝"玛卡希基节"（Makahiki）。这是一个祭祀波利尼西亚神明龙诺（Lono）和庆祝收成的节日。碰巧的是，决心号的桅杆、帆和索具的形态，与当地用于祭祀的手工艺品相似，使得库克舰长被部分岛民误认为是神明龙诺下凡，对他和他的船员顶礼膜拜、奉若神明。当地的部族长老还将头盔和斗篷赠与他们。

然而，当一个月后，1779年2月11日，库克率领的决心号北上寻找西北航道的途中遇到大风前桅杆折断，返回夏威夷修理时，使岛民感到意外，不欢迎他们。原因是祭祀龙诺的节日已经过去，他们的突如其来对岛民的心灵构成沉重的打击，他们对库克的虔诚信奉转化为愤怒。不仅拒绝给他们补给食物，而且禁止他们砍伐树木，甚至还抢走他们的物品。

2月14日，库克企图劫持国王作为人质换回被偷走的小艇，库克及他的海军陆战队同国王的保镖及岛民发生了冲突。在双方的混战中，库克、四名陆战队员和部分岛民互殴丧生。岛民虽然打死了库克，但是以部族首领和最高长老专享的规格，为他举行了葬礼。

库克死后，决心号的舰长由发现号的舰长查尔斯•克拉克担任。在克拉克主持大局以后，很快缓和了与岛民的关系。在他的要求下，岛民在2月20日归还了库克的部分尸骸和遗物。库克的尸骸被船员安放在一副棺木内，于2月21日举行海葬，把棺木投入大海。库克终年50岁。

现在有些资料说库克是遇害而死，这个说法不妥当。他是和夏威夷岛民的冲突、互殴中战死的。库克在处理和夏威夷岛民的纠纷时，不理智，不冷静，对引起这场冲突和混战负有一定的责任。库克第三次探险太平洋，主要任务是寻找太平洋和大西洋的西北航道，任务未完成的情况下，在混战中死亡，颇有些出师未捷身先死，因小失大。

1780年10月7日，舰队返抵英国伦敦，结束了第三次太平洋探险。库克生前撰写的周记，由金恩返回英国后加以整理和发表。

英王乔治三世曾打算在库克返国后，向他授予世袭从男爵爵位，因他的死亡而未能实现。英廷向库克的遗孀伊丽莎白授予一笔可观的长俸，以作慰问。伊丽莎白一直活到1835年，即库克死后56年，才以93岁高逝世。库克夫妇共有六名子女，然而不是夭折、早死，就是没有后裔。因而，库克没有传下直系后裔。

平民出身的库克，前后12年，历尽千辛万苦，三次探索太平洋。由于时代的局限和客观存在的难以克服的困难，没有找到传说中的"未知的南方大陆"和"西北航道"，然而，他率领舰队，足迹遍及太平洋、大西洋广袤的海洋，作为欧洲人首次环绕新西兰，登陆澳大利亚、夏威夷群岛和塔西提等若干岛屿。他以精准的技术，制作了航海图。在世界航海史上，在人类对太平洋的了解和认知上，做出了非凡的成就。他是了不起的航海家、探险家和制图师。他一生做出的杰出成就，促使他在2002年由英国广播公司举办的英国百年伟人的选举中，名列第12位。库克三下太平洋，所到之处，处处命名，并宣布为英国领土。他是为大英帝国效劳的名副其实的殖民主义者。

画廊里展出的第11、12、13、14幅

十一 第11幅油画"酋长开会"

第11幅油画英文说明

Council of Chiefs

A group of chiefs are in conference. The man ay the right holds a weapon of shark teeth (lei o mano), a spear (ihe), and wears a belly protector of strong matting decorated with feathers. The chief facing him holds a stone-headed club (newa), Long lances (pololu) and hardwood daggers (pahoa) are visible.

In battle, the short fighting capes worn over the shoulders by a right-handed man were pulled around the left side of the body and held forward with the left hand to snag a dagger or a thrown spear, leaving the right arm free to wield a weapon. Feathers were black, white, red, yellow, green and brown, tied over a strong netting in a great variety of designs. In a battle the capes identified the chiefs for the warriors who followed them. Helmets (mahiole) of strong vine basketry, often decorated with feathers, protected heads from the impact of blown from clubs and stones thrown from slings.

第 11 幅油画英文说明中文大意

酋长开会

　　一群酋长正在开会。右边的男人们手持鲨鱼牙齿武器（雷奥马诺）、长矛（伊赫），穿着用羽毛装饰的坚固垫子做成的腹部保护器。面对他们的酋长拿着石头棍子（纽瓦）、长矛（波罗卢）和硬木匕首（帕霍亚），清晰可见。

　　在战斗中，右撇子披在肩上的短斗篷被拉到身体左侧，左手向前握持匕首或投掷长矛，让右臂自由挥舞武器。羽毛有黑色、白色、红色、黄色、绿色和棕色的，用各种各样的图案绑在结实的网上。在一场战斗中，斗篷为跟随他们的战士确定了酋长。由坚固的藤蔓编织物制成的头盔（马约勒），通常装饰有羽毛，保护头部免受棍棒和吊索投掷的石头的撞击。

十二　第12幅油画"莫库奥海之战"

第12幅油画英文说明

The Battle of Moku'ohai

　　After the death of King Kalaniopu'u, the new king, Kiwala'o, envious of his cousin Kamehameha's growing popularity, created an incident that forced Kamehameha into a battle. The battle was fought south of Kealakekua Bay in 1782, both on land and, as pictured here, by canoes off shore. In the fight on shore. Kiwala'o was struck down by a sling stone. Kamehameha's father-in-law, Ke'eaumoku, the ruling chief of Kona, himself badly wounded, managed to crawl to the fallen Kiwala'o and cut his throat with a shark-toothed dagger. Kiwala'o's warriors fled south to enter the sanctuary at the Pu'uhonua of Honaunau, now a National Park. Kamehameha emerged from the battle victorious and the leading contender for the rule of Hawai'i Island.

©1974, National Geographic Society

第12幅油画英文说明中文大意

莫库奥海之战

　　卡兰尼奥普国王去世后，新国王基瓦拉奥（Kiwala'o）嫉妒他的堂兄卡美哈美哈日益受欢迎，制造了一场事件，迫使卡美哈美哈卷入战斗。这场战斗于1782年在凯拉凯夸湾以南进行，既包括陆地上的战斗，也包括如图所示在离岸的独木舟上的战斗。在岸上的战斗中，基瓦拉奥被一块抛石击倒。卡美哈美哈的岳父、科纳的执政首领科奥莫库本人也受了重伤，他设法爬到倒下的基瓦拉奥的身旁，用鲨鱼齿匕首割断了他的喉咙。基瓦拉奥的战士们向南逃往霍瑙瑙的普乌霍努阿避难所，这里现在是一个国家公园。卡美哈美哈在战斗中获胜，成为夏威夷岛统治的主要竞争者。

©1974，国家地理学会

十三　第13幅油画"霍诺瑙湾"

第13幅油画英文说明

Honaunau Bay

Now restored as a National Park, The Pu'uhonua o Honaunau (Sanctuary of Honaunau) was a place of safety for person in trouble. Here, in the reconstructed thatched mortuary Hale o Keawe, the mana (power) believed to be retained in the bones of ancient kings protected the area within the "great wall"—a wall up to fourteen feet thick of rocks fitted without mortar, some of amazing size. Anyone entering that area to do harm risked retribution from the spirits of those kings. The idea was the same as the sanctuary offered by a medieval European cathedral under the spiritual protection of a holy relic of a saint kept within its walls.

第13幅油画英文说明中文大意

霍瑙瑙湾

现在已经恢复为国家公园的普乌霍努阿或霍瑙瑙（霍瑙瑙避难所），是处于困境的人的安全场所。在这里，在重建的茅草太平间中，据信保存在古代国王的遗骨中的法力，保护着"长城"内的区域。长城由 14 英尺厚的石墙组成，没有砂浆，有些惊人的大小。任何进入该地区进行伤害的人，都有可能受到那些国王灵魂的惩罚。这个想法与中世纪欧洲大教堂提供的庇护所相同，该教堂的墙壁内保存着圣人的圣物，提供精神保护。

十四　第 14 幅油画"卡阿胡玛努女王"

第 14 幅油画英文说明

Queen Ka'ahumanu

　　The favorite wife of Kamehameha, she was regarded by all as beautiful, bright and spirited. Their marriage was not tranquil— he was possessive and jealous, she impetuous and assertive, but he found her to be the most trustworthy of any in his court. After his death, his son Liholiho became Kamehameha II, but she dominated the government as Queen Regent. Urged by Hewahewa, High Priest of the old religion, to accept Christianity, she welcomed missionaries but evaluated them for several years before accepting baptism herself. Observing the necessity for literacy in government and trade, she set up schools throughout the islands and by her example made learning to read and write socially popular among all ages. By the time of her death in 1832, the Kingdom of Hawai'i was fast becoming one of the most literate nations in the world.

第 14 幅油画英文说明中文大意

卡阿胡玛努女王

　　她是卡美哈美哈最喜爱的妻子，被所有人认为是美丽、聪明和活泼。他们的婚姻并不平静——他占有欲强、嫉妒心强；她性情急躁、很有主见；但他发现她是宫廷中最值得信赖的人。在他死后，其子利霍利奥成为了卡美哈美哈二世，但她作为摄政女王统治着政府。在旧教大祭司赫瓦赫瓦的敦促下，她接受了基督教，她欢迎传教士，但在自己接受洗礼之前，她对他们进行了几年的评估。她观察到政府和贸易中识字的必要性，因此在群岛各地开办了学校，并以她为榜样，使学习阅读和写作在社会上受到各个年龄段的欢迎。到她 1832 年去世时，夏威夷王国正迅速成为世界上识字率最高的国家之一。

画廊里展出的第 15、16 幅油画

十五　第15幅油画"普库霍拉海奥卡美哈美哈大厦"

第15幅油画英文说明

Kamehameha building Pu'ukohola Heiau

Kamehameha built a great luakini heiau (state temple) to Ku-ka-ili-moku, patron god of war and politics. Thousands of men passed rocks hand-to-hand over great distances. Stone workers fitted the rocks without mortar. Kamehameha led the work, raising platforms and walls, and is seen here beside the feathered standard of his rank, taking a stone to pass along. News of the temple-building, received with dismay by the chiefs of other islands, may have caused them to rush to attack without adequate preparations before he could complete the work and attract power from the god.

Collection of the Natonal Park Service ©1977 Herb Kawainui Kane

第15幅油画英文说明中文大意

普库霍拉海奥卡美哈美哈大厦

卡美哈美哈为战争和政治的守护神库卡·伊利·莫库修建了一座巨大的卢基尼海奥（国家神庙）。成千上万的人在很远的地方，手递手传石头。石匠在没有砂浆的情况下垒起石头。卡美哈美哈领导了这项工作，他抬高了平台和墙壁，在这里，可以看到他站在羽毛装饰的旗杆旁，拿着一块石头传递。建造神殿的消息，使得其他岛屿的酋长们惊得目瞪口呆。他们可能在他完成工作并从神灵那里获得力量之前，在没有做好充分准备的情况下就匆匆忙忙地发动攻击。

1977年国家公园管理局收藏　赫伯·卡瓦努伊·卡恩 的作品集

十六　第 16 幅油画 "普库霍拉的仪式"

第 16 油画英文说明

A Ceremony at Pu'ukohola

Keoua, paramount chief of the southern provinces of Hawai'i Island, disheartened by the loss of a third of his army in a volcanic explosion, accepted Kamehameha's invitation to talk peace. But as his canoe fleet arrived below Pu'ukohola Heiau, tempers flared; someone threw as spear and in the ensuing fight Keoua and the others in his canoe were killed. Their remains were taken to the heiau as offerings to the god of war, Kukailimoku.

第 16 油画英文说明中文大意

普库霍拉的仪式

基瓦是夏威夷岛南部省份的最高酋长，他对因火山爆发损失了三分之一的军队而感到沮丧，他接受了卡美哈美哈的和平谈判邀请。但是当他的独木舟舰队抵达普库霍拉海奥下方时，他的情绪爆发了，有人投掷长矛。在随后的战斗中，基瓦和在他的独木舟中上的其他人被打死，他们的遗体被带到了神殿，作为祭品献给了战神库卡·伊利·莫库。

画廊里展出的第 17、18、19、20 幅油画

十七　第17幅油画"红嘴枪之战"

第17幅油画英文说明

The Battle of the Red-Mouthed Gun

Hoping to crush Kamehameha before he could complete his was temple, the kings of the other islands launched an invasion fleet, devastating Hawai'i's northeast valleys of Waimanu and Waipio. Kamehameha sailed along the coast of his home province, Kohala, gathering canoes and fighters, and engaged his enemies in a sea battle. Both sides had firearms, including some swivel guns mounted on their war canoes. Kamehameha also had a small ship, the schooner Fair American, equipped with a cannon, and he won the day.

Collection of the Army Museum, Fort De Russy, Honolulu
© 1983 National Geographic Society all rights reserved

第17幅油画英文说明中文大意

红嘴枪之战

为了在卡美哈美哈完成他的战争神庙之前击溃他，其他岛屿的国王出动了一支入侵舰队，摧毁了夏威夷岛东北部的怀马努和怀皮奥山谷。卡美哈美哈沿着他家乡科哈拉省的海岸航行，集结独木舟和战士，并与他的敌人进行了海战。双方都有枪支，包括一些安装在他们的战争独木舟上的旋转枪。卡美哈美哈还有一艘小船，名为"美国公平"号帆船，船上装有一门大炮，他赢得了这一天。

陆军博物馆收藏。檀香山德鲁西堡
@1983 国家地理学会，保留所有权利

十八　第 18 幅油画卡美哈美哈舰队的"贝利琉战争独木舟"

第 18 幅油画英文说明

A Peleliu War Canoe of Kamehameha's Fleet

　　The Peleliu were war canoe of great size developed by Kamehameha's designers for his conquest of the islands. More than 800 were built on Hawai'i each with two hulls carved from the trunks of large koa trees, and with the sides built up with strakes carved and fitted to the hulls with lashings of braided sennit cordage. Sails reflected European design, some were made of canvas, others made of strips of matting. Some were decked over completely at the stern and some mounted a swivel gun over the forward crossboom.

第 18 幅油画英文说明中文大意

卡美哈美哈舰队的贝利琉战争独木舟

　　贝利琉是卡美哈美哈的设计师为征服这些岛屿而开发的大型作战独木舟，在夏威夷岛上建造了 800 多艘。每艘都有两个船体，用大考阿树的树干雕刻而成，船的两侧用雕刻板条制成，用编织的塞尼特绳索绑在船身上。船帆体现了欧洲设计，有些是帆布做的，有些是垫子做的。一些船尾完全被甲板覆盖，一些在前横梁上安装了旋转炮。

十九　第 19 幅油画卡"美哈美哈的入侵舰队在威基基登陆"

第 19 幅油画英文说明

Kamehameha's Invasion Fleet Lands at waikiki

In 1795, Kamehameha invaded Oahu with a large army. The 19th Century historian Kamakau wrote than the canoes were so many that they were beached from Waikiki to waialae. Kamehameha also had acquired several ships of European-American design, along with cannon and swived guns, beginning with the schooner Fair American.

第 19 幅油画英文说明中文大意

卡美哈美哈的入侵舰队在威基基登陆

1795 年，卡美哈美哈率领一支庞大的军队入侵瓦胡岛。19 世纪历史学家卡马考写道，独木舟数量如此之多，以至于它们从威基基搁浅到怀阿拉。卡美哈美哈还购买了几艘欧美设计的船，以及大炮和旋转枪，从"美国公平"号帆船开始。

二十　第20幅油画"努阿努巴利战役"

第20幅油画英文说明

The Battle at Nu"uanu Pali

　　Advancing across the plain where Honolulu now stands, Kamehameha skirmished with the Oahu forces, driving them up Nu'uanu Valley in hard fighting, The valley terminates at the brink of a high cliff (pali) and here those of the Oahu army who found no escape along the ridges or down a narrow cliff path were driven over the precipice. It is said that a mist or low cloud rose up against the cliff and those who fell disappeared into it.

　　Both sides used firearms as well as traditional weapons, and had some foreigners in their ranks. Kamehameha's disciplined phalanx in tight formation and carrying long pololu spears could not be Stopped. This was the dramatic climax to King Kamehameha's conquest of the archipelago. With the capitulation of Kauai, all the islands were brought under the Kingdom of Hawai'i, from which the State of Hawaii derived its name.

第20幅油画英文说明中文大意

努阿努巴利战役

　　卡美哈美哈穿过火奴鲁鲁（檀香山）现在所在的平原，与瓦胡岛军队发生了小规模冲突，在艰苦的战斗中将他们逼到了努瓦努山谷。山谷的尽头是一个高高的悬崖（巴利）的边缘，在这里，瓦胡岛军队沿着山脊逃生或沿着狭窄的悬崖小路无处可逃的人，跳下了悬崖。据说岩壁上升起一层薄雾或低云，落下的人便消失不见。

　　双方在使用传统武器的同时，也使用了枪支，并且都有一些外国人在他们的队伍中。卡美哈美哈的训练有素、队形紧凑、手持长波罗卢长矛的方阵，所向披靡。这是卡美哈美哈国王征服群岛的戏剧性高潮。　随着可爱岛的投降，所有岛屿都归夏威夷王国管辖，夏威夷州由此得名。

画廊里展出的第 21、22、23、24 幅油画

二十一　第21幅油画"阿胡埃娜·海奥"

第21幅油画英文说明

'Ahu'ena Heiau

Kamehameha's private chapel as it appeared in 1816. In the foreground his business agent, John Young, and a visiting foreign officer are in conversation with guards beside one of the eighteen cannon that guarded the bay. The small thatched building in the distance at right is the king's retreat, the doorway concealed by a small guardhouse. Here Kamehameha could keep watch over the traffic in the bay as well as view his upland plantations without being noticed.

The heiau(temple), built on a platform of rockwork, was dedicated to patron spirits of learning, the arts, prosperity and healing.

A reconstruction of the heiau was built in 1975 based on archaeology and research done by the Bishop Museum. Accurate replication was made possible by drawings of the original structure by European visitors and contemporary descriptions by John Papa l'i, which included the materials used. The laborious work was done by Hawaiian artisans led by David Mauna Roy. The largest structure, the hale mana (house of power), required more than three hundred thousand ti leaves in the thatching.

Within the hale mana, Kamehameha's heir, Liholiho, sat in the evenings, taking instruction from the kahuna who were the leading masters in the various areas of the culture and traditions.

第21幅油画英文说明中文大意

阿胡埃娜·海奥

卡美哈美哈的私人小教堂，出现在 1816 年。在前景中，他的商业代理人约翰·杨和一位来访的外国官员正在与守卫海湾的 18 门大炮之一旁边的警卫交谈。右边远处的小茅草房是国王的隐居处，门口被一个小警卫室遮住。在这里，卡美哈美哈既可以随时监视海湾的交通情况，也可以在不被人注意的情况下查看他的高地种植园。

这座庙宇建在一个岩石平台上，致力于学习、艺术、繁荣和和精神的治愈。

根据主教博物馆的考古和研究，1975 年海奥进行了重建。通过欧洲游客绘制的原始结构图纸和约翰·帕帕·莱伊（John Papa l'i）的当代描述（包括使用的材料），实现了精确复制。这项艰巨的工作是由大卫·莫纳·罗伊领导的夏威夷工匠完成的。最大的建筑，强大的法力（权力的房子），屋顶用掉三十多万片的钛树叶。

在海马那，卡美哈美哈的继承人利霍利霍晚上坐在那里，接受卡胡纳（kahuna）的指导，他们是文化和传统各个领域的主要大师。

二十二　第22幅油画"卡美哈美哈向贝利献祭"

第22幅油画英文说明

Kamehameha sacrificing to Pele

In 1801 a lava flow from Mt. Hualalai covered fishponds and villages for miles along the shoreline of North Kona. When efforts by the priests to appease the volcano goddess Pele failed to stop the flow, Kamehameha traveled by canoe to where the flow was entering the sea. At the edge of the flow he cut off some of his hair, wrapped it in ti leaves and cast it into the lava. Making a gift to Pele of a part of himself was the highest gift he could make, for as a female spirit, Pele could not receive human sacrifice. The flow soon stopped.

© National Geographic Society, all rights reserved

第22幅油画英文说明中文大意

卡美哈美哈向贝利献祭

1801年，来自华拉莱山的熔岩流覆盖了北科纳海岸线沿线数英里的鱼塘和村庄。当祭司们安抚火山女神贝利的努力未能阻止熔岩流时，卡美哈美哈乘独木舟前往熔岩流流入大海的地方。在熔岩流的边缘，他剪下一些头发，用钛叶包裹起来，然后把它扔进熔岩里。把自己的一部分送给贝利是他所能做出的最高的礼物，因为作为一个女性灵魂，贝利不能接受人类的牺牲。熔岩流很快就停止了。

©国家地理学会，保留所有权利

二十三 第23幅油画"碎桨法"

第23幅油画英文说明

The Law of the Splintered Paddle

While sailing along an enemy's coastline south of Hilo, the young Kamehameha spotted people peacefully fishing, and leaped ashore to attack them. His foot was caught in a lava crevice, and one of the fleeing fishermen turned and broke a canoe paddle over hie head. Years later, Kamehameha regretted his rash behavior and had the fishermen found and brought before him. They expected to be killed, some of the chiefs cried "stone them!" But Kamehameha said, "It is I who should be stoned." He then proclaimed the Law of the Splintered Paddle, giving commoners the right to travel freely throughout the Islands under the protection of the Kingdom.

© National Geographic Society, all rights reserve

夏威夷

第 23 幅油画英文说明中文大意

碎桨法

当年轻的卡美哈美哈沿着希洛以南的敌人海岸线航行时，发现人们正在平静地捕鱼，他跳上岸攻击他们。他的脚被熔岩裂缝夹住了，其中一个逃跑的渔民转过身，用独木舟桨击破了他的头，以致独木舟桨摔断了。几年后，卡米哈米哈后悔自己的鲁莽行为，让人找到这个渔民并带到他面前。他们预计这个渔民会被杀死；一些酋长喊着"用石头砸死他们！"但卡美哈米哈说，"应该用石头砸死的是我。" 随后，他宣布了碎桨法，赋予了平民在王国保护下自由穿越岛屿的权利。

ⓒ 国家地理学会，版权所有

二十四　第 24 幅油画"卡帕的制造者"

第 24 幅油画英文说明

Makers of Kapa

Kapa, or tapa, bark-cloth made from the soft inner bark of the wauke (paper mulberry) and some other trees, was the cloth of Polynesia. In Hawai'i, unique processes of soaking, fermenting and felting the bark to seamless sheets of large size pushed the art to its highest refinement, in quality of material and variety of decoration. Hawaiian kapa is regarded as finest in the Pacific.

Dyed and pigmented in a wide variety of colors, Kapa was often printed with carved bamboo stamps and embossed in a final watermarking with wooden beaters carved with intricate geometric designs. By beating layers together the color and designs of one layer might show through a very thin layer above it. Bed sheets could be made with fragrant sandalwood shavings beaten between layers. The art declined when Kapa was replaced by imported fabrics, and the specialized knowledge by which it was produced was largely forgotten. But in 1979, kapa artist Puanani Van Dorpe began gathering old accounts of processes and testing them in controlled experiments. Learning which ones were valid, she can now produce kapa identical to that made centuries ago.

第 24 幅油画英文说明中文大意

卡帕的制造者

　　卡帕（Kapa）或塔帕（tapa），是由瓦克（纸桑树）和其他一些树的柔软内皮制成的树皮布，是波利尼西亚的布料。在夏威夷，将树皮浸泡、发酵和粘合成大尺寸无缝薄片的独特工艺，将这项艺术推向了最高的精致程度，包括材料质量和装饰种类方面。夏威夷卡帕被认为是太平洋地区最好的。

　　卡帕以各种颜色进行染色和着色，通常印有雕刻的竹印，最后用雕刻有复杂几何图案的木锤压印水印。通过将各层叠在一起，一层的颜色和和设计可能会通过上面的一层很薄的层显示出来。床单可以用芳香的檀香刨花夹在两层之间敲打而成。当卡帕被进口面料取代时，这门艺术衰落了，生产卡帕的专业知识在很大程度上被遗忘了。但在1979年，卡帕艺术家普阿纳尼•范•多佩（Puanani Van Dorpe）开始收集有关过程的旧记录，并在对照实验中对其进行测试，了解哪些是有效的，她现在可以生产出与几个世纪前相同的卡帕。

画廊里展出的第 25、26 幅油画

二十五　第25幅油画"编蓆"

第 25 幅油画英文说明（缺），第 25 幅油画英文说明中文大意（缺）。

二十六　第26幅油画"渔夫"

第26幅油画英文说明

Fisherman

He wears a ti leaf rain cape and holds a yellow fin tuna (ahi). A favorite pearl shell lure with a bone hook is carried around his neck.

In the background, the presence of birds betrays a surface-feeding school of skipjack tuna (aku). Men sail through the school, chumming the water and hauling in aku that have struck their lures.

At lower left, a man hunts the shallows with a spear of hardwood, lighting his way with a candlenut (kukui) torch. The oily dried nutmeats were strung on bamboo skewers to make candles, and a handful of those, stuffed into a section of bamboo and ignited, gave a light that attracted fish. At lower right, men net a catch of silver perch (aholehole), a great delicacy.

第26幅油画英文说明中文大意

渔夫

　　他穿着钛叶雨斗篷，手里拿着一条黄鳍金枪鱼，他的脖子上挂着一个最喜欢的带骨钩的珍珠贝壳诱饵。

　　在背景中，鸟类的存在暴露了一群在表面觅食的鲣鱼。男人们在学校里航行，在水里嬉戏，拖着已经上钩的鲣鱼。

　　在左下角，一名男子用一支硬木长矛在浅滩上狩猎，用烛光火炬照亮了他的去路。将油腻的干坚果串在竹串上做成蜡烛，一小把坚果塞进一段竹子里点燃，发出的光吸引鱼儿。在右下角，人们捕捉到了一条银鲈鱼，这是一种美味佳肴。

画廊里展出的第 27、28、29、30 幅油画

二十七 第 27 幅油画"锛的制作者"

第 27 幅油画英文说明

Adze Makers

The upper background of the painting depicts a man working the ancient quarry on the mountain Mauna Kea. He swings a large hammer stone between his legs against the edge of basalt boulder, striking off large flakes that may be selected as adze blanks.

At upper left an adze (ko'i) is being shaped by a craftsman using a small hammer stone to remove flakes from both faces of a blank. Rough-shaped blanks were carried down to a master's workplace.

In the foreground, a master craftsman does the final flaking to produce the distinctive "shouldered" shape of the Eastern Polynesian adze. Each flake sets up further flaking by leaving what may be called a striking platform against which the next blow of the hammer stone may fall. As the flake's size becomes smaller, the overall shape of the adze becomes more refined.

After the final flaking, a worker (at left) grinds the adze against a wetted slab fine-grained stone, using pastes of various abrasives mixed with water. An hour or two of grinding produces flat faces that taper to a sharp blade. Tools dulled by use were sharpened by further grinding. The youth at right is lashing an adze to a haft carved from a section of a tree branch from which a thinner branch, the handle, has grown at an angle of approximately 70 degrees. The stone is set against a shock-absorbing cushion of bark cloth, and lashed up with braided sennit.

第 27 幅油画英文说明中文大意

锛子的制作者

这幅画的上部背景，描绘了一名男子在莫纳克亚山上的古代采石场工作。他在双腿之间挥动一把巨大的锤石，对着玄武岩巨石的边缘，敲出可能被选为锛子（adze）坯料的大块石片。

在左上角，一位工匠正在用一把小锤石来去除坯料两面的薄片，从而塑造一个锛子（科伊）粗糙形状的坯料。之后，它被带到一个大师的工作场所。

在前景中，一位大师级工匠进行最后的剥落，以制作出东波利尼西亚锛子独特的"肩部"形状。每一片薄片都会留下一个可以被称为打击平台的地方，让锤石的下一次打击落在这个平台上，从而形成进一步的剥落。随着薄片的尺寸变小，锛子的整体形状变得更加精致。

在最后一次剥落后，一名工人（左）在一块湿润的细颗粒石板上研磨锛子。一到两个小时的研磨，会使平面逐渐变细，成为锋利的锛子。工具因使用而变钝，因进一步研磨而锋利。右边的年轻人正在将一把锛子绑在一根树枝雕刻而成的柄上，树上一根较细的树枝，即把手，以大约70度的角度安装。石头锛子依靠树皮布作为减震垫，并用编织的塞尼特捆绑起来。

二十八　第28幅油画"独木舟制造者"

第28幅油画英文说明

Canoe Makers

　　A master canoe designer (Kahuna kalai wa'a) holds a pump drill and carries a small trimming adze in a sennit sling around his neck. At upper left, in the high, misty forest, a man cuts two grooves around the base of a koa tree, then breaks off the wood between them, repeating the procedure until the tree falls.

　　After a canoe was roughly shaped (at left), long ropes were made fast to it. For a canoe of great size an entire community might turn out. Men cleared the way and hauled it down to the canoe house at the shore, making an exciting event of heavy work.

　　At the canoe halau (upper right) the parts of the canoe were carved and assembled with sennit (braided coconut husk fiber) lashings. Paddles, spars, bailers and other accessories were made. At right, a paddle is smoothed with abrasive coral and lava rasps, working from coarse to fine. Men too old for heavy work sat in the canoe house, braiding miles of sennit rope (lower left).

　　A typical assembly of the hull, gunwale strakes, and crossbeams by lashings of sennit is depicted in the section view at right. Some lashing methods were very intricate, done by the master builder in solitude lest others learn his technique; some were ornamented by using both black and red braided sennit.

　　Below is the classical from of Hawaiian double canoe (wa'a kaulua) as it had evolved by the time of European contact. It was powered by paddling and, when winds were favorable, by sail.

第 28 幅油画英文说明中文大意

独木舟制造者

一位独木舟设计大师（库胡纳·卡莱·瓦阿），手里拿着一个泵钻，脖子上挂着一条桑尼特吊带，上面拴着一个小型修边用的锛子。在左上方，在迷雾笼罩的高大森林里，一个人在寇阿树树干根部周围砍下两个凹槽，然后砍下它们之间的木头，不断重复这个过程，一直到树倒下。

独木舟大致成型后（左图），用长长的绳索系紧它。对于一艘巨大的独木舟来说，整个社区的人都可能出动。男人们扫清了道路，把它拖到岸边的独木舟屋里，这是一场令人兴奋的繁重工作。

在独木舟哈劳上（右上），独木舟的部件被雕刻并用桑尼特绳（椰壳纤维编织而成）绑扎组装。制作了浆、翼梁、水桶和其他配件。在右侧，浆用磨蚀珊瑚和熔岩锉打磨光滑，工作从粗糙到精细。年纪太大而不能从事繁重工作的男人，坐在独木舟屋里，编织数英里长的桑尼特绳（左下）。

右侧剖面图描绘了船体、舷侧边条和横梁通过桑尼特绳绑扎的典型装配。一些绑扎方法非常复杂，由建筑大师独自完成，以免其他人学习他的技术；有些是使用黑色和红色编织的桑尼特绳子装饰的。

下面是夏威夷双独木舟（瓦考鲁阿）的经典形式，它是同欧洲接触时演变而来的。它由划桨提供动力，当风力有利时，由帆提供动力。

二十九　第 29 幅油画"茂宜岛卡纳帕利附近的捕鲸船'阳光'号"

第 29 幅油画英文说明

The whaling ship Sunbeam off Ka'anapali, Maui

By the 1850s hundreds of whaling ships anchored each year in the sheltered waters off Honolulu, Lahaina on Maui and Kona on Hawaii Island— ports for buying provisions, making repairs, recruiting Hawaiian sailors, and giving shore leave to sea-weary crews.

Then, as now, humpback whales frequented these waters but were swift and difficult to catch. Whalers were more interested in larger species that produced more oil; but there is one record of Hawaiian fishermen taking a humpback near Lahaina.

Always eager to impress their colleagues, whaling ship captains would often sail into Lahaina Roads under all plain sail, powered by the trade-winds until they got into the lee of the island.

The ship in the painting is the Sunbeam, out of New Bedford. It sailed on its first voyage to the Indian Ocean and Pacific Ocean in 1856, and continued in service until 1909.

第 29 幅油画英文说明中文大意

茂宜岛卡纳帕利附近的"阳光"号捕鲸船

到了 19 世纪 50 年代,每年都有数百艘捕鲸船停泊在檀香山、茂宜岛的拉海纳和夏威夷岛的科纳附近的避风水域,用于购买给养、进行维修、招募夏威夷水手,并让疲惫的船员上岸休假。

当时和现在一样,座头鲸常出没于这一带水域,但动作敏捷,很难捕捉。捕鲸者对体型更大、产油更多的物种更感兴趣;但有一项记录显示,夏威夷渔民在拉海纳附近捕食了座头鲸。

捕鲸船船长总是渴望给他们的同事留下深刻印象,他们经常在信风的推动下,一帆风顺地驶入拉海纳公路,直到进入岛的背风面。

画中的船是阳光号,从新贝德福德驶出。1856 年,它第一次航行到印度洋和太平洋,并一直服役到 1909 年。

三十 第30幅油画"种植者"

第30幅油画英文说明

Planters

Nowhere else in Polynesia was the cultivation of plants brought to a higher state of refinement than in Hawai'i. At least 85 named varieties of taro and 24 of sweet potato were developed by Hawaiian planters from those few brought by canoes. Archaeologists are still discovering old terraces and aqueducts now concealed by overgrowth.

Women might cultivate sweet potatoes, but agriculture was largely done by men. When planting a prepared field, men often moved forward in ranks, chanting, or singing, performing each procedure in unison, then stepping forward to repeat it.

Agriculture was based upon knowledge of plants, soils, irrigation, seasonal cycles and weather—all regulated by phases of the moon. Certain days of the lunar month were believed propitious for planting certain crops. Nor could a good harvest be expected without prayers and offerings to the patron spirits. The men's work of agriculture was done under the patronage of the god Ku, but the god Lono's rains made soil fertile, and Kane's sunlight invigorated growth.

Of all food plants, taro was most valued, and much lore is associated with it; but the sweet potato, widely planted over vast inland slopes and plateaus. may have been the largest single crop.

第30幅油画英文说明中文大意

种植者

在波利尼西亚，没有其他任何地方的植物种植比夏威夷更精致。夏威夷种植者从独木舟带来的少数品种中，培育出至少 85 个已命名的芋头品种和 24 个甘薯（红薯）品种。考古学家正在发现被过度生长所掩盖的古老的梯田和水渠。

妇女可以种植红薯，但农业主要由男人们完成。当种植一块准备好的田地时，男人们通常会排成一队向前走，吟唱或唱歌，齐声进行 每一个步骤，，然后向前走去重复。

农业是以植物、土壤、灌溉、季节周期和天气等知识为基础的，所有这些都受月相的影响。人们认为农历月份的某些日子有利于种植某些作物。如果没有向守护神祈祷和献祭，也不可能有好的收成。男人们的农活是在古神的庇护下完成的，但洛诺神的雨水使土壤肥沃，凯恩的阳光促进了生长。

在所有的食用植物中，芋头最宝贵，与之相关的知识很多；但是在广阔的内陆斜坡和高原上广泛种植的红薯，可能是最大的单一作物。

画廊里展出的第 31、32 幅油画

三十一　第31幅油画"考凯奥利"

第31幅油画英文说明

Kauikeaouli (Kamehameha III)

In his 1841 Constitution for the Kingdom of Hawaii, he reaffirmed the tradition that the land was held by the chiefs and people in common, and no man including the king could own any part of it. Six years later, convinced by foreign advisors that land ownership would benefit his people, he undertook to distribute land in what became known as the Great Mahele. But Hawaiians did not comprehend land ownership, believing that the land was immortal and could not truly be the property of mere mortals, began to allow others to buy it. Today, the law of Kamehameha III that still survives grants public access along the shore for harvesting food from the sea.

第31幅油画英文说明中文大意

考凯奥利（卡美哈美哈三世）

在1841年的《夏威夷王国宪法》中，他重申了土地由酋长和人民共同拥有的传统，包括国王在内的任何人都不能拥有土地的任何部分。六年后，在外国顾问的说服下，他确信土地所有权将惠及他的人民，他承诺在后来被称为大马赫勒的地方分配土地。但夏威夷人并不理解土地所有权，他们认为土地是不朽的，不可能真正成为凡人的财产，于是开始允许其他人购买土地。今天，仍然存在的卡迈哈梅哈三世法律允许公众沿海岸从海中获取食物。

三十二　第 32 幅油画"卡皮奥拉尼公主藐视贝利"

第 32 幅油画英文说明

Princess Kapiolani Defying Pele

　　In 1824, Princess Kapi'olani, an ardent Christian convert, decided to act in defiance of Pele as a demonstration to her people of the power of her new faith. Ignoring dire warnings, she descended into the caldera at Kilauea to the very brink of the fire pit Halema'uma'u. Here she ate 'ohelo berries sacred to the goddess without asking Pele's permission, and read passages from the Bible. Unharmed, she returned home, hopeful that her example would help win converts among her people. She was the founding patroness of Kahikolu Church at Kealakekua Bay, South Kona, Hawai'i.

第 32 幅油画英文说明中文大意

卡皮奥拉尼公主藐视贝利

　　1824 年，卡皮奥拉尼公主，一位狂热的基督徒皈依者，决定藐视贝利，向她的人民展示新信仰的力量。她无视可怕的警告，下到基拉韦厄火山口，来到哈莱玛乌玛乌火坑的边缘。在这里，她没有征得贝利的许可就吃了女神的神圣的奥赫洛浆果，并阅读了《圣经》中的章节。她安然无恙地回到了家，希望她的榜样能帮助她的人民赢得皈依者。她是夏威夷南科纳凯拉凯夸湾卡希科卢教堂的创始赞助人。

卡皮奥拉尼公主简介

卡皮奥拉尼（英语：Kapiolani，又译为卡皮欧拉尼）公主，1781年出生于夏威夷岛希洛。她的父亲是夏威夷岛希洛的高级主管基奥毛里希利，她的母亲的第一任丈夫是卡美哈梅哈一世，逃到希洛以后，嫁给她的父亲，是他父亲的第二任妻子。

在夏威夷群岛1790年的内战中，他的父亲与卡美哈美哈联手，但随后被其侄子杀害。军队逃跑时，年幼的卡皮奥拉尼被看护人扔到了灌木丛中，被救出以后，送给她的姑姑一起生活。

夏威夷严格的社会规则被称为卡普，规定妇女不允许吃香蕉。一次，她派一个仆人男孩偷偷给她品尝了一些东西。结果，被当地的牧师发现以后，她虽然得以幸免，然而男孩被杀死了。

1793年、1794年英国探险家温哥华到达夏威夷岛的凯拉凯库亚湾，当时卡皮奥拉尼公主还是一个年轻的女孩。这时候，夏威夷人可以通过翻译学习其他文化。

1821年，她随传教士前往火奴鲁鲁，在那里建立了学校。她很快学会了阅读和写作，发现新宗教可能比自由吃香蕉更有意义。1823年春天，她回到了夏威夷岛的凯拉凯库亚湾，她派船接送传教士进行周日服务，继续接受教育。她与同父异母的兄弟、高级酋长奈河结婚了。

1824年2月，卡皮奥拉尼建造了一座约18米（60英尺）长，9.1米（30英尺）宽的茅草屋，用作教堂。这是一位主要贵族为传教士专门建造的建筑物。詹姆斯·伊利牧师从4月开始，将它作为教堂，传播基督教。

1924年的秋天，卡皮奥拉尼决定，向人们展示他的信仰。以致发生了卡皮奥拉尼到基拉韦厄火山口藐视贝利的事情。

1825年10月，卡皮奥拉尼接受了洗礼。为了赢得人民的尊重，她经常去帮助不幸的人。

1831年12月29日，她的丈夫奈河去世。大约1840年，卡皮奥拉尼患了乳腺癌，1841年5月5日在瓦胡岛火奴鲁鲁去世，被埋葬在檀香山皇家陵园。

在夏威夷岛希洛市基拉韦厄大街966号，有一所以她的名字命名的小学"卡皮欧拉尼酋长小学。"

画廊里展出的第33、34幅油画

三十三　第33幅油画"伯妮丝·波亚希·毕晓普公主"

第33幅油画英文说明

Princess Bernice Pauahi Bishop

　　As the last of the Kamehameha dynasty, she did not sell her land, nor the great tracts of land bequeathed to her by Princess Ruth Ke'elikolani, but willed almost all her vast estate to found and support the Kamehameha Schools for children of Hawaiian parentage. Her husband, Charles Reed Bishop, left his much-smaller estate to fund the Bernice Pauahi Bishop Museum in her name.

第33幅油画英文说明中文大意

伯妮丝·波亚希·毕晓普公主

　　作为卡美哈美哈王朝的最后一位成员，她没有出售自己的土地。也没有卖掉露丝·凯利科拉尼公主留给她的大片土地，而是将自己的几乎所有的巨大财产，都用于建立和支持卡美哈美哈学校，供夏威夷血统的儿童就读。她的丈夫查尔斯·里德·毕晓普离开了他小得多的庄园，以她的名义为伯妮丝·波亚希·毕晓普博物馆提供资金。

伯妮丝·波亚希·毕晓普公主简介

　　伯妮丝·波亚希·毕晓普（英语：Bernice Pauahi Bishop KGCOK ROK）1831年12月19日出生于檀香山，她的父亲是阿布纳···库霍赫伊帕胡··帕基（约1808—1855），是来自摩洛凯岛的贵族、也是茂宜岛统治君主后裔的儿子。她的母亲劳拉··科尼亚（约1808—1857—）。

伯妮丝·波亚希·毕晓普刚出生时就被基纳乌公主收养。基纳乌公主当时位居摄政王，被称为卡阿胡马努二世。1838年基纳乌公主生下自己的女儿，她被送回父母的身边。1839年基纳乌公主病逝，同年，波亚希开始就读于酋长儿童学校（后来被称为皇家学校），一直持续到1846年。她的老师是库克先生和库克太太。她不仅非常喜欢骑马和游泳，还喜欢音乐、鲜花和户外活动。

1850年5月4日，波亚希与商人查尔斯····里德····毕晓普结婚，尽管她的父母反对。这对夫妇没有自己的孩子。

波亚希在皇家学校接受过 教育，有资格称为王位指定继承人。卡美哈美哈五世1872年临终前将王位赐予她，但是她拒绝接受王位，这才使得鲁纳利洛成为夏威夷王国的第一位民选君主。

1884年10月16日，52岁的波亚希在檀香山死于乳腺癌。她被埋葬于瓦胡岛的夏威夷皇家陵墓。她去世时，她的遗产包括485,563英亩的土地，约占夏威夷总面积的9%。伯妮丝·波亚希·毕晓普指定五位受托人自行决定投资她的遗产，并将年收入用于在夏威夷群岛建立和维护卡美哈美哈男子学校和卡美哈美哈女子学校。

三十四　第34幅油画"老夏威夷的长裙骑士"

第34幅油画英文说明

Pa'u Riders of Old Hawai'i

Distaining the "side—saddle" riding position of their time, Hawaiian women wore long riding skirts (pa'u) that enabled them to straddle their horses. Their elders might prefer carriages, but high-spirited young women rode out on horseback, singing as they trotted along, often making a dramatic arrival to a party at full gallop.

第34幅油画英文说明中文大意

老夏威夷的长裙骑士

为了摆脱那个时代的"侧鞍"骑乘姿势，夏威夷妇女穿上了长长的骑马裙（pa'u），使她们能够骑在马背上。他们的长辈可能更喜欢马车，但精神饱满的年轻妇女骑马外出，一边小跑一边唱歌，常常以全速奔跑的戏剧性的方式来到聚会上。

画廊里展出的第 35、36 幅油画

三十五　第 35 幅油画 "在拉奈岛"

第 35 幅油画英文说明

On The Lanai

第 35 幅油画英文说明中文大意

夏威夷

在拉奈岛

三十六　第 36 幅油画"海的女儿"

第 36 幅油画英文说明

Daughters of the Sea

A time remembered when a mu'umu'u was the only acceptable bathing costume for Hawaiian women. The painting expresses the artist's childhood memory—young ladies floating gracefully upon a gentle sea, their long voluminous garments billowing in the clear water.

I once asked a part-Hawaiian lady how she came to have an English surname. She replied that her great, great grandfather came to Kona's Kailua Bay as a young sailor on a sailing ship from America. Rowing ashore with other sailors on liberty after a difficult voyage around Cape Horn, the clear water and the sunlight on the sandy bottom made the water appear so inviting and shallow that he jumped into it. The water was much deeper than it appeared, and like most sailors of his time he could not swim.

"As my great, great grandmother told the story, There I was with my girl friends swimming in Kailua Bay, when this nice-looking haole boy came floating by, He was in trouble, so I picked him up and took him home."

第 36 幅油画英文说明中文大意

海的女儿

那是一段让人难忘的时光，那时，穆乌穆乌是夏威夷女性唯一可以接受的泳装。这幅画表达了艺术家童年的记忆——年轻的女士们优雅地漂浮在温柔的海面上。她们宽大的长袍在清澈的海水中翻腾。

我曾经问过一位有一半夏威夷血统的女士，她怎么会有一个英国姓氏。 她回答说，她的曾曾祖父作为一名年轻的水手，从美国乘帆船来到科纳的凯路亚湾。在绕过合恩角艰难航行之后，和其他水手一起自由地划上岸，清澈的海水和沙底的阳光，使得海水显得如此诱人和浅，于是他跳入水中。水比表面看起来要深得多，像他那个时代的大多数水手一样，他不会游泳。

"正如我的曾曾祖母所讲述的那样，我和我的女朋友在凯路亚湾游泳，当这个长得漂亮的白人男孩漂过来时，他遇到了麻烦，所以我把他抱回家。"

画廊里展出的第 37、38、39、40 幅油画

三十七　第37幅油画"呼拉霍洛库"

第37幅油画英文说明

Hula Holoku

The dancer wears a holoku—a formal 19th century gown—and traditionally dances barefooted. The painting suggests the flowing, graceful movement of the dance by superimposing several images of the dancer by superimposing several images of the dancer as she moves from side to side while stepping slowly forward.

Early missionaries promoted the wearing of the mu'umu'u, a loose sack—like dress. The more formal holoku was worn on special occasions. It is still a tradition, annual holoku balls are held with prizes for the most outstanding designs.

第37幅油画英文说明中文大意

呼拉霍洛库

舞者穿着霍洛库——19世纪的正式礼服——传统上是赤脚跳舞。这幅画通过叠加舞者缓慢向前的同时从一侧移动到另一侧的几个图像，暗示了舞蹈的流畅、动作的优美。

早期的传教士提倡穿穆乌穆乌，这是一种宽松的麻袋状的连衣裙。在特殊场合穿着更正式的霍洛库。这仍然是一个传统，每年都会举办一次霍洛库舞会，为最杰出的设计颁奖。

三十八 第38幅油画"新被子"

第38幅油画英文说明

The New Quilt

This painting of traditional Hawaiian quilting, a moment of cultural transmission to a younger generation, was selected to be used as a 1999 poster distributed by the U. S. Census Bureau to all post offices as a reminder to the public of the forthcoming United States 2000 Census. The message on the poster was, "Generations Are Counting On You"

第38幅油画英文说明中文大意

新被子

这幅画描绘了夏威夷传统的被子，是向年轻一代传递文化的时刻，被选为1999年的海报，由美国人口普查局分发给所有邮局，提醒公众即将进行的美国2000年人口普查。海报上的信息是："几代人都指望着你"

三十九　第 39 幅油画 "音乐家"

第 39 幅油画英文说明（缺）

第 39 幅油画英文说明中文大意（缺）

四十　第 40 幅油画"霍库莱阿（欢乐之星）"

第 40 幅油画英文说明

Hokule' a (star of gladness)

Launched in 1976, this "space ship" of our Polynesian ancestors has now covered more than 125,000 miles of the Pacific, mostly navigated without instruments. It has reminded all Pacific Islanders of their mutuality, and stimulated a wide rebirth of interest in building canoes and ancestral values. The artist was a co-founder of the Polynesian Voyaging Society, designer, constructor and captained much of its shake-down and training cruise throughout the Hawaiian Islands. For more about this replica of an ancient canoe, its history and its cultural impact, you're invited to explore the Polynesian Voyaging Society at http://pvs.kcc.hawaii.edu/aboutpvs.html

第 40 幅油画英文说明中文大意

霍库莱阿（欢乐之星）

　　我们的波利尼西亚原型的这艘"宇宙飞船"，于 1976 年下水，现在已经在太平洋上航行了超过 12.5 万英里，大部分都是在没有仪器的情况下航行。它提醒了所有太平洋岛民他们的相互关系，并激发了人们对建造独木舟和祖传价值观的广泛兴趣。这位艺术家是波利尼西亚航海协会的联合创始人、设计师、建造师，并担任该协会在夏威夷群岛的大部分试航和训练巡航的队长。欲了解更多有关这艘古代独木舟的复制品、其历史和文化影响的信息，请访问探索波利尼西亚航海协会：http://pvs.kcc.hawaii.edu/aboutpvs.html

科纳海滩酒店画廊解读

酒店画廊里展出了画家赫伯·卡瓦努伊·卡恩的 40 幅画作。卡恩不仅是著名的画家，而且是历史学家。他深入钻研夏威夷的历史，将他对夏威夷历史的认知，特别是对夏威夷重大历史事件的认知，体现在他的画作之中。画家自幼生活在夏威夷，对于夏威夷岛民的生活，有着深入的了解和深厚的感情。因此，他有意刻画了夏威夷岛民的生产和生活。他还注重研究了独木舟，并且和友人一起建造了一艘独木舟，并使这艘独木舟从夏威夷驶到了塔西提（大溪地），有力地证明了古波利尼西亚人的航海能力。仔细观看这些具有饱含历史内容的油画，可以使我们增加对夏威夷了的了解。

这些油画，大致可划分为五部分。

一 发现夏威夷的历史

第一部分描绘的是发现夏威夷的历史，主要由第 1、2、5 三幅油画组成。

画廊展出的第一幅画名为"夏威夷的发现"，记录了波利尼西亚人发现夏威夷的历史。

数百万年前，太平洋板块在移动过程中，中间出现裂缝，导致火山爆发，逐渐形成了夏威夷群岛。这些群岛长久以来为无人居住的荒岛。直到公元四世纪，即如今的 1600 年前，来自南太平洋塔西提（大溪地）岛的波利尼西亚人，乘着独木舟，通过观看到火山爆发，发现了这里。他们是最早来这里定居的，给这个群岛起名"夏威夷"，意思是"原始之家"。群岛命名为夏威夷，还有一种说法，即最早来到群岛的航海家名为夏威夷，以他的名字命名了这个群岛。波利尼西亚人是夏威夷的原住民和土著人。1795 年，卡美哈美哈酋长运用军队武力征服了夏威夷群岛，建立了夏威夷王国，使夏威夷群岛成为一个统一的国家。

1778 年英国航海家、探险家库克船长登上夏威夷群岛。此后，夏威夷才为世人所知。

画家赫伯·卡恩将"女神贝利的夏威夷之旅"作为画展的第二幅油画，可见画家对贝利女神的重视和崇拜。

这幅画，既有贝利的正面全身画像，又有广袤的大海、独木舟和海洋里的鱼。它既画出了夏威夷民众心目中的女神贝利，是乘独木舟来自塔西提；又将她母亲送给她一个卵子，在她的胸中孵化成一个女婴的传说，展现得淋漓尽致。画中贝利的帽子、头发、肤色、衣服等，或是金黄色，或是火红色，生动地描绘了贝利是火山和火的女神。

第 5 幅油画"西班牙帆船发现夏威夷"，描绘的是西班牙帆船从夏威夷南部的海面往返经过，远观夏威夷。

15 世纪末，哥伦布发现新大陆以后，1521 年西班牙殖民者占领了全墨西哥，16—18 世纪，西班牙在墨西哥大量开采银矿。墨西哥成为世界上最大的白银产地，西班牙铸造的墨西哥银元，纯度好，质量高，成为了全球最受欢迎的银元。西班牙人用商船将大批的银元运往菲律宾和中国，换取商品，再运回墨西哥，然后再运到西班牙去销售。200 年间，西班牙的商船在夏威夷南部来来往往，他们有可能看到了夏威夷。

二 夏威夷王国王室成员

第二部分，描绘的是夏威夷王国王室成员，主要由第 6、14、15、16、22、23、31、32、33

等9幅油画组成。

第6幅画，画的是"青年时期的卡美哈美哈"。卡美哈美哈很早就树立了统一夏威夷的伟大理想，他体力和智力都很强，总是沉着冷静，深思熟虑，对待敌人野蛮无情，对待臣民却是公正、睿智和体贴。这幅画，展现了卡美哈美哈一世青年时健壮、智慧、坚毅的风采。

第22幅油画，名为"卡美哈美哈向贝利献祭"，讲的是这样一个故事，山上流出的熔岩流覆盖了北科纳海岸线数英里的鱼塘和村庄。祭司们安抚火山女神贝利的努力，未能阻止住熔岩流。国王卡美哈美哈亲自来到熔岩流的旁边，剪下自己的一缕头发，用树叶包起来，投入熔岩流。他用自己最高尚的祭品，祭奠贝利女神。贝利为他的举动所感动，让熔岩不再流淌。这个故事宣扬的是卡美哈美哈国王关心百姓疾苦的美德。

第23幅油画，有力的证明了卡美哈美哈国王对臣民的体贴。这幅油画名为"碎桨法"，说的是有一次卡美哈美哈年轻时沿着海岸航行，见到有渔民在岸上安静地捕鱼。他跑上岸攻击渔民，渔民落荒而逃。不幸的是卡美哈美哈的脚被熔岩缝隙给卡住了，逃跑的渔民转回身用船桨击打他，以致船桨都打碎了。若干年后，卡美哈美哈让人找到当时击打他的那个渔民，并带来见他。此时，卡美哈美哈已经成为夏威夷王国的国王，大权在握。许多人认为，这个渔民必死无疑。于是在场的一些酋长高喊："用石头砸死他！"然而，卡美哈美哈却说，用石头砸死的应该是我。他为当初自己的鲁莽而自责。他颁布了"碎桨法"，赋予平民在王国保护下在岛屿上自由旅行的权利。

第15、16、17三幅油画，体现了卡美哈美哈国王对敌人的野蛮和无情。

第15幅油画名为"普库霍拉海奥卡美哈美哈大厦"，描绘的是卡美哈美哈为战争守护神建造国家神庙。为此，他动员了成千上万的岛民参加劳动。卡美哈梅哈领导了这项巨大的工程，并身先士卒，参加搬运石块的劳动。卡美哈美哈修建神庙的举动，引起了其他酋长们的不满。他们妄图在他完成工作并从神灵那里获得力量之前，对他进行打击。

第16幅画名为"普库霍拉的仪式"，画的是夏威夷岛南部的酋长基瓦因火山爆发损失了三分之一的军队。卡美哈美哈邀请他来进行和平谈判，然而基瓦来到以后，主动挑起战斗，卡美哈美哈烧毁他的独木舟，杀死他本人和其他人，并用他们的遗体作为战神的祭品。

第17幅油画名为"红嘴枪之战"，描绘的是其他岛屿的酋长们为了在卡美哈梅哈完成建造国家神庙之前粉碎他，联合组成了一支舰队，向他发起了进攻。卡美哈美哈驾驶船只沿海岸线航行，动员并聚集战士，驾驶独木舟迎敌，双方在海面上大战，结果卡美哈美哈大获全胜。

第14、31、32、33四幅油画，画的是王室成员。其中第14幅油画名为"卡阿胡玛努女王"，画的是卡美哈美哈最喜爱的妻子卡阿胡玛努。她美丽、聪明，然而冲动、固执，但是她是卡美哈美哈一世在宫廷中最值得信赖的人。卡美哈美哈一世死后，她作为摄政王，协助卡美哈美哈一世的儿子卡美哈美哈二世执政。她认识到识字的必要，因而在各地开办学校，让岛民学习阅读和写作。她为夏威夷王国兴办教育、普及文化做出了重要贡献。

第31幅画，画的是卡美哈美哈三世国王考凯奥利。他1825——1854年在位，总计29年，是夏威夷王国在位时间最长的君主。1840年，他颁布了《夏威夷王国宪法》，使夏威夷成为了宪法国家。宪法申明，土地由酋长和人民共同持有。1848年，他在大马赫勒地方分配土地，导致了夏威夷群岛土地私有化。

第32幅油画名为"卡皮奥拉尼公主藐视贝利"，画的是卡皮奥拉尼（Kapi'olani，有的译为卡皮欧拉尼）公主。她是夏威夷岛科纳的高级酋长。在她少年时，在卡普的统治下，女人品尝香蕉会被处以死刑。卡皮奥拉尼说服了仆人的男孩获取水果并带给她品尝。她虽然免除死刑，但是男孩因此而被处死。当时，人们对女神贝利具有恐惧的崇拜。作为科纳的高级酋长，她皈依了基督教，决心带领人民结束对女神贝利的恐惧。为此，她制定了一项计划，要到火热的火山中去。当地的牧师和女祭司都对她发出了严厉的警告。她不管不顾，在前往基拉韦厄火山的危险跋涉期间，吸引了好多随行者。在哈勒玛乌玛火坑的边缘。她不仅没有征得贝利的同意就吃了女神的奥赫洛浆果，甚至向火山口扔石头，而且当众朗读了《圣经》中的章节。向人民展示了她的新信仰的力量。结果，她毫发无损地返回来了。在她的影响下，许多人皈依了基督教。

第33幅油画"伯尼斯·波拉希·毕晓普公主"，描绘的是卡美哈梅哈王朝的最后一位成员，她自幼在皇家学校接受过教育，与商人查尔斯·里德·毕夏普结婚。她有资格成为王位继承人，并且卡美哈美哈五世临终前将王位赐予她，然而，她拒绝接受王位。她自有土地连同继承的土地总计达485,563英亩，约占夏威夷总面积德9%。她去世前，将她的巨额遗产委托他人投资，收入用于举办和维护卡美哈美哈学校，培养具有波利尼西亚血统的男女儿童和少年，体现了她为本民族延续和发展服务的美德。

三 重大历史事件

第三部分，画的是重大历史事件。由第7、8、9、10、11、12、13、17、18、19、20等十一幅油画组成。画的是库克船长来夏威夷和卡美哈美哈一世统一夏威夷两件重大历史事件。

（一）库克船长来夏威夷

第7、8、9、10这四幅画，画的是库克船长来夏威夷。

第7幅画，名为"接触的时刻"，画的是英国探险家库克船长1878年1月第一次发现和来到夏威夷，在可爱岛同岛民第一次接触。他的船落下帆、停泊以后，当地岛民乘独木舟围拢过来，用鱼和他们交换物品。岛民最喜欢的是钉子或铁，可见夏威夷岛上缺乏铁等金属。库克第一次来夏威夷，先后接触了可爱岛和豪尼岛两个岛，岛民对他是友好的。他们在夏威夷交换了补给后，继续北上，前往阿拉斯加。

第8幅画，名为"库克探险队进入基亚拉凯库亚湾"。画的是库克船长第二次来到夏威夷。这一次，是库克船长率领船队从北极圈探险折返向南航行，到夏威夷来过冬。在来夏威夷的海面上，库克船长遇到了夏威夷国王卡拉尼奥普乌，国王指引库克前往他的夏威夷岛。1779年1月17日，库克船长驶入基亚拉凯库亚湾。当时，吸引了有1000艘独木舟、上万人（还不包括岸上观看的人）护送他们进入海湾。基亚拉凯库亚湾，在夏威夷的大岛的西部靠南，离科纳市仅仅几十公里，海湾呈弯月形，海滩平缓，适宜浮潜和冲浪。库克船长一行在这里购买粮食等给养，准备北上继续探险和考察。九天后，夏威夷岛国王卡拉尼奥普乌带着一支庞大的独木舟舰队抵达。

库克船长第二次到访夏威夷，正赶上当地岛民庆祝"马卡希基节"。在夏威夷语中，"马卡希基节"是"年"的意思，是他们的传统节日。这个节大约从10月或11月到第二年的2月或3月，连续4个月的假期，禁止劳动。他们要向神龙诺敬献贡品并庆祝丰收。感谢神龙诺对他们的照顾，给他们土地带来了生命、祝福、和平和胜利。他们还向神祈祷敌人的死亡。岛上每个地区的寺庙都有龙诺的祭坛，祭品也有的摆放在社区边界线上的石坛上。

库克船长到达夏威夷岛时环岛航行，与庆祝节日的环岛航行岛民的船队相遇。碰巧的是，决心号的桅杆、帆和索具的形态，与当地用于祭祀的手工艺品相似，使得库克船长被部分岛民误认为是神龙诺下凡，对他和他的船员顶礼膜拜、奉若神明。夏威夷岛国王卡拉尼奥普乌1779年1月26日对库克的船进行了仪式访问，并交换了包括羽毛斗篷和仪式头盔在内的礼物。对于库克船长第二次来夏威夷，当地岛民和国王表现了热烈欢迎。

第9幅油画，名为"库克船长之死"，画的是库克船长第三次到夏威夷发生的事件。库克船长率队离开夏威夷北上继续寻找"西北航道"的途中，遇到大风，决心号前桅杆折断，1779年2月11日返回夏威夷修理。他们到达夏威夷时，当地的"马卡希基节"已经结束。上次他们到夏威夷时，被部分岛民误认为是神龙诺下凡，予以热烈欢迎。这次，节日完了，神怎么又回来了？中国有句俗话"请神容易送神难"，大概就是这个意思。这令国王卡拉尼奥普乌和岛民很意外，很生气。不仅拒绝给他们补充食物，而且禁止他们砍树用来修理船只，甚至还偷走他们的一些物品，包括一艘小艇。对于文化上的差异，库克船长未必清楚，但是对于双方的冲突，库克船长采取了不妥的办法处理，试图劫持国王卡拉尼奥普乌，作为人质换回小艇。结果，2月14日库克船长和他的海军陆战队与国王的保镖以及岛民发生了武装冲突。这幅画画的就是武装冲突场面。库克船长与年轻的酋长卡美哈美哈都在现场指挥战斗。在混战中，库克船长、四名陆战队员和部分岛民被打死，酋长卡美哈美哈也被炸飞的石头片打伤。库克船长寻找"西北航道"的任务尚未完成，便死于夏威夷，颇有些"出师未捷身先死"，令人惋惜。

后来，人们在库克船长被杀的凯阿拉夸湾，修建了"库克船长纪念碑"，用来纪念他。

位于凯阿拉凯夸湾的库克船长纪念碑（网上下载）

第10幅油画，名为"费利斯冒险家号商船"。1779年，英国两艘探险船"决心号"和"发现号"由太平洋西北海岸回英国的途中，驶抵中国广州停下来修理。这次停留，使得他们发现了重大的商机。当时，从美国西北海岸，即如今的加州、俄勒冈州、华盛顿州，以及加拿大的西北沿岸等地，花6便士（1英镑等于100便士）买的一张海獭皮，在广州可以卖得100美金。上千倍的利润！这次停留"揭开北美至广州海运皮毛贸易的序幕；1785年，英国人詹姆斯·汉纳（James Hanna）率船开启了西北海岸与广州间皮毛交易的首次商业航行②；1787年，英国东印度公司两船从北美运来兽皮，以5万元售给广州行商石琼官。" 曾经跟随库克船长探险的约翰·黎亚德(John Ledyard)在1782年返美后，广泛向多地商人，告知广州看到的商业信息。一时间，美国的大批商人也投入了从美西北购买皮毛到广州销售的贸易。到1801年，这种贸易量达到了顶峰，"美、英两国相加为567101张" 海獭皮。（引自《安徽史学》2015年第6期，郭卫东《皮毛：清代北美对华贸易的重要货品》）

下面介绍这艘船。这艘船是英国人约翰·米尔斯1788年在中国澳门购买的，它的吨位为230吨，有铜的底层。1788年1月22日从澳门启航，船上雇佣了50名中国男子。这50名中国男

子，是第一次前往太平洋西北和夏威夷的中国人。（引自维基百科：《威廉·道格拉斯（船长）》）

约翰·米尔斯（约 1756——1809 年），大约 1756 出生爱尔兰，1771 年作为船长的仆人，加入皇家海军。1778 年被任命为中尉。1783 年加入商人服务，1785 年成立了西北美洲公司，总部设在印度。从太平洋西北海岸印第安人收集皮毛，并在中国销售。（引自维基百科：《约翰·米尔斯》）

这幅画的英文说明下半段，讲述的是约翰·米尔斯在夏威夷同当地岛民进行交易的情景。他们将独木舟从商船上放入海中，拉着所带的商品，同岛民交易。

（二）卡美哈美哈一世统一夏威夷

第三部分的第 11、12、13、17、18、19、20 这七幅画构成，画的是卡美哈美哈一世统一夏威夷这一重大历史事件。

第 11 幅画名为"酋长开会。"这些酋长们，手持兵器。各个身强体壮，能征善战。他们在一起开会，似乎是商量打仗的事宜。在这个会场，身穿大红披毡的卡美哈美哈显然处于中心的位置，万众瞩目。正如第 6 幅画的英文说明中所说的："在商议时，最聪明的人也会听从他的判断。"

第 12 幅油画名为"莫库奥哈尔之战"。1782 年 4 月之前，夏威夷岛的最高君主是卡拉尼奥普乌（约 1729—1782 年 4 月）。1782 年 4 月卡拉尼奥普乌去世后，他的长子基瓦拉奥（Kiwala'o）（1760—1782）继承王位，控制着考乌（Ka'uu）；他的侄子卡美哈美哈（1758 年－1819 年 5 月 8 日）统治着西部地区；他的弟弟基亚莫希利（Keawemauhili）（1710—1790）控制着东部的希洛（Hilo），夏威夷岛实际上是三分天下。

1782 年 7 月，莫库奥哈尔之战在夏威夷岛科纳附近的基亚拉夸湾以南爆发。参战方除了新国王基瓦拉奥和卡美哈美哈以外，还有基瓦拉奥的叔叔基亚莫希利。基亚莫希利站在基瓦拉奥一方。战争既在陆地，也在海上进行。这幅画画的是双方乘独木舟在离岸不远的海面进行战斗。

在这场战斗中，领导人中卡美哈美哈的岳父、科纳的执政首领卡梅亚莫库第一个受了重伤。基瓦拉奥在陆地的战斗中被吊带的石块击倒。卡梅亚莫库爬到基瓦拉奥的身旁，用鲨鱼牙匕首割断了他的喉咙。基瓦拉奥的叔叔基亚莫希利被抓获，后逃到希洛。基瓦拉奥国王的红色羽毛斗篷被卡美哈美哈缴获。这场战争是卡美哈美哈攻克夏威夷群岛战争初期的关键一战。他取得了重大的胜利，控制了夏威夷岛的西部和北部，包括科纳、科哈拉和赫梅库阿，巩固了他对夏威夷岛大部分地区的领导地位，也为他将来统一夏威夷群岛做了准备。

战争之前，双方的妇女儿童涌入了霍瑙瑙"避难所"。战争中失败的基瓦拉奥的战士，也逃到霍瑙瑙"避难所"。

第 13 幅油画名为"霍瑙瑙湾"。这里曾经是夏威夷的古老的避难所，有重建的茅草太平间，如今是国家公园，人们在这里开心地划船。霍瑙瑙湾位于夏威夷岛凯卢阿—科纳以南约 32 公里的地方。这里是一个深水湾，是夏威夷最好的浮潜海滩之一。

为什么这里曾经是避难所？据说，这里的茅草太平间里保存着古代国王的骨骸。它的法力保护着这里"长城"内的区域。这个区域是有难之人避难的地方。它之所以是安全的场所，是因为进入这个区域伤害别人的任何人，都有可能受到古代国王灵魂的惩罚。

第 17 幅油画名为"红嘴枪之战"。这场战争的一方是夏威夷国王卡美哈美哈，他是被动的，是被进攻的一方。另一方是可爱岛、瓦胡岛、茂宜岛等酋长的联合舰队，他们是主动进攻的一方。这幅画和第 15 幅画有关。那幅画中说，其他岛屿的国王（酋长）对于卡美哈美哈修建国家神庙不满，试图在他完成修建工作、从神灵那里获取力量之前，对他进行打击。这次进攻，是他们将想法变为行动。可爱岛、瓦胡岛的军队来到茂宜岛集结，他们从夏威夷岛的东侧进攻，烧毁了夏威夷古老的宫殿，破坏了芋头田地和鱼塘，摧毁了保护堤岸和墙壁。卡美哈美哈一方在战前也做了武器的准备，并且拥有了使用火炮娴熟技术的英国人艾萨克·戴维斯和约翰·杨。

这场海战在夏威夷的历史上是一次大海战。过去的海战，都是独木舟的较量。双方使用战棍、标枪和长矛进行战斗。这次海战，双方还使用了枪支和火炮。结果卡美哈美哈获胜，各岛联合入侵者被打败了。可爱岛和瓦胡岛的国王，带着他们的舰队逃往茂宜岛。

第18幅画的主体是一艘大型双独木舟，名为"贝利琉战争独木舟"。它是卡美哈美哈的设计师为统一夏威夷群岛而设计开发的大型作战独木舟。这些独木舟不仅仅运送军队前去打仗，而且还要给军队运输补给。这种独木舟建造了800艘，可见数量之多。当年的访客约翰·特恩布写道："1794——1802年卡美哈美哈拥有20艘从25吨到70吨不等的船只。"建造这些独木舟和船只，是卡美哈美哈为统一夏威夷群岛而做的最重要的准备。

卡恩写道："贝利琉这些具有深船体的帆船，有些装备有旋转枪，携带前后帆索具，无论是双桅帆还是帆索索具，能逆风航行。"（引自赫伯·卡瓦伊努伊·卡恩：《夏威夷独木舟的降水（1998）》）

第19幅画"卡美哈美哈的入侵舰队在威基基登陆"，登陆时间为1795年。画面上，卡美哈美哈的军队，驾驶着大批的贝利琉战争独木舟，以排山倒海之势，在瓦胡岛的威基基抢滩登陆。这幅画画的是卡美哈美统一夏威夷战争的初期。画面上的贝利琉战争独木舟所使用的船帆，为四角形的帆，属于欧洲的设计风格。

第20幅画，画的是卡美哈美哈统一夏威夷战争的最激烈场面，名为"努阿努巴利战役"。这场战役，卡美哈美哈消灭了夏威夷群岛上的一支比较强大的军队——瓦胡岛上的军队。为统一夏威夷群岛，打下了坚实的基础。瓦胡岛上的军队，抵抗卡美哈梅哈军队的进攻也很顽强。他们被逼到悬崖边时，宁可跳崖，也不投降。

第17、18、19、20这几幅油画，像连环画一样，连续生动形象地描绘了卡美哈美哈领导的统一夏威夷的过程。这几幅画，是历史的画卷，是赫伯·卡恩研究探讨夏威夷历史的重要成果，并用油画的形式表现出来。

历史上的重大战争，都很激烈，也都很残酷，有很多的流血，很多的牺牲。然而，战争也是推动历史前进的重要手段。倘若没有这场战争，便没有统一的夏威夷王国，也就没夏威夷群岛此后近百年的稳固和进步。

四 夏威夷岛民的生产和生活

第四部分，由第3、4、24、25、26、27、28、20、30、34、35、36、37、38、39等十五幅油画组成，画的是夏威夷岛民的生产和生活。

（一）夏威夷岛民的生产

第3、4两幅油画，介绍的是夏威夷人的航海技术。夏威夷人主要是从别的海岛来的波利尼西亚人，他们生活在海岛上，经常同大海打交道，有着丰富的航海经验，单凭一艘独木舟，便可跨越太平洋。他们是最杰出的航海家.

生活在小岛丛林中的波利尼西亚人曾是天生的水手（网上下载）

第 24 幅油画，名为"卡帕的制造者"。它的背景画，描绘出了剥树皮、在石板上砸树皮、在石槽里将树皮捣碎、在石板上制作卡帕的主要工艺过程。它的前景画，即画的主体，是夏威夷妇女剪裁卡帕，制作衣服。

卡帕（Kapa）是夏威夷的一种很好的布料，然而，它不是用棉花纺线织出来的。制作卡帕的原料，是瓦克（桑树）和其它一些树木的内皮。精心挑选好树干，剥掉外层的皮不用，而用里面的树皮，一层层的剥下来之后，放在海水里浸泡、发酵，然后放在平台上用石棒敲打，再放在太阳底下晒干。当晒干的树皮积累到一定数量时，又把它们放在海水里浸泡，然后在石槽里捣烂，再将捣烂的树皮放在香蕉叶底下发酵变软。变软后，再用木槌敲打，之后再浸到海水里。最后放入雕刻精细的石头凹槽里捶打。

制作卡帕，主要由妇女完成。年轻的女孩，通过帮助母亲制作卡帕来学习。长大以后，可以自己制作卡帕。

卡帕可以制作男女穿的衣服，可以制作毯子、船篷，还可以拧成绳，编织渔网或网兜。

随着编织物的进口，夏威夷制作卡帕的技术被人们遗忘了。1933 年出生于夏威夷火奴鲁鲁（檀香山）的普阿纳尼·范多尔普（Greta Mae "Puanani" Kanemura Van Dorpe, 1933-2014），20 世纪 70 年代初，应邀访问了斐济的瓦图莱莱岛，被岛上的妇女们用传统方法制作马西布的景象惊呆了。从斐济回夏威夷后，范多尔普千方百计地发掘、了解和研究卡帕的制作，花了四十多年时间研究制造卡帕的被遗忘的工艺。她每天工作长达十个小时，跪在石铁锤旁边，将发酵的树皮浆打成无缝的毛毡，终于制作出了卡帕——令人赞叹的布料。1999 年，范多尔普在茂宜岛诺阿夏威夷大学东西中心画廊举办了一个个人展览，专门展示她为制作卡帕而恢复的方法。她还在在哈佛大学和卡美哈美哈学校做有关卡帕的讲学。她的女儿卡普艾洛希亚·范·多尔普（Kapuailohia Van Dorpe）与母亲一起学徒，并继续从事卡帕制作工作。

美国艺术家和卡帕大师普阿纳尼·范多尔普（1933-2014）

（注：本文引用资料：维基百科：《夏威夷的艺术》、《普阿纳尼·范多尔普》）

第25幅油画的英文说明，没有拍清楚。只能根据画面命名为"编席"。

夏威夷的编席，名为玛卡鲁阿编席，以露兜树为原料。露兜树为热带地区的灌木或乔木，常见于沿海的沙地上，叶子狭长，可用来编席。夏威夷的编席，大部分表面有精美的花纹。这些花纹取自自然元素、植物和动物。每件席子都有独特的花纹和尺寸，绝不雷同。

因为露兜树的资源有限，岛民还使用玛卡鲁阿荷草编席。

这幅画的背景画，画的是人们从露兜树上砍下树叶，把树叶制成同样宽窄、薄厚的席篾的过程。前景画，则是一位有经验的妇女在熟练地编席。从这幅画可以看出，编席通常由妇女完成。

（注：本文引用资料：维基百科：《尼伊浩编席》）

第26幅油画名为"渔夫"。这幅画的主体，为一名身体健硕的渔夫，身披钛叶做的雨披，脖子上挂着一个骨骼做的鱼钩，手中捧着一条黄色的鳍团鱼。

这幅画的背景画，描绘出了几种捕鱼的方法，有的划船钓鱼，有的撒网捕鱼，有的用硬木长矛扎鱼。画面上还介绍了渔民经常捕获的几种鱼：鳍鱼、鲣鱼、阿库鱼和鲈鱼。

画面还显示，捕鱼是男人们的事。

第27幅画，名为"锛的制作者"。这幅画采用背景画和前景画组合的方式，描绘出石锛的制作过程。锛子是波利尼西亚人最基本的工具之一，主要用来伐树和雕刻树木。绝大多数的锛子是使用精细的玄武岩制成的，没有玄武岩的地方，人们只好用海贝和骨头来制作。有的石锛子长达

60厘米。

这幅画由四处背景画和一处前景画组成。四处背景画，分别是从巨型玄武岩石块上取下一块较大的石块，作为锛子的原料；对石料进行粗加工，使之成为粗造的坯料；对成型的锛子进行研磨，使之锋利；将做好的锛子捆绑在一个木棍的头上。前景画是画的主体，刻画的是大师级的石匠对粗糙的坯料进行精加工，使之成为"肩部"的形状，即中间部位略微突起，两侧对称平缓。

第28幅画，名为"独木舟制造者"。其主体是一位白发苍苍的制造独木舟的大师。背景画分别是伐树、雕刻独木舟、捆扎独木舟、制作船桨等制作独木舟的过程，以及独木舟的整体形象。

波利尼西亚人生活在大洋之中的海岛上，船是他们征服太平洋最重要的工具。波利尼西亚群岛地处热带，这里生长的高大的树木，适宜造船。由于波利尼西亚人没有制作出金属的锯、斧、刨、凿等木工工具，只能运用石头、骨骼做的工具，造出人类最原始的船——独木舟。普通的独木舟在海上行驶时稳定性差，波利尼西亚人发明了一项技术，在独木舟舷外安装支架，有的是一侧，有的是两侧。甚至将两艘独木舟并联在一起，中间用木板连接成为甲板，甲板上还可以建造房屋。这样的双体独木舟，不仅行驶稳定、速度快，而且方便人们的生活。

第30幅画名为"种植者"。主体画是一名经验丰富的种植者，手里拿着一株芋头。背景画是一男一女两名种植者在劳动。芋头属多年生宿根性草本植物，最早产于中国、马来西亚和印度等炎热潮湿的沼泽地带。夏威夷种植芋头和甘薯（红薯）较多，最早的芋头、甘薯是用独木舟带到这里来的，在这里又培育出大量的优良品种。

这幅画表明，妇女参加种植芋头、甘薯等劳动，但农业主要仍然由男性来完成。

以上第24、25、26、27、28、30等六幅油画，画的都是夏威夷的各类生产活动。这几幅画有一个共同特点，都是由前景画和背景画组成。前景画画的是这几类生产活动的主体，背景画则是制造产品的工艺过程。这种画法，将夏威夷这几类生产活动全景式地表现出来，是画家的发明创造。

从这几幅画可以看出，夏威夷群岛，以及整个波利尼西亚群岛，由于地小、人少，自然资源贫乏，与其他大陆长期隔绝，生产工具落后，生产、生活状况近乎原始。他们最擅长的是航海，然而他们的造船技术和导航工具，也远远落后于其他大陆。

第29幅画，画的是一艘捕鲸船。这些捕鲸船是从其他大陆来的，然而，夏威夷一带海面有鲸鱼，这些船来到夏威夷一方面捕鲸，一方面来这里补充给养、修理船只、招募水手，上岸休息。把它归类到夏威夷的生产之中虽然有些勉强，也只能如此。

（二）夏威夷岛民的生活

第四部分的第34、35、36、37、38、39等六幅油画，画的是夏威夷人骑马、游泳、跳舞、音乐等方面的活动，属于岛民的日常生活。当然，不是普通岛民，而是岛民上层社会成员的生活。

五 霍库莱阿（欢乐之星）独木舟

第五部分由第40幅油画组成，画的是赫伯·卡恩等人研究、建造的霍库莱阿（欢乐之星）独木舟。虽然只有一幅画，但是这幅画与其它画不搭界，因此独立成为一部分。

卡恩不仅深入研究了夏威夷的历史，而且深入研究了独木舟。致使他画的各种独木舟逼真，符合历史的真实形象。

公元4世纪，波利尼西亚人来到夏威夷以后，因为这里岛屿的面积比较大，土地面积也比较大，基本满足他们生活的需要，他们在此定居，停止了远航。因而，他们的航海技术和造船技术也随之消失。1973年夏威夷人类学家本·芬尼（Ben Finney），艺术家赫伯·卡瓦努伊··卡恩（Herb Kawainui Kane）和水手查尔斯·汤米·霍姆斯（Charles Tommy Holmes）共同创立了波利尼西亚航海协会。他们想要证明波利尼西亚人在不用现代导航设备的情况下，仅凭洋流和星座的指引，就能从夏威夷驶到塔西提（大溪地）。

没有图纸，他们就参照库克船长留下的草图，按照波利尼西亚的古老传统，制造了一艘双身独木舟。两艘独木舟并排连接而成，它不像过去用大型的树干雕刻而成，而主要用树脂凝胶将胶合板和碳纤维板粘合而成。再用8公里长的绳索捆紧，不用一颗钉子。这艘霍库莱阿独木舟，长18.5米，宽5.8米。

霍库莱阿1975年3月8日建成下水。开始在夏威夷各岛之间试航，为以后的长距离航行做准备。在一次试航时发生了事故，在风暴中迷失了方向，导致几名船员葬身大海。

1776年5月1日，霍库莱阿从夏威夷的茂宜岛出发，向塔西提（大溪地）驶去。这次，由一名波利尼西亚土著人毛·皮埃勒格（Mou Piailug）主动提出帮忙。担任寻航员。寻航是波利尼西亚人的古老智慧，这位寻航员是仅剩的掌握这门智慧的人之一。

毛·皮埃勒格是密克罗尼西亚人，他的航海技术，是从航海大师的爷爷那里学来的。自幼爷爷"教他辨别不同地方不同的风和不同的浪"，之后教他集中记忆星盘。到18岁时，他就成为一名"帕鲁"，"帕鲁"就是"经受训练认证的航海大师"。在他之后39年间，再没有人成为"帕鲁"。作为一名帕鲁，他不愿意把身上的技艺一并带入坟墓。当卡恩等人创立了波利尼西亚航海协会，准备划独木舟去塔西提（大溪地）时，邀请他做老师。他认真、耐心地给想成为航海家的人讲授星盘，并允许听课的人把他的讲授记录下来，而不仅仅是记忆下来。

从夏威夷出发以后，"他会先把船摆正方向，然后沿着两颗星星的连线前进，一颗升起的星，一颗下落的星，一个是目的地星，一个是出发地星，目的地星在前，出发地星在后，只要这样，船就不会走偏。到了白天，他的向导转成朝阳和落日，还有'生命之母'海洋。感觉海浪拍打船体，就能读出岸的远近和方向。观察水的颜色，就能探知浅水的存在。云层下方反射过来的光，那是视线外的礁湖。鱼的味道变香了，意味着河流在看得见的远处流淌；看见群鸟夜归，陆地位置可知。"

"一个月的旅行，罗盘、六分仪、海图，什么都没带。他并非彻底抵触现代工具。罗盘偶尔白天用得上；而且，胳膊上一块厚重的手表——至少是他老时的习惯。但是毛驾船并不靠纬度、经度、角度，也不靠任何数学计算。苍穹下面，他行走、行船；苍穹之上，密布成网的繁星，缓慢移动，由东向西，由初升点到下落点。对于它们，他太了解了，其中的100多个知道名字，相关联的星知道颜色、亮度、运动规律，他脑袋里好像有一个完整的宇宙，而他自己——那个坚决、敦实、谦逊的人——则坐镇天体运行的轴心。"

一路的行程，他们喝的是葫芦里装的水，吃的是用叶子包好捆扎实捣碎的薯块。

1976年6月3日，这艘船成功抵达了夏威夷4,400公里之外的南太平洋中部的塔西提（大溪地）岛。这次行程，有力地证明了古波利尼西亚人具有凭借星光和太阳导航，乘独木舟在波利尼西亚大三角形水域遨游的能力。

"这次旅程的成功，在波利尼西亚掀起了一股古文明热潮，重燃了人们对古领航术和造舟术的兴趣。"（维基百科：《星光导航》）

成功抵达塔西提（大溪地）之后，这艘霍库莱阿独木舟在2,500万平方公里的波利尼西亚群岛的范围内走南闯北，四处航行。不仅多次往返于夏威夷和塔西提（大溪地）之间，而且还远航到过库克群岛、新西兰、马克萨斯群岛、复活节岛，甚至还航行到阿拉斯加和日本沿岸。这些航程大都是由汤普森领导的。

帮助卡恩等人完成驾驶独木舟自夏威夷到塔西提（大溪地）航行的航海大师皮厄斯·毛·皮埃勒格于2010年7月12日逝世，享年78岁。毛·皮埃勒格没有将驾驶独木舟在大洋上航行的技艺一并带入坟墓，而是传给了后人。

毛·皮埃勒格（网上下载）

2017年6月17日，这艘霍库莱阿独木舟还完成了用3年时间环球航行，回到了出发时的夏威夷。这次环球远航的领航员，也是奈诺亚·汤普森（Nainoa Thompson）。汤普森1953年3月11日生于夏威夷瓦胡岛，1972年毕业于普纳豪学校，1986获夏威夷大学海洋科学学士学位。汤普森曾经师承来自萨塔瓦尔岛的大航海家毛·皮埃勒格。1980年，他的第一次单独航行是从夏威夷到塔西提（大溪地）。从那时起，汤普森一直是霍库莱阿独木舟后续航行的领航员。

（注：本文资料引自百度百科：《毛·皮埃勒格——来自现代的古代航海家》、澎湃新闻《仅凭借观星、洋流和风，波利尼西亚独木舟完成三年环球远航（组图）》、维基百科：《星光导航》等）

参观油画展，学习夏威夷王国历史

在酒店画廊旁，专门有一间展室，展览的是夏威夷王国各位国王和王后的画像和英文介绍。参观这间展室，可以学到夏威夷王国的简单历史。

展室（右侧）紧邻画廊

展室里的一角

一 卡美哈美哈

卡美哈美哈国王一世（King Kamehameha 1）彩色画像

卡美哈美哈国王一世画像英文说明照片

King Kamehameha I
(Paiʻea, Ka Naʻi Aupuni)
Life Span: 59 years (1758 - 1819)
Established the Hawaiian Kingdom

- Son of Keōuakupuapāikalaninui and Kekuʻiapoiwaahāʻae, born in Kokoiki, Kohala, Hawaiʻi
- Rose in status as a warrior chief under King Kālaniʻōpuʻu of Hawaiʻi
- Met with Captain Cook on his second voyage in 1779
- Through wars of conquest beginning in 1782, established control of the islands from Hawaiʻi to Oʻahu by 1795, then ruled in peace until his death
- Kamehameha I was a high chief of the island of Hawaiʻi and gained control of Kauaʻi and Niʻihau through treaty in 1810, uniting all the Hawaiian islands under one king
- Controlled relations and trade with foreigners, as well as the import of foreign livestock and crops
- Rigorously supported traditional religion and social systems
- Has over 21 wives and many children, some of very high rank
- Keōpūolani was his sacred wife and Kaʻahumanu his favorite wife
- Died in Kailua, Kona, Hawaiʻi in 1819, having named his son Liholiho as heir

卡美哈美哈国王一世画像英文说明

King Kamehameha Ⅰ

Life Span: 59 years (1758-1819)

Established the Hawaiian Kingdom

* Son of Ke Quakupuapaikalaninui and keku 'iapoiwaaha' ae, born in Kokoiki, Kohala, Hawaii.
* Rose in status as a warrior chief under King Kalani 'opu' u of Hawaii
* Met with Captain Cook on his second voyage in 1779
* Through wars of conquest beginning in 1782, established control of the islands from Hawaii to Oahu by 1795, the ruled in peace until his death.
* Kamehameha 1 Was a high chief of the island Hawaii and gained control of Kauai and Niihau Through Treaty in 1810, uniting the Hawaiian islands under one King。
* Controlled Relations and Trade with Foreigners, as well as the airport of foreign livestock and crops.
* Rigorously Supported Traditional Religion and Social Systems.
* Has over 21 wives and many children, some very high rank
* keopuolani was his secret wife and Kaahumanu His favorite wife
* Died in Kailua, Kona, Hawaii in 1819, having named his son Liholiho as heir

卡美哈美哈国王一世（King Kamehameha Ⅰ）黑白画像

"卡美哈美哈国王一世"画像英文说明中文大意

卡美哈美哈国王一世

寿命：59 年（1758-1819）

建立夏威夷王国

*克·夸库普阿帕伊卡拉尼努伊和凯库·亚波伊瓦哈雷之子，出生于夏威夷科哈拉的科科伊基。。
*在夏威夷国王卡拉尼奥普乌手下晋升为武士首领。
*1779 年在库克船长的第二次航行中会见了他。
*通过从 1782 年开始的征服战争，到1795 年建立了从夏威夷到瓦胡岛的岛屿控制权，和平统治直到他去世。
*卡美哈美哈一世是夏威夷岛的一位高级酋长，并于 1810 年通过条约获得了可爱岛和尼豪岛的控制权，将夏威夷群岛统一在一个国王的领导下之下。
*控制与外国人的关系和贸易，以及外国牲畜和农作物的机场。
*大力支持传统宗教和社会制度。
*有超过 21 个妻子和许多孩子，有些职位很高。
*基奥普奥拉尼（keopuolani）是他的秘密妻子，卡阿胡玛努（Kaahumanu）是他最喜欢的妻子。
*1819 年在夏威夷科纳凯卢阿去世，他的名叫利霍利霍（Liholiho)的儿子为继承人。

卡美哈美哈一世简介

卡美哈美哈是大首领科基瓦（Keoua）与前王阿拉派（Alapai）的女儿克奎亚佩瓦（Kekuiapoiwa）的儿子。

卡美哈美哈的出生年份，现在有两种说法。一种说是1740年，另一种说是1758年。油画展的资料说是1758年。油画的作者赫伯·卡瓦努伊·卡恩是历史学家，他的说法应比较准确。卡美哈美哈出生的地点为夏威夷科哈拉的科科伊基。

夏威夷岛前王、卡美哈美哈的外公阿拉派，曾下令将襁褓中的他处死，但被人秘密地养育成人，取名卡美哈美哈，意为"非常孤独的人"或"留下的人"。

卡美哈美哈是一个身体和智力都非常强大的人，在夏威夷国王卡拉尼奥普乌手下晋升为武士首领。

1778年英国船长库克来到夏威夷时，夏威夷群岛当时为三个王国：夏威夷王国、瓦胡和茂宜王国以及拉奈和莫洛凯王国。

1782年，夏威夷岛卡拉尼奥普乌王去世后，夏威夷岛由其子基瓦拉奥（Kiwalao）和侄子卡美哈美哈分治，卡美哈美哈占领了大岛的西部和北部。卡拉尼奥普乌的堂弟基亚莫希利控制着大岛的东部希洛。

尽管兄弟二人互相忌妒，和平关系仍维持到1782年7月，其时他们下属的首领在科莫发生争议，遂爆发了战争。在后来的战斗中，基瓦拉奥在莫阔海（Mokuohai）被杀。

卡美哈美哈随后开始征服夏威夷岛的各个部落，这花费了他近十年的时间。卡美哈美哈成为夏威夷岛的国王以后，通过对外贸易向国外购买了一些船只和武器，此后，便向其他王国发动进攻。

1790年，卡美哈美哈率领1200名军队，从夏威夷岛出发，打响了夏威夷群岛统一之战。

首战选在临近夏威夷岛的茂宜岛。卡美哈美哈趁茂宜岛的国王卡赫基利二世在瓦胡岛的机会，进攻茂宜岛。卡赫基利二世的儿子和茂宜岛上众多的酋长带领军队，与卡美哈美哈的军队在伊奥山谷大战两天，未分胜负。后来，卡美哈美哈获得了约翰·杨和艾萨克·戴维斯操作的两门大炮（名为"Lopaka"和"Kalola"）的帮助，打死了茂宜岛的许多人，占有了优势。后因其后院起火，卡美哈美哈不得不尽快撤回夏威夷岛，卡赫基利二世恢复了对茂宜岛的统治。

1795年5月1日，卡美哈美哈率领大军开始了统一夏威夷群岛的关键一战。他的军队凭借英国代购的枪炮优势，从瓦胡岛的威基基海滩登陆，将瓦胡岛与茂宜岛的联军逼入瓦胡岛的努阿努山谷，予以全歼，不少人坠入悬崖身亡，此役共有四百多名联军勇士被杀。

卡美哈美哈战胜瓦胡岛与茂宜岛的联军之后，统治了除可爱岛和尼豪岛以外的夏威夷群岛，成为夏威夷王国的国王——卡美哈美哈一世。

1810年，经过和平谈判，可爱岛和尼豪岛也归属于卡美哈美哈一世。卡美哈美哈一世成为夏威夷群岛无可争议的统治者。

卡美哈美哈一世在保持土著传统的前提下，学习西方，把自己统治下的夏威夷王国建设成为一个独立自主的国家。在18—19世纪欧洲向外扩张开发岛屿的时代，仍能维护王国的独立，是难能可贵的。

卡美哈美哈在夏威夷王国实行独裁，但在各岛分设总督治理。

在法律和惩罚上，他保留了传统上极为严苛的卡普制度，但也颁布了《碎桨法》，规定"每个人，从老人和妇女到儿童，都自由地出去躺在路上（即路边或小路上），而不必担心受到伤害。违反这个法，就死了。"防止酋长以强权鱼肉普通百姓，并废除了以往在祈佑王权的典礼上以活人做牺牲的旧制。

卡美哈美哈是精明的商人，通过政府垄断檀香木贸易和征收外国商船入港税，为王国聚集了大量财富。

卡美哈美哈1795年战胜瓦胡岛与茂宜岛的联军之后，将夏威夷王国的首都建在瓦胡岛南岸的威基基。两年之后，将首都迁往夏威夷岛（大岛）的希洛。1803年又将首都迁往瓦胡岛东南方沿岸的火奴鲁鲁（檀香山），1812年再次将首都迁往夏威夷岛的凯卢阿。

1819年5月8日，卡美哈美哈一世在夏威夷岛凯卢阿去世，他的长子利霍利霍为继承人。

（注：本文根据维基百科、百度百科《卡美哈美哈》等资料整理）

二　卡阿胡玛努

夏威夷王国卡美哈美哈一世的王后与卡美哈美哈二世共治者卡阿胡玛努

卡阿胡玛努简介

卡阿胡玛努（夏威夷语：Ka'ahumanu，另一种译为加休曼努），生于1768年3月17日。她是夏威夷王国建立者卡美哈美哈一世的妻子之一，曾协助卡美哈美哈完成夏威夷的统一。

卡美哈美哈一世的长子利霍利霍出生后，因其生母基奥普奥拉尼（Keōpūolani）生病，卡阿胡玛努被指定为他的养母，负责照顾和训练他，希望他成为像父亲一样的英勇战士。

1819年5月8日，卡美哈美哈一世去世，王子利霍利霍继位，成为卡美哈美哈二世。卡阿胡玛努被宣布为摄政王，成为王国的共治者，从1819到1824年和卡美哈美哈二世联合掌权。

卡阿胡玛努执政期间，与卡美哈美哈二世的生母基奥普奥拉尼一起，废除了卡普的许多传统的禁忌（kapu）。1825年她皈依新教，取教名伊丽莎白（Elizabeth），不过她一直排斥天主教会的势力。这项政策直到后来的卡美哈美哈三世在位期间仍被延续。

卡阿胡玛努与卡美哈美哈二世之间一直是政敌。1821年，因可爱岛酋长考穆阿利伊对国王卡美哈美哈二世无礼，国王用诡计绑架了考穆阿利伊，并且强迫他娶卡阿胡玛努为妻。此后卡阿胡玛努在政治上失势。

1832年6月5日，卡阿胡玛努去世。

（注：本文根据维基百科《卡阿胡玛努》和《卡美哈美哈二世》整理）

三　卡美哈美哈二世利霍利霍

卡美哈美哈二世利霍利霍画像

卡美哈美哈二世画像英文说明
King Kamehameha Ⅱ

(Kalanikualiholiho, Liholiho)
Life Span : 27 years (1797-1824)
Reign: 4 years, 1919-1824

*Sacred first-born son of Kamehameha 1 by his highest ranking wife, Keopuolani.
*Trained in the priestly arts, presided over temple ceremonies.
*Became king at the death of his father, sharing control of the kingdom with Ka'ahumanu, who was declared Regent.
*Agreed to allow the overthrow of the ancient kapu system in 1819. accomplished after battle with his cousin. Kekuaokalani, at Kuamo'o Hawai'i.
*Allowed the Christian missionaries to land and reside in the Hawaiian islands in 1820.
*He and his wife, Queen Kamamalu traveled to England in 1824, where they both died of measles.
*Kamehameha II died July 14, 1824, six days after the death of his wife.

卡美哈美哈二世王后卡玛马鲁

卡美哈美哈二世画像英文说明中文大意

卡美哈美哈二世国王

（卡拉尼夸利霍利霍，利霍利霍）
寿命：27 年（1797-1824）
在位：4 年，1919-1824

*卡美哈美哈一世的第一个圣子，由其最高级别的妻子基奥普奥拉尼生下。
*受过牧师艺术训练，主持寺庙仪式。
*在他父亲去世后成为国王，与被宣布为摄政王的卡阿胡玛努共同控制王国。
*1819 年同意推翻古老的卡普制度，与堂弟克夸卡拉尼在夏威夷的夸莫奥战斗后完成的。
*1820 年允许基督教传教士登陆并居住在夏威夷群岛。
*1824 年，他和妻子卡玛马鲁王后前往英国，在那里他们都死于麻疹。

*卡美哈美哈二世于 1824 年 7 月 14 日去世，也就是他妻子去世后的第六天。

卡美哈美哈二世卡拉尼夸利霍利霍简介

卡美哈美哈二世（Kamehameha II）利霍利霍，1797 年生于夏威夷岛希洛（Hilo）地区的基奥普奥拉尼（Keōpūolani）家族，为卡美哈美哈一世的长子。5 岁时即被确定为王室的继承人。其生母为卡美哈美哈一世的王后基奥普奥拉尼。

因利霍利霍的生母基奥普奥拉尼王后生病，卡美哈美哈一世的另一位王后卡阿胡玛努被指定为他的养母，负责照顾他和训练他

1819 年 5 月，卡美哈美哈一世病逝，利霍利霍被确认为新国王。当利霍利霍乘船来到首都凯卢阿·科纳（Kailua Kona）的岸边时，卡阿胡玛努给他披上先王的红色披风，并宣布自己与利霍利霍共同治理王国。利霍利霍被迫授予卡阿胡玛努"库希纳·努伊"（Kuhina Nui，即共治者）的称号。他接受了"卡美哈美哈二世"的称号。

利霍利霍如同自己的父亲一样，娶了五个来自上层社会的妻子，他是最后一位实行一夫多妻制的夏威夷国王。他最宠幸的妻子，是他的同父异母妹妹维多利亚·卡玛马鲁·柯夸伊瓦欧卡拉尼（Victoria Kamāmalu Kekuaiwaokalanik）。

卡美哈美哈二世在继位后的第六个月，打破了"阿伊·诺阿"（'Ai Noa）禁忌。这一禁忌规定女性不能与男性共同进食。他与王后卡阿胡玛努及母后基奥普奥拉尼共同进餐。接下来他采取的措施，是打击祭司阶层，拆毁庙宇神像。

卡美哈美哈二世的堂兄弟克夸卡拉尼（Kekuaokalani），要求国王撤销一切违背夏威夷传统禁忌的法令，允许重建庙宇，剥夺首相卡拉尼莫库（Kalanimoku）和王后卡阿胡玛努的权力，被国王严词拒绝。

随后，克夸卡拉尼发动叛乱，国王命卡拉尼莫库率军征讨。卡拉尼莫库凭借先进的装备，在夸莫奥（Kuamo'o）击败并杀死了克夸卡拉尼，消灭了传统信仰的势力。几个月之后，第一批基督教传教士来到夏威夷岛。然而，国王并未正式皈依基督教，因为拒绝让他的五个王后戒酒。

1820 年，卡美哈美哈二世将王国的首都迁往茂宜岛的拉海纳。

卡美哈美哈二世是一个十分易冲动的国王。例如，在 1821 年的夏天，国王乘船驶往檀香山以西的伊娃海滩。随行者有几位贵族，总共三十余人。他下令船从最危险的海峡中穿行而过。幸运的是，他们平安到达了可爱岛。当地酋长考穆阿利伊（Kaumuali'i）并未放炮欢迎国王一行。国王一行在该岛停留了几个月之后，在船上宴请了考穆阿利伊。当夜，考穆阿利伊突然乘船离岛，不辞而别，显然是对国王不敬。回到檀香山之后，国王用计绑架了考穆阿利伊，迫使他娶卡阿胡玛努为妻，并将其囚禁直至逝世。

1823 年 11 月，国王与卡玛马鲁王后，授权英国捕鲸商人瓦伦丁·斯塔布克（Valentine Starbuck），用他的船只艾格勒（Aigle）将他们载往英国，与英王谈判两国结盟之事。若干名高级酋长随行。

英国人从未见过夏威夷人，国王与王后从踏上英国的土地那一刻起，就吸引了众人目光。卡玛马鲁王后超过六英尺的身高，尤为引人注目。

国王一行游览了伦敦，访问了西敏寺。在与英国国王乔治四世会面之前，国王与卡玛马鲁王后在参观皇家军事庇护学院（Royal Military Asylum）时得了麻疹。当时的夏威夷人，对此疾病毫无免疫力，卡玛马鲁王后于 1824 年 7 月 8 日病逝于伦敦。在过度悲伤下，卡美哈美哈二世，也于六天后的 7 月 14 日病逝。他们的遗体，由英国王家海军的乔治·安森·拜伦男爵（George Anson Byron）负责，由军舰金发人号运回夏威夷，埋葬在夏威夷皇家陵园里。

（注：本文根据维基百科《卡美哈美哈二世》等资料整理）

四　卡美哈美哈三世考凯奥利

卡美哈美哈三世考凯奥利

卡美哈美哈三世画像英文说明

King Kamehameha III

(Kauikeaouli)

Life Span: 40 years (1814-1854)

Reign: 29 years, 1825-1854

• Second born son of Kamehameha 1 by his highestranking wife, Keopuolani, Kamehameha III was the younger brother of Kamehameha II

• Became king at age 11, sharing power with Kaahumanu as Regent until her death in 1832, when Kian u became.

• Founded Lahainaluna High School in 1831, expanded the school system and led Hawaii to became one of the most literate nations in the world

• Married Kalama Hakaleleponi Kapakuhaili in 1837; they had no surviving children

• Established a new Hawaiian Civil Code in 1939

• Promulgated the first democratic constitution in 1840 making Hawaii a

constitutional
- Stated the Hawaiian motto in 1843, upon restoration of Hawaiian sovereign power by the British, "Ua Mau Ke Ea O Ka Aina I Ka Pono", (the Life of the Land is Prepetuated in Righteousness)
- Responsible for the Mahele of 1848 that divided the lands and led to private owner ship of land in the islands
- Died December 15, 1854, the longest ruling monarch of the Hawaiian Kingdom

卡美哈美哈三世画像英文说明中文大意

卡美哈美哈三世国王

（考凯奥利）

寿命：40 年（1814-1854）

在位：29 年，1825-1854

- 卡美哈美哈三世是卡美哈美哈二世的弟弟，卡美哈美哈一世的次子，是卡美哈美哈一世的最高级别的妻子基奥普奥拉尼所生。
- 11 岁时成为国王，与作为摄政王的卡阿胡玛努王后分享权力，直到 1832 年卡阿胡玛努去世。
- 1831 年建立了拉海纳鲁纳高中，扩大了学校系统，使夏威夷成为世界上识字率最高的国家之一。
- 1837 年与卡拉玛·哈卡莱波尼·卡帕库哈里结婚；他们没有幸存的孩子。
- 1939 年制定了新的夏威夷民法典。
- 1840 年颁布了第一部民主宪法，使夏威夷成为宪法国家。
- 1843 年，当英国人恢复夏威夷的主权时，发表了夏威夷格言：这片土地的生命在正义中得以延续（"Ua Mau Ke Ea O Ka Aina I Ka Pono"）。
- 负责 1848 年的马赫勒（Mahele）划分土地并导致群岛上的土地私有化。。
- 1854 年 12 月 15 日去世，是夏威夷王国在位时间最长的君主

卡美哈美哈三世王后卡拉玛·哈卡莱波尼·卡帕库哈里

卡美哈美哈三世考凯奥利简介

卡美哈美哈三世考凯奥利（夏威夷语：Kauikeaouli，有的译为考伊柯奥乌利，或考伊考利），1813 年 8 月 11 日出生于夏威夷岛科纳北部的凯乌渥海湾，是卡美哈美哈一世和茂伊岛高级女酋长基奥普奥拉尼的次子，比他的长兄利霍利霍小 11 岁。他所出生的宗族对夏威夷传统禁忌十分重视。

考凯奥利的童年坎坷。在卡美哈美哈二世病逝 11 个月之后，11 岁的考凯奥利于 1825 年 6 月 6 日继承了王位。考凯奥利最严厉的养母、共治者卡阿胡玛努一世，向他强行灌输，让他在基督教思想和王国民众对恢复夏威夷传统信仰的渴望之间做出痛苦的抉择。瓦胡岛总督博基（governor Boki）拥有一座烈性酒仓库，在他的影响下，考凯奥利开始酗酒，明显地表现出了对基督教道德观念的反叛。

1824 年至 1832 年的七年期间，夏威夷政权的实际掌权者是共治者卡阿胡玛努一世。1832 年卡阿胡玛努逝世时，又指定国王考凯奥利的同母异父姐姐伊丽莎白·基纳乌（Elizabeth Kina'u）摄政，称卡阿胡玛努二世。考凯奥利国王 25 岁时，基纳乌逝世，这时才得以正式掌权。

19 世纪，欧洲法英等帝国向外扩张，威胁到了夏威夷的独立。在英法两国的威胁面前，考凯奥利极力维护夏威夷王国的独立。

1839 年，面对来自法国的战争威胁，卡美哈美哈三世颁布了夏威夷历史上的第一部法令——《宽容法令》（Edict of Toleration），使天主教合法化。

卡美哈美哈三世通过 1840 年和 1852 年颁布的两部宪法，使夏威夷王国从绝对君主制转变为君主立宪制，并成为基督教国家。他也是夏威夷历史上第一位基督徒国王，自此基督教取得排斥夏威夷本土民族信仰和宗教的权力。

1843 年，一位名叫乔治·保莱（George Paulet）的英国海军中校，企图迫使夏威夷王国接受英国国王的统治。考凯奥利对于英国海军中校保持了警觉，他说出了一句掷地有声的话："Ua

Mau Ke Ea O Ka Aina I Ka Pono"（这片土地的生命在正义中得以延续）。这句话后来成为了夏威夷的格言。

1943年年7月29日，英国海军上将托马斯（Thomas）宣称，英国海军中校的行为并非是英国政府的本意。后来，于11月28日，正式将王国归还给了卡美哈美哈三世国王。这一天是被称为"主权回归日"，成为夏威夷王国的法定假日。

1945年，卡美哈美哈三世将夏威夷王国的首都从茂宜岛的拉海纳（Lahaina）迁往瓦胡岛的檀香山。

1848年，国王颁布了土地大分配法令（Great Mahele）。这部法令重新分配政府、国王、贵族和平民之间的土地。这部法令是国王在位期间最重要的政策之一。最初，外国人也被允许分得土地。1849年，法国海军上将路易·德·特罗梅林（Louis de Tromelin）要求分得土地，遭国王的拒绝。随后，图梅林上将率军洗劫了檀香山港。

夏威夷王国的上层社会认为，近亲结婚是维护家族血统纯洁的最佳方法。卡美哈美哈二世国王利霍利霍与其妻子卡玛马鲁（Kamamalu）就是一对由同父异母兄妹结成的夫妻。卡美哈美哈三世国王年轻的时候曾经深爱着自己的妹妹纳希埃纳埃纳（Nāhiʻenaʻena）并计划与她成婚，然而，纳希埃纳埃纳公主1836年去世。后来，国王同与自己没有任何血缘关系的女酋长卡拉马·哈卡莱莱波尼·卡帕库海利（Kalama Hakaleleponi Kapakuhaili）结婚，并育有两子，不幸的是两位王子都死于童年。国王又与情妇简·勒希拉尼生育一对双胞胎，其中考瓦王子早殇，阿尔伯特王子则活到了成年。

卡美哈美哈三世考凯奥利1854年12月15日 在夏威夷王国瓦胡岛檀香山逝世，享年41岁。他是夏威夷王国在位时间最长的国王，共统治了20年又192天。他安葬在夏威夷皇家陵园。国王的外甥兼养子亚历山大·利霍利霍继承王位，是为卡美哈美哈四世。

（注：本文根据维基百科《卡美哈美哈三世》等资料整理）

五　卡美哈美哈四世亚历山大

卡美哈美哈四世亚历山大

卡美哈美哈四世画像英文说明

King Kamehameha iv
(Alexander Liholiho, Iolani)
Life span: 29 years (1834-1863)
Reign: 8 years, 11 months, 1854-1864

* Grandson of Kamehameha Ⅰ, fourth son Kamehameha Ⅰ's daughter, Kina u, and her husband. Mataio Kekiuanao'a
* Taken as a foster son by Kamehameha iii and named heir
* Became king at 20 years of age, on the death of his foster father, Kamehameha iii
* Married Emma Rooke in 1856 when was 22 years old
* King Kamehameha iv and Queen Emma raised funds to create The Queen's Hospital in 1859 to counteract the Hawaiian population decline
* Established the Episcopal Church of Hawaii in 1859
* Prince Albert Edward Kanikeaouli Leopapaakamehameha, their only child, born in

1858, godchild of Queen Victoria of England died in 1862 at four years of age
* Died November 30 1863, leaving his older brother, (Kapuaiwa) heir to the throne

卡美哈美哈四世亚历山大艾玛·茹克王后

卡美哈美哈四世油画英文说明中文大意

卡美哈美哈国王四世
（亚历山大·利霍利霍·伊奥拉尼）
寿命：29 年（1834-1863）
在位时间：8 年 11 个月，1854-1864

* 卡美哈美哈一世的外孙子，卡美哈美哈一世的第四个女儿基纳·乌和她的丈夫马塔约·基奎亚诺阿的儿子。

* 被卡美哈美哈三世收养为养子，指定为继承人。

* 在养父卡美哈美哈三世去世后，20 岁时成为国王。

* 1856 年 22 岁时与艾玛·茹克结婚。

* 卡美哈美哈四世国王和艾玛王后于 1859 年筹集资金创建了女王医院，以应对夏威夷人口的下降。

* 1859 年成立夏威夷圣公会。

*阿尔伯特·爱德华·凯基奥利·利奥帕帕卡美哈美哈王子是他们的独生子，1858 年出生，英国维多利亚女王的教子，1862 年去世，享年 4 岁。

＊1863 年 11 月 30 日去世，留下他的哥哥（卡普埃瓦）继承王位。

卡美哈美哈四世亚历山大简介

卡美哈美哈四世（亚历山大·利霍利霍·伊奥拉尼），1834 年 2 月 9 日出生于夏威夷王国瓦胡岛檀香山。父亲为高级酋长、瓦胡岛总督马太欧·柯库阿瑙阿（Mataio Kekūanāo'a），母亲为卡美哈美哈一世的第四个女儿、卡美哈美哈三世时期的王国共治者伊丽莎白·基纳·乌公主（Princess Elizabeth Kīna'u）。

亚历山大·利霍利霍·伊奥拉尼是夏威夷开国君主卡美哈美哈一世的外孙，也是卡美哈美哈三世的外甥。童年时期，亚历山大就被舅舅收为养子，确立为王国的继承人。

童年，亚历山大入学檀香山皇家学校。信仰加尔文主义的传教士阿摩斯·库克（Amos Cooke）夫妇是他的老师。

入学时，亚历山大由 30 名仆人陪伴着来到学校，但后来这些仆人都被他送了回去，他第一次体验了没有仆人的生活。在皇家学校里，亚历山大学会了吹长笛和弹钢琴，并且对唱歌、表演、板球产生了兴趣。

14 岁时，亚历山大离开了皇家学校，进入法学院进修。15 岁时，他作为一名夏威夷政府官员出访了英国、美国、巴拿马。访问期间，他留下了一些旅行日志。

1849 年，法国海军上将路易·德·图梅林（Louis de Tromelin）要求分得土地遭拒，随后率军袭击了檀香山港。此事发生后，卡美哈梅哈三世派出了以格力克·帕尔梅尔·朱德医生（Dr. Gerrit Parmele Judd）为首的代表团第三次赴法谈判。王储亚历山大和哥哥洛特（Lot）一同出发，认为这样做会使王储在旅行中受益匪浅。他们担负的任务是向法国提出了三个要求：抑制天主教学校的创建，对法国的白兰地酒征收高关税，在与法国领事和公民办理事务时一律使用法语。

亚历山大王储在巴黎逗留了三个月，法国总统路易·拿破仑在杜伊勒里宫接见了他，表示愿意同夏威夷和解，但谈判依旧未有进展。

离开法国之后，亚历山大王储与朱德医生等人再次来到英国。他会见了巴麦尊勋爵、阿尔伯特王子及其他许多英国贵族。阿尔伯特王子代表英国女王维多利亚热情地接见了他。

访问法国、英国之前，亚历山大兄弟二人在朱德医生的监督下，于 1849 年 9 月随船前往美国旧金山。在游览了加州之后，一行继续访问了巴拿马、牙买加、纽约和华盛顿。他们周游欧洲列国，会见了许多国家元首。由于亚历山大能说一口流利的英语和法语，他能够很好地融入欧洲社会。

1850 年，亚历山大兄弟与朱德医生、英国阿尔伯特王子等人同时搭乘英国船只驶往美国。在美国的经历，给亚历山大最深刻的印象就是种族歧视，使成年之后的亚历山大有了一种反美的政治倾向。

1852 年，亚历山大回国之后，被卡美哈梅哈三世安排在枢密院与贵族院任职，以此培养他的治国经验，为未来继承王位做准备。在这段期间，亚历山大努力学习了几门欧洲语言，逐渐适应了欧洲传统社会的标准。

1855 年 1 月 11 日，亚历山大继位为王，是为卡美哈梅哈四世，当时年仅 20 岁。

1856 年 6 月 19 日，卡美哈美哈四世亚历山大国王与 20 岁的艾玛·茹克（Emma Rooke）结婚。艾玛·茹克（1836 年 1 月 2 日－1885 年 4 月 25 日）拥有英国血统，并与卡美哈美哈一世有血缘关系。1858 年，卡美哈美哈四世国王即位后，艾玛王后出任王国的共治者。

1858 年，卡美哈美哈四世国王的唯一儿子阿尔伯特王子因淋冷水浴死去，年仅 4 岁。

亚历山大与艾玛王后统治期间，致力于保障夏威夷民众的健康和教育，建立了王后医药中心（The Queen's Medical Center）。时至今日，这个中心仍是世界上技术最为先进的医药中心之一。

卡美哈梅哈四世在位期间，夏威夷的美国人口不断增长。美国人运用经济和政治的手段向夏威夷王国施压，图谋兼并夏威夷。卡美哈梅哈四世亚历山大国王采取了一些措施，限制夏威夷对美国贸易与公司的依赖，遏制美国势力，并试图与英国等欧洲国家进行谈判，但在谈判尚无成果的情况下，1863年11月30日在夏威夷王国檀香山因慢性哮喘逝世，享年29岁，1864年2月3日安葬在夏威夷皇家陵园。

（注：本文根据维基百科《卡美哈梅哈四世》等资料整理）

六　卡美哈美哈五世洛特·卡普埃瓦

卡美哈美哈五世洛特·卡普埃瓦

卡美哈美哈五世画像英文说明（缺）

卡美哈美哈五世画像英文说明中文大意（缺）

卡美哈美哈五世洛特·卡普埃瓦简介

洛特·卡普埃瓦 1830 年 12 月 11 日出生于瓦胡岛檀香山，其父为马塔约·基奎亚诺阿（Mataio Kekuanao'a）大酋长，其母为伊丽莎白·基纳·乌公主（Elisabeta Kīna 'u）。卡美哈美哈四世亚历山大·利霍利霍·伊奥拉尼是他的弟弟。

年幼的时候，洛特被纳希奈纳公主（Princess Nāhi'ena'ena）收养，然而公主于 1836 年去世了。随后，洛特又被祖母卡拉夸·卡黑黑麦勒（Kalākua Kaheiheimālie）和继祖父乌鲁马黑黑·霍阿皮利（Ulumāheihei Hoapili）收养，并同他的兄弟姐妹们一同送进了皇家学校接受教育。

在皇家学校里，洛特深深地爱上了自己的表妹阿比加伊尔·玛赫哈（Abigail Maheha），并且很早就睡在一起。玛赫哈在 13 岁时就怀上了孩子，而这时候洛特年仅 15 岁。

这对青梅竹马的爱情，被生生地破坏了。1846 年 2 月 4 日，怀有 6 个月身孕的玛赫哈被带离了学校，被迫嫁给了她养母米利安·科考欧诺希（Miriam Kekauonohi）的一个园丁。从此，与洛特永远分离了。

洛特刚出生时，就与伯奈斯·帕瓦希订了婚。他和玛赫哈的事情，导致了与伯奈斯·帕瓦希·帕基（Bernice Pauahi Paki）的婚约破裂。洛特宣称终身不娶，而伯奈斯最终嫁给了查理·R·比夏（Charles R. Bishop）。后来，洛特与伯奈斯保持了朋友关系。

1849 年至 1852 年，洛特随弟弟亚历山大王储周游欧美国家，出访了法国、英国、美国、牙买加、巴拿马等国。1852 年至 1855 年，洛特供职于枢密院。1852 年至 1862 年，他任贵族院议员。1857 年至 1863 年，出任王国的内政大臣。1857 年至 1858 年任王国首席大法官，并兼任其他职务。

1863 年 11 月 30 日，特洛的弟弟卡美哈梅哈四世病逝，洛特继承了王位，称为卡美哈梅哈五世。

1864 年 5 月，卡美哈梅哈五世洛特召开了制宪会议。7 月 7 日，他建议制定一部新宪法。8 月 20 日，新宪法最终获得了通过，国王签署了宪法，誓言将会尽力保护它、遵守它。根据这部宪法，王国的立法机关贵族院和众议院被合并为立法院，国王的权力被扩大。

19 世纪后期，酗酒已经成为夏威夷人口减少的诸多原因之一。然而，1865 年，立法院竟然通过了允许在夏威夷出售烈性酒的法案。卡美哈梅哈五世国王得知后，大为震惊，拒绝签署该法案，并说道："我绝不会签署让我的子民走向死亡的法案。"

卡美哈梅哈五世在位期间，开始发展观光业。1866 年 3 月，美国作家马克·吐温来到夏威夷，在埃阿斯（Ajax）逗留了四个月。英国维多利亚女王的次子阿尔弗雷德亲王，受女王的派遣于 1869 年进行了国事访问。陆续来夏威夷观光的多为外交公使、政治家和商人，适应观光业的需要，1871 年建成了夏威夷宾馆，1874 年建成阿利欧拉尼宫，此外还建了包括伊奥拉尼宫皇家卫队的兵营、一座新监狱、皇家陵园、学校、仓库、一座疯人院、一个移民收容所，以及其他政府办公建筑。如此大兴土木，耗费了夏威夷大量国家经费。至 1874 年 3 月 31 日，夏威夷的国债已高达 255,000 元。

卡美哈梅哈五世曾指定妹妹维多利亚·卡马马努公主为王储，然而维多利亚公主先他于1866年逝世。此后，卡美哈梅哈五世不再立王储。

卡美哈梅哈五世洛特对于拆散他和表妹极为不满，终身未婚以示抗议。他与其表妹阿比加伊尔·玛赫哈拥有一个私生女科阿诺拉尼（Keanolani）。他拒绝承认自己拥有私生女，这倒使他女儿和外孙女因祸得福。卡美哈梅哈五世去世后，外国势力和国内反对势力对卡美哈梅哈家族进行谋杀，他的女儿科阿诺拉尼和外孙女希阿欣思·科奥普奥拉尼·卡马利（Hyacinth Keopuolani Kamali）成为卡美哈梅哈王朝直系血统中仅仅留下的两名幸存者。

1872年12月11日，卡美哈梅哈五世国王在他42岁生日那天，在夏威夷王国瓦胡岛檀香山逝世，安葬在夏威夷皇家陵园。他为了夏威夷王国和民众日理万机，受到与卡美哈梅哈大帝同样的尊重，被称为卡美哈梅哈王朝最后一位大帝。

国王在临终前没有指定任何一名继承人。根据1864年宪法规定：如果国王生前没有指定王位继承人，将由立法院选举产生新任国王。立法院依照此条法律宣布王位竞选开始。最终，卡美哈梅哈五世的表亲鲁纳利洛获得了胜利，当选为新任国王。

（注：本文根据维基百科《卡美哈梅哈五世》等资料整理）

七　鲁纳利洛国王

鲁纳利洛国王画像

鲁纳利洛国王画像英文说明

King Lunalilo

(William Charles Lunalilo)

Life Span: 39 years (1835-1874)

Reign: 1 year, 1 month, 1873-1874

* Son of Auber Kekauluohi, a niece of Kamehameha I and also wife of Kamehameha I, and II with her husband Charles Kana ina. Lunalilo was the last King of the Kamehameha line to rule the kingdom.
* The first king elected to the throne by the house of Noble of the Hawaii legislature.
* Known and loved as "The People's King" for his scholarly and democratic ideals
* An accomplished poet and composer
* Generous, be left his entire estate to establish and maintain Lunalilo Home for aged Hawaiians
* Reigned for just over one year; the shortest reign of the Hawaiian monarchs, he was the highest ranking ali I
* Died February 3. 1874, the only monarch to choose burial outside of the Royal Mausoleum at Mauna Ala, his tomb is at Kawaiahao Cemetery

卢纳利洛国王油画英文说明中文大意

鲁纳利洛国王

（威廉·查尔斯·鲁纳利洛）

寿命：39 岁（1835-1874）

在位：1 年 1 月，1873-1874 年

*卡美哈美哈一世侄女奥伯·凯库卢希与丈夫查尔斯·卡纳·伊纳的儿子。鲁纳利洛是卡美哈美哈家族最后一位统治王国的国王。
*由夏威夷立法机关贵族院选出的第一位国王。
*博学多才、民主理想，被誉为"人民之王"。
*一位多才多艺的诗人和作曲家。
*慷慨大方，留下他的整个庄园，为夏威夷老年人建立和维护鲁纳利洛之家。。
*在位仅一年多； 夏威夷君主在位时间最短，他是最高等级的阿里一世。
* 1874 年 2 月 3 日逝世，唯一选择在莫纳阿拉皇家陵墓外安葬的君主，他的坟墓在卡瓦豪公墓。

鲁纳利洛国王简介

　　威廉·查尔斯·鲁纳利洛（有的译为卢纳利洛、路纳利罗）国王，1835 年 1 月 31 日出生于瓦胡岛檀香山的波胡凯纳，是夏威夷王国第六位君主。
　　鲁纳利洛国王的父亲是高级酋长查尔斯·卡纳希纳，母亲奥伯·凯库卢希凯库卢希是卡美哈美哈一世的侄女。他的外祖父是卡美哈美哈一世的同父异母兄弟，他是卡美哈美哈一世的侄孙。他是王室后裔，既是卡美哈美哈五世国王的二表亲，也是卡美哈美哈四世国王和维多利亚·卡梅

马卢公主的堂弟。他被卡美哈美哈三世国王的皇家法令宣布有资格继承。

儿时的鲁纳利洛，被送到酋长儿童学校（后来称为皇家学校），学习说夏威夷语和英语。他学习了英国文学，掌握和热爱莎士比亚独白。据他的一个表亲伊丽莎白·凯卡尼奥说，鲁纳利洛在凯卡尼亚去世后被培养为欧胡岛总督。

截至1848年，13岁鲁纳利洛，是继国王之后最大的土地所有者之一。他继承了卡美哈美哈一世交给他的母亲和祖母的土地和个人财产。在大马贝勒·鲁纳利洛持有的239亿美元资产之前，其持股量仅次于卡美哈美哈三世。

他创作了夏威夷的第一首国歌《E奥拉克·阿里希·克·阿库阿》，而且是在十五分钟内写成的这首歌。

1863年至1865年，鲁纳利洛在堂兄卡美哈美哈五世国王统治期间担任枢密院（君主顾问委员会）的成员。1863年至1872年，他还曾在传统上保留给高级酋长的上议院贵族院任职。

卡梅哈梅哈五世国王去世后，鲁纳利洛于1873年经王国立法机构一致决定当选为国王。由于他的受欢迎程度和夏威夷第一位民选君主的地位，他被称为"人民国王"。

鲁纳利洛接任国王职务后，写信给立法机构，建议修改宪法。希望恢复两院制立法机构，还想在宪法中增加一项条款，要求国王在国王的任何否决中加入书面解释。他希望内阁部长在众议院听取意见。

鲁纳利洛在位期间，王国处于经济萧条之中，捕鲸业迅速衰退，国王想改善夏威夷的经济形势，然而没有成功。

在鲁纳利洛统治期间，夏威夷部分军队发生了兵变。一些军人反抗演习主官和准将。国王访问了参与兵变的部队，说服他们放下了武器。此后，国王解散了军队。从那时起，王国就没有武装部队。

鲁纳利洛国王从未结婚，但是将伊丽莎·米克（1832-1888年）、檀香山港口飞行员约翰·米克船长的哈帕豪尔女儿以及他的室友霍勒斯·克拉贝的嫂子当作他的情妇。

鲁纳利洛国王有一些不良的健康习惯——酗酒。1873年8月左右，他患上了严重的感冒，发展成肺结核。1874年2月3日，他在私人住所欧胡岛檀香山海莫埃波死于肺结核，享年39岁，在位一年零二十五天。鲁纳利洛国王1874年2月28日临时埋葬在莫纳阿拉皇家陵墓，1875年11月23日埋葬在卡瓦亚哈奥教堂的鲁纳利洛陵墓。

鲁纳利洛慷慨大方，从自己的遗产拨出土地，建立鲁纳利洛之家，用来安置夏威夷后裔的穷人和体弱者，优先考虑老年人。

（注：本文根据维基百科《卢纳利洛国王》等资料整理）

八 卡拉卡瓦国王

夏威夷王国卡拉卡瓦国王

卡拉卡瓦国王和卡皮欧拉尼王后

卡拉卡瓦画像英文说明（缺）

卡拉卡瓦画像英文说明中文大意（缺）

卡拉卡瓦国王简介

卡拉卡瓦国王 1836 年 11 月 16 日出生于夏威夷王国檀香山，父亲启帕阿启亚（Caesar Kaluaiku Kapa'akea）及母亲启欧荷卡洛蕾（Analea Keohokalole）的第二个儿子。

1872 年 12 月 11 日夏威夷国王卡美哈美哈五世去世，并未指定王位继承之人。依照王国宪法，由国会指定新任的国王。当时，数名候选人竞逐王位，最具竞争力的是两位较高位阶的酋长及部落领导者身上：威廉·C·鲁纳利洛及大卫·卡拉卡瓦。最终鲁纳利洛胜出，成为夏威夷王国。

鲁纳利洛即王位一年后，于 1874 年 2 月 3 日去世。同年 2 月 4 日，卡拉卡瓦宣布竞逐王位。他主要的对手是已故卡美哈美哈四世的遗孀艾玛王后（Queen Emma）。结果，卡拉卡瓦击败了艾玛王后。

当卡拉卡瓦赢得选举的消息传出，支持艾玛王后的党人，随即对促使法院公告卡拉卡瓦获胜的国会议员发动攻击。他们以武力强行进入王国法院，野蛮地殴打数名议员，并且将其中一名议员丢出窗外致死。新当选的卡拉卡瓦国王要求美国的部队及英国战船协助平定乱党，当晚之前，秩序即已恢复。

卡拉卡瓦以访问夏威夷各个岛屿的方式上任，这提高了他受欢迎的程度。1874 年 2 月 12 日卡拉卡瓦在夏威夷即位，成为夏威夷王国第七任国王。登基之后，卡拉卡瓦指定由他的弟弟威廉·彼特·里雷欧侯库（William Pitt Leleiohoku）作为他的王位继承人，终结夏威夷选举君主制的时期。不幸的是，里雷欧侯库王储先他于 1877 年逝世。

卡拉卡瓦国王上任时，夏威夷经济处于不景气状况。1874 年 10 月，他派出代表赴美国协商，希望能与美国签署互惠条约，以缓解夏威夷经济。11 月时，卡拉卡瓦国王亲自到华盛顿特区访问，会见美国总统尤里西斯·辛普森·格兰特。双方完成协商，并于 1875 年 1 月 30 日签署了互惠条约。该条约允许特定的夏威夷产品，主要是糖及米，得以免课关税进入美国。

卡拉卡瓦统治的初期，相信阿利伊的祖传权力已经赋予给他，便全力运用国王的权力，不断地解散旧内阁并且指定新内阁。他的举动招致来自激进派人士的批评，他们期待改革夏威夷政府，使夏威夷成为一个如同英国方式一般的君主立宪体制。卡拉卡瓦在位期间，他与激进派之间的对抗一直持续著。

1879 年 9 月，13 岁的孙中山（当时名为孙帝象）到夏威夷檀香山英国基督教圣公会举办的意奥拉尼学校（Iolani School）去读书。这所学校是夏威夷历史上最早的一所学校，如今也是夏威夷最有名的私立学校。开始，孙中山完全不懂英文。然而，三年之后的孙中山中学毕业时，获得了全班英语语法第二名。1882 年 7 月 27 日，学校在安德鲁大教堂举行了隆重的毕业典礼。卡拉卡瓦国王亲自向孙中山颁发了奖品。这在当地华侨中被视为极大的光荣。

1881 年，卡拉卡瓦国王由他的妹妹及王位继承人莉迪亚公主代理王位摄政，他离开夏威夷，旅游考察世界各国的移民事务，并且增进外交关系。他先后访问了美国、日本、中国、暹罗、缅甸、印度、埃及、意大利、比利时、德国、奥地利、法国、西班牙、葡萄牙及联合王国，最后又借道美国返回夏威夷。在这趟旅程中，他见了许多国家的君主及元首。卡拉卡瓦是世界上第一位进行环球旅行的国王。

李鸿章会见卡拉卡瓦国王（网上下载）

卡拉卡瓦国王访问中国的时间，是在1881年3月底、4月初。3月29日，卡拉卡瓦在天津会见了清朝直隶总督兼北洋通商大臣李鸿章。李鸿章在直隶总督行台以士兵列队大门两侧、燃放三挂巨大鞭炮的仪式，欢迎卡拉卡瓦国王，在会客室会见了他。

4月1日，李鸿章在天津最豪华、最高档的顺德饭店招待卡拉卡瓦国王一行，并邀请天津大小官员出席作陪。李鸿章举办的晚宴，不仅有鱼翅、燕窝、炸鱼烩鱼、烧火鸡、烧羊肉等山珍海味，还有水果布丁、巧克力蛋糕、牛油手指饼等西洋点心，称得上是"中西合璧"。

卡拉卡瓦国王吃得很高兴，便借机提出，希望参观紫禁城。紫禁城是皇宫禁地、清廷的政治中心，怎么能提供给人参观呢？李鸿章灵机一动，回答道，参观可以，但要五周的时间提前进行安排。卡拉卡瓦国王听了，遗憾地表示，行程紧张，此事只能搁浅。

4月2日早晨，卡拉卡瓦国王乘轮船沿海河而下，驶离天津。中国方面鸣礼炮21响，按照国际惯例，向夏威夷国王致敬。

卡拉卡瓦还在瓦胡岛檀香山建造了一座欧洲风格的王宫——伊奥拉尼宫，由于国王对于新科技的爱好，这座王宫是世界上第一个有自来水及电力的王宫。

卡拉卡瓦国王统治的末期，国内政治斗争激烈。国王建立波利尼西亚联盟的设想，因教会党、"夏威夷联盟"的反对而未能实现；"夏威夷联盟"的终结君主制，并由美国吞并夏威夷的意图，也未能得逞。

不到1890年，卡拉卡瓦国王的健康状况开始衰退。在他的医师建议之下，国王赴美国加利福尼亚州旧金山治病。国王1891年1月20日逝世于旧金山皇宫酒店，1891年2月15日安葬在夏威夷瓦胡岛皇家陵园。

卡拉卡瓦国王逝世后，由他的妹妹利留卡拉尼继任。

（注：本文摘编自《夏威夷国王访问中国 李鸿章请他吃鱼翅燕窝 有一请求巧妙拒绝》、李菁《孙中山在美国》和维基百科《卡拉卡瓦》）

卡皮欧拉尼王后简介

　　卡皮欧拉尼（英语：Kapiolani，有的译为卡皮奥拉尼）的父母分别是希洛和可爱岛的高级酋长。1834 年 12 月 31 日，她在希洛出生，并在希洛长大。16 岁时，她去的瓦胡岛檀香山。她的同名的姑姑卡皮欧拉尼公主信仰基督教，公开地蔑视女神贝利。1852 年 3 月 7 日，18 岁的卡皮欧拉尼与 30 岁的檀香山贵族院成员贝内特·纳马克哈（Namakeka）大酋长结婚，婚后第 8 年，丈夫去世。卡皮欧拉尼担任过皇家儿童首席护士。1863 年 12 月 19 日，她与高级行政首长戴维·卡拉卡瓦（Kalakaua）再婚。她的第二任丈夫 1874 年 2 月 2 日接替鲁纳利洛成为夏威夷的君主，她本人成为王后。1883 年 2 月 12 日卡拉卡瓦与卡皮欧拉尼举行了加冕典礼。

　　卡皮欧拉尼建立了卡皮欧拉尼产妇之家，使得夏威夷的母亲和新生儿得到照顾。卡皮欧拉尼还经常访问瓦胡岛的卡卡阿科分支医院，那里是全岛的麻风病患者的接待站。1884 年 7 月 21 日，卡皮欧拉尼访问了摩洛凯岛的卡劳帕帕麻风病定居点。她多年一直关心麻风病患者。

　　1887 年 4 月，她赴伦敦参加了维多利亚女王的全禧庆典。当得知夏威夷发生政治动乱，国王在刺刀威逼之下签署宪法，她返回了夏威夷。她丈夫卡拉卡瓦国王 1891 年 1 月 20 日去世后，她退出了公共活动，余生在她的私人住宅度过。1899 年 6 月 24 日去世，享年 64 岁。

九　利留卡拉尼女王

夏威夷王国女王利留卡拉尼

利留卡拉尼画像英文说明（缺）

利留卡拉尼画像英文说明中文大意（缺）

利留卡拉尼女王简介

利留卡拉尼（Liliuokalani）女王1838年9月2日出生于夏威夷檀香山的丽迪雅·卡马凯哈，是一位高级酋长的女儿，

利留卡拉尼在传教士开办的皇家学校接受教育，在那里她学会了流利的英语，并接受了一些音乐训练。此后，她继续保持了对音乐和诗歌的兴趣，一生中创作超过160首歌曲，其中包括最受欢迎的"阿罗哈"（"Aloha Oe"）。作为公主，利留卡巴拉尼的教育还包括前往西方世界的旅行。

1874年，利留卡拉尼的哥哥大卫·卡拉卡瓦被任命为国王。当王储、卡拉卡瓦的弟弟威廉·皮特·莱里奥霍库去世后，利留卡拉尼被宣布为卡拉卡瓦国王的继承人。

利留卡拉尼年轻时就成为卡美哈梅哈四世法院的成员。1862 年，她嫁给了美国船长的儿子、政府官员约翰·欧文·多米尼斯（John Owen Dominis）。

利留卡拉尼致力于为夏威夷儿童建立学校，并在 1881 年卡拉瓦拉国王环游世界期间担任摄政王，以此证明她对夏威夷人民一生的奉献精神。当瓦胡岛上的天花流行时，她下令关闭港口。为此，她既受到了许多当地人的欢迎，也引起了有钱的甘蔗种植者的愤怒。

1891 年 1 月，卡拉卡瓦国王（Kalakaua）逝世，利留卡卡拉尼（Liliuokalani）成为首位登基的女性。

利留卡拉尼试图建立新的宪法，以恢复君主制和夏威夷人民的权力。结果，在美国部长约翰·史蒂文斯的支持下，一个被称为"安全委员会"的组织发动了政变。为了使自己的人民免于流血的冲突，利留卡卡拉尼下台了。1894 年，吞并主义者建立了夏威夷共和国，桑福德·多尔（Sanford Dole）被任命为第一任总统。

1895 年 1 月，利留卡拉尼和她的一些支持者被新政府逮捕，并因叛国企图叛乱而被控叛国罪。她在监狱服役几个月后，于 1895 年 1 月 24 日签署了一份正式退位的文件，以换取同胞的释放和赦免。

1898 年 7 月 7 日，夏威夷群岛被美国正式吞并。

利留卡拉尼在自己的庄园里度过了余生。在那里，她经常接待来自国内外的游客来表达她的敬意。她于 1917 年 11 月 11 日因中风而死，享年 79 岁。为她举行了国葬，她的遗体被安葬在莫纳阿拉的皇家陵墓中。

附录：

一 夏威夷王国卡美哈美哈王朝

1 卡美哈美哈一世(即卡美哈美哈大帝)   1795-1818 年，是夏威夷王国的开创者。他原是夏威夷岛的一个酋长，经过多年征战，于 1810 年统一了夏威夷群岛。
2 卡美哈美哈二世利霍利霍   1818-1824 年，卡美哈美哈一世长子
3 卡美哈美哈三世考凯奥利   1824-1854 年，卡美哈美哈一世次子
4 卡美哈美哈四世 亚历山大·利霍利霍·伊奥拉尼   1855-1863 年，卡美哈美哈三世的外甥，母亲为卡美哈美哈三世时期的王国共治者、伊丽莎白·基纳·乌公主。
5 卡美哈美哈五世洛特·卡普埃瓦   1863-1872 年，其母为伊丽莎白·基纳·乌公主
6 鲁纳利洛   1873-1874 年，卡美哈美哈四世和五世的表亲
7 卡拉卡瓦   1874-1891 年，是世界上第一位进行环球旅行的国王。
8 利留卡拉尼女王   1891-1893 年：夏威夷王国末代君主，也是唯一的一位女王。
1893 年夏威夷王国被美国所灭，并于翌年建立了夏威夷共和国，后并入美国。

二 夏威夷王国首都

1795——1796：瓦胡岛檀香山威基基； 1796——1803：夏威夷岛（大岛）希洛；
1803——1812：瓦胡岛檀香山（火奴鲁鲁）； 1812——1820：夏威夷岛凯卢阿-科纳

1820——1845：茂宜岛拉海纳； 1845——1893：瓦胡岛檀香山（火奴鲁鲁）

夏威夷王国：1795——1840 绝对君主制；1840 年起，君主立宪制

赫伯·卡瓦努伊·卡恩简介

　　艺术家、历史学家、作家及建筑师赫伯·卡瓦努伊·卡恩（英语：Herb Kawainui Kāne），1928 年 6 月 21 日出生于美国明尼苏达州马什菲尔德（Marshfield）社区。卡恩是美国人，但是他的血管里流淌着华裔的血。

　　卡恩（英语：Kāne）的祖父，从中国移民到夏威夷大岛的怀皮奥山谷（Waipio Valley）。这个山谷位于哈玛库亚海岸，是一个肥沃的山谷。它大约 1.6 公里宽，8 公里多深，周围环绕着高达 600 米的悬崖。怀皮奥山谷曾经是数以千计的夏威夷原住民的家园，也是夏威夷王国国王卡米哈米哈一世的儿时的家，还是夏威夷政治和宗教生活的重要中心。

　　哈玛库亚海岸，位于夏威夷岛（大岛）东北的希洛北面，长约 80 公里，是岛上风景最美丽的海岸之一。这个地区每年的平均降水量为 2134 毫米，因而，这里有郁郁葱葱的热带雨林、令人叹为观止的瀑布、奔腾不息的河流和万籁俱静的绿色山谷。夏威夷岛最高的智利（Hiilawe）瀑布，从怀皮奥山谷的后面倾泻而下 390 米，巍巍壮观。哈玛库亚海岸是一个让人流连忘返的美丽的地方。卡恩的祖父是一个非常勤奋的人。他在这个岛上建立了第一家淀粉糊（浆）工厂，种植芋头并生产淀粉糊（浆）供市场使用。

　　卡恩的父亲，名叫叫赫伯特（英语：Herbert）。开始时子承父业，从事家庭淀粉糊（浆）业务；后来成为夏威夷牛仔，同夏威夷乐队一起在美国旅行；再以后，他在陆军和海军服役，并曾担任过验光医生。

　　卡恩母亲的家人，是生活在美国中北部威斯康星州丹麦血统的农民。卡恩的童年，是在威斯康星州和夏威夷两地度过的。往返的大海航行，他目睹的航海家，最早唤醒了他的艺术兴趣。

　　1935 年，七岁的卡恩是夏威夷岛希洛的一个赤脚孩子。他的母亲带他参加了画家 D.霍华德·希区柯克（英语：David Howard Hitchcock）作品的画廊展览的开幕式。希区柯克（英语：Hitchcock）是第一位获得国际认可的夏威夷出生的艺术家，他的作品专注于独特的夏威夷主题，尤其是希洛附近的火山喷发。当卡恩看到希区柯克的作品并与他简短交谈后，他"被惊呆了"，感觉自己"面临着奇迹"。卡恩自己说，除了对艺术的接触和父母不断鼓励他对绘画的兴趣外，他在童年时期最富有成长性的经历是在夏威夷，在那里他的父亲和他的家人沿袭了这些岛屿的传统民间传说。

　　卡恩青年时曾经在美国海军服役，他利用退伍军人的福利，在伊利诺伊州芝加哥市参加了芝加哥艺术学院的学习，获得了学士学位，并于 1953 年获得硕士学位。他的硕士学位是由芝加哥大学授予的。

　　卡恩最开始的工作，是在芝加哥的密歇根大道。在那里，他拥有自己的广告工作室。他是一位非常成功的设计师、插画家和作者。他才华横溢，涉及书籍，杂志，建筑设计，为家乐氏和多家公司提供的商业电视节目等各种工作。当他在广告领域获得冠军以后，广告工作不再令他满意，他结束了这项工作。。

　　芝加哥在美国五大湖之一的密西根湖湖畔。卡恩经常参加密歇根湖上的双体船比赛，这引起了他研究独木舟的兴趣。1961 年他开始在芝加哥大学图书馆、芝加哥的菲尔德自然历史博物馆等

处研究独木舟。20世纪60年代，他创作了14幅波利尼西亚人独木舟的油画，这些油画1969年被夏威夷州文化艺术基金会购买。这次购买，促进了卡恩搬到夏威夷瓦胡岛檀香山居住，在那里，他继续对波利尼西亚独木舟航行进行研究。

卡恩在檀香山聚集了一群帆船运动爱好者，其中包括夏威夷大学人类学家本·芬尼（英语：Ben Finney）。他们共同创立了波利尼西亚航行协会，并开始从事波利尼西亚历史上使用的独木舟的研究和设计。

独木舟是将第一批波利尼西亚人带到夏威夷群岛的。最后一艘独木舟在夏威夷已经消失了六百年。

艺术家赫伯·卡恩梦想重建一艘与祖先航行的独木舟类似的双壳帆船，他将不同背景和职业的人聚在一起。卡恩设计、建造并命名独木舟为霍库莱阿（Hōkūle'a），不再像过去的独木舟由木材制成，而是用胶合板、玻璃纤维和树脂制成，还拥有50.2平方米的帆。他们建造的这艘船，长19.0米，横梁长5.3米，吃水0.76米，重12吨，时速每小时可达7—10公里。这艘霍库莱阿1975年3月8日建成，开始在夏威夷各岛之间试航，为以后的跨国航行做准备。

赫伯·卡恩设计制造的霍库莱阿（Hokule'a）

这艘霍库莱阿，1976年5月1日从夏威夷檀香山出发，在没有现代导航工具的条件下。经过一个多月的航行，于1976年6月3日抵达4400公里之外的南太平洋中部的法属波利尼西亚群岛最大的岛屿——塔希提（法语：Tahiti，又译为大溪地）。在那里受到当地波利尼西亚人的热烈欢迎。在塔希提（大溪地），船员们了解到，那里的波利尼西亚人具有制造独木舟的传统和高超技艺，每年都举办独木舟比赛。

他们这次航行，取得了巨大的成功。证明了乘独木舟可以往返于塔希提（大溪地）和夏威夷，夏威夷群岛波利尼西亚人的祖先，是有目的的穿越太平洋来到夏威夷的，而不是偶然漂泊到这里的。这艘双体远航独木舟霍库莱阿，"成为了夏威夷人和其他波利尼西亚人文化复兴的载体"。卡恩设计和建造的霍库莱阿，帮助夏威夷人恢复了自豪感。

卡恩努力研究夏威夷的历史，以夏威夷的历史和文化绘画作品闻名。他的大部分艺术都经过大量研究，以确保所有内容在历史上都是准确的。他有许多描绘历史事件的画作，例如努阿努古战役。这幅画生动地刻画了发生在夏威夷历史上一次关键性的战争。

这是1795年在瓦胡岛上发生的一次战争，是卡美哈美哈统一夏威夷群岛过程中的关键战役。1795年2月，卡美哈美哈组建了夏威夷群岛有史以来最大的军队，大约有12,000名士兵和1,200名独木舟士兵。在这一年的春季，卡美哈美哈首先征服了茂宜岛和莫洛凯岛，然后入侵瓦胡岛。在前往瓦胡岛的途中，卡美哈美哈手下的一位名叫卡亚那（Ka'iana）的首领，因在卡美哈美哈的圈子里失宠，担心遭到阴谋打击，率部从夏威夷舰队分离出来，在瓦胡岛的北侧登陆，与瓦胡岛的军队兵合一处。在那里，将努阿努古山脊切出缺口，用来作为瓦胡岛卡拉尼库普勒军队大炮的炮口。

努阿努古战役

1795年5月，卡美哈美哈率领军队在瓦胡岛南部的怀阿拉和威基基登陆。此前的1794年年中，茂宜岛和瓦胡岛联军的首领卡赫基利二世已经去世，他的儿子卡拉尼库普勒在这里指挥军队作战。卡美哈美哈率领军队登录后，搜寻到了卡拉尼库普勒的阵地，将自己的军队一分为二，一半正面进攻，另一半侧翼包抄。在两面夹击之下，卡拉尼库普勒的军队寡不敌众，撤退到瓦胡岛拉伊米附近的下一道防线。卡美哈美哈率领军队追击的同时，秘密地抽出一部分军队，去清理努阿努山谷高处周围的卡拉尼库普勒的大炮，并用自己的加农炮轰击对方的军队。在战斗中，卡拉尼库普勒受伤，卡亚那战死。群龙无首，瓦胡岛的军队陷入混乱，缓缓地向北撤去。他们穿过努阿努河谷，到达努阿努的古巴利悬崖。这里的悬崖300多米高，超过700名瓦胡岛的战士，跳下或者被卡美哈美哈的军队推下悬崖。一百多年之后，1898年，在巴利路上施工的建筑工人，发现了800具头骨。这些头骨残骸，是瓦胡岛的战士从高耸的悬崖跌落致死的。

卡恩的画作，有一些是巨幅的。例如，1973年题为《太平洋向人类开放》，是为檀香山中部的太平洋贸易中心画的壁画，由羊毛制成。这幅画高3.4米，宽13米。又如，他画的壁画《夏威夷古普那鲁》，高3米，宽7.3米。

卡恩为美国邮政局设计了9张邮票，其中包括1984年为夏威夷建州25周年设计的纪念邮票，以及2009年为纽约州成立50周年设计的纪念邮票。为夏威夷设计的纪念邮票，画的是一艘双体航行的独木舟、一种在夏威夷过冬的候鸟和夏威夷岛上世界上最活跃、最大的活火山——莫纳罗亚火山。这张邮票发行之日，销售量刷新了美国邮政总局的记录。他为纽约州设计的纪念邮票，画的是在同一波浪上的冲浪者和独木舟的划桨者。他还为太平洋岛国，包括法属波利尼西亚、密克罗尼西亚联邦，以及马绍尔群岛共和国设计了邮票。邮票类作品篇幅虽然很小，但是却显示了卡恩的艺术多功能性。

1994年赫伯·卡瓦伊·凯恩画的油画《1779年1月，库克进入凯拉凯夸湾》，保存于艾萨克斯艺术中心。

卡恩不仅绘画著名，而且还创作了少量的青铜雕塑。它曾为卡美哈美哈雕塑了青年时站立的青铜雕像，收藏在茂宜岛的维雷亚。

卡恩于2011年3月8日在夏威夷南科纳逝世，享年82岁。

（注：本文资料引自维基百科《赫伯·卡瓦努伊·卡恩（Herb Kawainui Kāne）》、《怀皮奥山谷》、《哈玛库亚海岸》、《Hokule'a的故事》、《大溪地》、《大溪地节日·》、《努阿努古战役》等。）

游记篇

韩连生

第一次游夏威夷——瓦胡岛旅游

2015年4月7日至14日,我们一家人从西雅图乘飞机到夏威夷瓦胡岛旅游。这个美丽的海岛,给我们留下了深刻的印象。

一 夏威夷和瓦胡岛简介

夏威夷(Hawaii)是美国唯一的以群岛组成的州,有大大小小132个岛屿,包括8个大岛和124个小岛,绵延2,450公里,位于太平洋中部,距离美国本土3,700公里。8个大岛是瓦胡岛、茂宜岛、夏威夷大岛、可爱岛、摩洛凯岛、拉奈岛、尼豪岛和卡霍奥拉韦岛。夏威夷面积1.67万平方公理,与中国北京的1.64万平方公里面积相仿。2006年夏威夷人口1,285,498人,仅及2010年北京市海淀区328.1万人的39.2%。2010年统计,夏威夷有38.6%人口是亚裔美国人,比例据美国各州第一。

公元四、五世纪,夏威夷原住民波利尼西亚人从南太平洋乘独木舟移居到此,他们为这片岛屿起名"夏威夷",意为"原始之家"。他们依靠捕鱼、种地,过着自给自足的生活。十八世纪,华人来到这里开发资源,种植甘蔗、香蕉、菠萝和采伐檀香木。1778年英国航海家库克船长发现了夏威夷群岛,1794年英国航海家威廉·布朗抵达这里,此后成为过往船只的停靠处。1795年夏威夷酋长卡美哈美哈统一了整个夏威夷群岛,并自称为夏威夷国王卡美哈美哈一世。1843年英国政府公开宣称拥有夏威夷的主权,1849年法国政府宣称占领夏威夷,1893年美国基督教传教士率领所有教会成员,推翻了夏威夷王国。1898年美国正式将夏威夷合并。夏威夷是美国唯一白种人不过半数的州,白种人约占三分之一,其余为日本人、波利尼西亚人、菲律宾人、中国人、朝鲜人。比起美国其他各州,夏威夷州拥有最大的亚裔人口比例。每个民族都带来了各自的语言和文化,因而,夏威夷是一个种族融合的大熔炉。受移民影响,夏威夷具备东西方多种文化特质。

夏威夷群岛地处北纬19°至29°之间,北回归线从群岛中穿过。与这个纬度相仿的中国城市是海南省的三亚市(北纬18°15′)和浙江省的宁波市(北纬28°51′—30°33′)。夏威夷8个大岛位于北纬18°54′—22°之间,地处热带,全年的气温变化不大,没有季节之分,四季如夏。

夏威夷属于海岛型气候,有季风调节,气候宜人,整年中的温度变化很小。每年温度约在摄氏26度至31度。2、3月最冷,8、9月最热。通常情况下,从10月到次年4月雨量最大,随时可能下雨。夏威夷每年5月到10月为夏季(夏威夷语是Kau),11月到次年的4月为冬季(夏威夷语是Hooilo)。夏季白天海平面的平均气温是摄氏29.4度,冬季白天的平均气温是摄氏25.6度。晚间温度大约要降低约摄氏6度或更多。即使冬季晚间,气温也达摄氏18度左右。夏威夷既无严冬,又无酷暑,气候宜人,是人间天堂,尤其适宜老年人颐养天年。

瓦胡岛(Oahu,又译欧胡岛),地处北纬21°26′,东经158°00′,面积1,574平方公里,在夏威夷群岛居第三位;人口876,151人(2000年),位居夏威夷群岛首位,全州72%的人口集中于此。

瓦胡岛是古夏威夷各岛国王集会之地。1845年,卡美哈美哈三世将夏威夷王国的首都,从茂宜岛迁至瓦胡岛。

瓦胡岛的南岸有珍珠港（Pearl Harbor）和檀香山（火奴鲁鲁 Honolulu），珍珠港是美国在太平洋内重要海空军基地，檀香山是夏威夷州的首府和工商业中心。夏威夷教育部分为7个学区，其中4个在瓦胡岛，夏威夷大学位于檀香山市中心。檀香山国际机场是夏威夷州最重要的航空枢纽，美国本土来回夏威夷的航线大部分均以此为终点。瓦胡岛是夏威夷州的政治、经济、文化和交通中心，是目前（21世纪初）夏威夷最现代化的岛屿。岛上盛产甘蔗、菠萝、香蕉等，旅游业发达，每年游客达700万人。因此，军需服务、旅游、菠萝和制糖，为瓦胡岛重要的经济项目。岛上建有波利尼西亚文化中心。

瓦胡岛旅游资源丰富，著名的景点有波里尼西亚文化中心、威基基海滩、珍珠港、恐龙湾、钻石山等，吸引游客最多的是国家纪念公园——美国亚里桑那纪念公园。这儿还有23个州立公园，286个县级公园和社区中心。瓦胡岛吸引观光游客的，并非名胜古迹，而是它得天独厚的美丽环境。环岛周围有数十个海滩和海滨浴场，其中最长的海滩长达6公里多，适宜游泳、冲浪和晒太阳。

珍珠港大门口

我们这次夏威夷旅游，从西雅图直飞瓦胡岛，住在檀香山市的钻石山附近。在瓦胡岛上游玩了7天，整日阳光灿烂，气候温暖，满目大海、沙滩、椰林，充分享受了日光浴。与西雅图此时多雨、阴冷的天气相比，让人感到格外的舒服。

二 参观珍珠港

珍珠港位于檀香山西侧，从1911年起，这里便是美国太平洋舰队和空军的总部和基地。因为第二次世界大战时，日寇偷袭珍珠港，造成美军伤亡惨重，致使美国下决心投入到反法西斯战争中去，史称"珍珠港事件"。珍珠港因此名扬四海。

来夏威夷旅游，参观珍珠港是我们的首选项目。下飞机后，租了一辆小轿车，我们一家人直奔珍珠港。珍珠港大门前，棕榈树笔直挺拔，一根黑色的旗杆上美国国旗迎风飘扬，旁边6根白色的旗杆上悬挂着美国军队的旗子。

大门旁一块牌子上写着:"珍珠港历史遗迹"。牌子上还详细列出了"历史遗迹"的内容:美国海军、国家公园服务、弓鳍鱼号潜艇、博物馆和公园、密苏里号战列舰、纪念馆和太平洋航空博物馆。

进入珍珠港之后,首先见到路旁悬挂一口钟,名为"亚利桑那号之钟"。接着前行,来到了珍珠港纪念馆剧院。在这里我们观看了有关珍珠港事件的23分钟的历史纪录片。日本军国主义为了偷袭珍珠港,做了长期政治、军事、外交方面的准备。1941年1月7日,日本联合舰队司令山本五十六海军大将就正式提出了偷袭珍珠港的设想,6月制定了正式作战方案,10月中旬这个计划得到批准。其目的是日本妄图夺取太平洋制海、制空权,为其南下侵略扫平道路。

1941年12月初,日本6艘航空母舰(当时日本共有10艘),载着423架飞机,以及担任护航的2艘战列舰,3艘巡洋舰,9艘驱逐舰和3艘潜艇悄悄地驶向珍珠港。另外27艘潜艇作为先遣队,则更早地出发了。

1941年12月7日,日军从早6点开始,派出两个批次,总计350架飞机从航母上起飞,对珍珠港美国军舰和飞机进行袭击。美军猝不及防,伤亡惨重,8艘战舰、3艘巡洋舰、3艘驱逐舰被击沉或重创,188架战机被摧毁,造成了2,402人殉职和1,282人受伤。日军轰炸主要目标之一的美军三艘航母,此时均不在珍珠港,逃过一劫。

亚利桑那号纪念馆

离开电影院,我们乘海军接驳船来到亚利桑那号纪念馆。这是修建在海面上的一栋雪白色长方形的建筑,其水下是珍珠港事件中被日寇炸沉的亚利桑纳号战列舰。

亚利桑纳号战列舰(USS Arizona BB-39)是宾夕法尼亚级战列舰的二号舰,1914年3月开工建造,1916年10月服役,满载排水量36,500吨,舰长185.3米,宽29.6米。1941年12月7日日本海军偷袭珍珠港时,亚利桑那号遭到日军飞机重创,最终沉没在港内,是美军损失最严重的一艘战列舰。

现在以亚利桑那号被炸沉为例,详细描述珍珠港被炸的经过。

12月7日早6点10分,日本航母舰队开到了夏威夷群岛的瓦胡岛以北220海里的地方。日军南云中将下达了第一波起飞的命令,183架轰炸机和战斗机飞向珍珠港。8时零5分,高空轰炸机编队攻击了亚利桑那号，一枚炸弹击中了亚利桑那号的四号炮塔。炸弹从倾斜的塔壁滑落，穿过后面的甲板钻进了下层的指挥官舱并在那儿爆炸，但爆炸对舰体的损伤不大。紧接着，由久须美（KUSUMI）大尉率领的另一个高空轰炸机编队飞临亚利桑那号上空，大约8时零6分，久须美机组的投弹手近藤（KONDO）大尉在3,200米的高空对亚利桑那号投弹，26秒后炸弹击中目标。这枚800公斤的炸弹击穿了亚利桑那号的前甲板，首先引爆了水上飞机弹射器的黑火药库，随后诱爆了主炮塔的无烟火药库。

亚利桑那号舰体内发生了剧烈的爆炸，掀开了整个舰体的水平结构以及装甲板以上的船壳。燃料从左弦的某个地方冒出来，舰首沉到海里，海浪已淹没了后主甲板，而后着起了大火，黑红的烟柱窜到300多米的高空。1,177名官兵在这次事故中阵亡，包括舰长范•瓦尔肯伯格上校。亚利桑那号战列舰被炸沉，突显了战争的残酷。这艘费时两年半左右建造的185米长、排水量3万多吨的庞然大物，从中弹爆炸到沉没，仅仅9分多钟的时间。这艘战列舰死亡的人数，占珍珠港总死亡人数的一半，其中945人仍在舰体内。

1958年3月15日美国总统艾森豪威尔授权建设，1961年9月6日第87届国会批准纪念馆建设拨款，1962年5月美国总统约翰•肯尼迪指定亚利桑那号沉没处为国家陵园，并在沉没处的水上建立了一座亚利桑那纪念馆。纪念馆1962年5月30日正式落成，长56米，中部宽8.5米，两端宽11米。由两根2,500吨的混凝土梁柱和37根预应力桩墩支撑。

美国人瞻仰殉国将士名单后神态凝重

走进这座纪念馆，庄严肃穆。纪念馆的白色大理石墙壁上有这样一段碑文："这里埋葬着勇敢的人，1941年12月7日，他们生活在美国亚利桑那号"（TO THE MEMORY OF THE GALLANT MEN HERE ENTOMBED AND THEIR SHIPMATES WHO GAVE THEIR LIVES IN ACTION ON DECEMBER 7, 1941 ON U.S.S. ARIZONA）。墙壁上镌刻着在战舰上献身的1,177名海军将士的名字。纪念馆里另外一处碑文，上面写道："夏威夷美国亚利桑那号纪念珍珠港太平洋战争纪念碑，1941年12月7日，他们的国家偷袭了夏威夷珍珠港，美国武装部队成员献出了自己的生命，赋予他们荣誉并与纪念。"

纪念馆内还有一块碑文记载，建设这座纪念馆，美国国会批准了150,000美元的拨款，夏威夷州捐赠了100,000美元,此外,许多公共官员、退伍军人组织、其他公共和私人团体和企业,数以千计者参与了捐助。纪念2,341名荣幸的死者,其中,美国陆军228人,美国海军2,004人,美国海军陆战队109人。

纪念馆里,陈列着亚利桑那号战列舰正面图和甲板平面图。这些图纸,再现了亚利桑那号战列舰的全貌。透过纪念馆的窗户,可以看到海面上遗存的亚利桑那号战舰3号炮台。巨大的炮台,经过战争的摧残、日晒雨淋,锈迹斑斑,然而,它却牢牢记住了日本军国主义的偷袭珍珠港的罪恶历史。

我们乘着接驳船,离开纪念馆后,又参观了沈思园、回忆园、亚利桑那号之锚,以及波芬号潜艇的外观。虽然有些博物馆我们没有来得及参观,但是闭馆的时间到了,我们便驱车回到了在檀香山市内预订的住处。

在亚利桑那纪念馆附近的海面上停泊着密苏里号战舰,它是美国的骄傲,日本在这艘军舰的甲板上签署了结束第二次世界大战投降条约。

我们乘着接驳船,离开纪念馆后,又参观了沈思园、回忆园、亚利桑那号之锚,以及波芬号潜艇的外观。虽然有些博物馆我们没有来得及参观,但是闭馆的时间到了,我们便驱车回到了在檀香山市内预订的住处。

三 威基基海滩游玩

4月8日上午,女儿、外孙女、老伴和我四人,到威基基海滩(Waikiki Beach)游玩。这个海滩离我们住宿的地方大约一两百米远,走一会儿就到了。女儿、外孙女用手撩起裙子,老伴挽起裤腿,她们在海边趟水玩,我拿着相机给她们拍照,同时拍照风景。

威基基海滩是世界上最著名的海滩之一,也是多数游人心目中最典型的夏威夷海滩,是瓦胡岛一个著名的景点。它东起钻石山下的卡皮欧拉尼公园(Capie Ola Ni Park),西至阿拉威河(Ala Wai River)游艇码头,长达1.6公里左右。沙滩平整细腻。黄白色的沙滩,在温暖的阳光照射之下,闪闪发光。沙滩上有一片游泳区,水很浅,最深处仅及成年人腰部。游泳区和大海之间有一道大坝，深海袭来的海浪，被大坝隔挡在外侧。汹涌的大浪，遇到大坝的阻拦，猛地朝天空飞去，足足有四五米高，很是壮观。游泳区内风平浪静，很适宜游泳，尤其适宜少年儿童戏水。修建大坝时在大坝上留有一个缺口，海水从缺口涌入，又从缺口退出，因此，游泳区是一潭活水。

　　游泳区旁边，是冲浪区。那里白浪滔天，大群的青年男女在那里兴高采烈地玩着冲浪。他们一会儿冲到浪尖之上，飒爽英姿，好不快活；一会儿又被大浪淹没，人仰马翻，另一番情趣。他们爬起来之后，重新游向大海，随着下一批涌来的大浪，继续在风口浪尖上玩耍。

　　威基基海滩旁，高楼大厦林立，这些都是为开发旅游业而修建的酒店。八九十年前，这一带是木材建造的平房，如今被高耸的酒店代替。档次从经济到豪华，有大小上百家，建起了现代化旅游区。旅游早已经成为夏威夷重要的支柱产业。

　　"威基基"的意思为涌泉，曾是山溪和泉水形成的沼泽地。19世纪初，当地的君主们开始在这里修建海滩别墅。1922年这里正式排水填土，在海滩旁建起了现代化的旅游区。

　　在威基基海滩旁的椰树林里，有一座"国际冲浪之父"杜克•卡哈那莫库的铜像。只见他身体健壮，肌肉发达，身着泳装，佩戴项链，张开热情的双臂，欢迎远方的游客到威基基海滩来游玩。

　　杜克•卡哈那莫库是夏威夷土生土长的英雄，出生于1890年8月24日，在威基基海滩附近长大，从小就开始学习游泳和冲浪。他曾经是"威基基沙滩男孩"的先锋之一。所谓"沙滩男孩"，是一群在威基基海滩上，靠教授游客如何冲浪和划独木舟来谋生的人。他们是水上运动好手。1912年，杜克第一次参加在瑞典斯德哥尔摩举行的夏季奥运会，就赢得了奥运会100米自由泳金牌和接力赛银牌。1920年在比利时安特卫普夏季奥运会中，他赢取100米自由泳和4×200米自由泳接力两枚金牌。1924年在法国巴黎夏季奥运会中，34岁的他再次夺得一枚银牌。1919、1920和1921三年中，他在美国国家锦标赛中还获得了9枚金牌。

威基基海滩

　　除擅长游泳之外，杜克还和冲浪有着不解之缘。说起冲浪运动，最初尝试者是波利西尼亚人。在公元1000年，波利西尼亚的水手们乘着诺亚方舟来到夏威夷，把冲浪传到了夏威夷。在夏威夷冲浪运动大受欢迎，夏威夷的皇室成员很快成为此项运动的佼佼者。冲浪运动在20世纪早期得以复兴，与杜克的关系密切。他不仅凭借其声望，很快将冲浪运动推广到南加州、东海岸等美国大陆，还作为主要示范者和教练员向全世界积极推广冲浪运动，推广到澳大利亚以及新西兰等地。因此，他被尊称为"国际冲浪之父"。

从游泳运动退役下来后，卡哈那莫库开始自己的演员生涯，并曾经在28部好莱坞影片中扮演配角，通常扮演一个本地的首席或夏威夷国王。他被选为檀香山市、县的警长和官方形象大使，也是第一个同时进入冲浪名人堂（Surfing Hall of Fame）和游泳名人堂（Swimming Hall of Fame）的人。1925年6月，他用自己的冲浪板，救活了因游艇倾覆而落海的8人的生命。

在纪念杜克·卡哈那莫库百岁诞辰时，人们在威基基凯悦丽晶饭店对面的海滩上，为他建立了雕像，雕像背后树立着他所喜爱的冲浪板。平常有许多游客拿着相机在此拍照留念，有的游客还给他献上花环。

四 游泳池游泳

4月8日的下午，我们在酒店乘电梯到六层，去游泳池游泳。游泳池建在酒店停车楼的楼顶。从我们住的二十多层房间阳台向外观看，附近酒店有三处在停车楼楼顶修建了游泳池和网球场。看来夏威夷瓦胡岛土地寸土寸金，为了方便游客健身，又要节约土地，于是开发停车楼的顶部，在高空修建了游泳池和网球场。

游泳池面积不大，长15米左右，宽6米左右。池水浅的地方不足1米，最深处1.8米左右，池子两侧有直梯，在水浅的一端，还安了扶手，修了台阶，方便行动不便者。虽然是4月初，然而室外游泳池水温并不凉。池子里游泳、戏水的，大多是来自世界各地不同肤色的十多岁的孩子。虽然也有中老年人，但仅仅是少数。由于池子里人满为患，因此很难游，只能见空插针。外孙女个子小，动作灵活，游得十分开心。游泳池旁，有两个热水池，每个池子仅能容下八九个人。在里面泡热水的，老年人居多。人们一边泡热水，一边聊天。

别看游泳池和热水池都不算大，但是，池旁摆放的躺椅却不少。很多老年人和一部分中青年人躺在上面晒太阳。美国人喜欢日光浴，以把皮肤晒成褐色为美。不少人来游泳池不是为了游泳，而是在池边日光浴。他们用一条毛巾盖住脸，躺在那里一动不动，尽情地享受温暖和煦的阳光。

五 夏威夷自助餐和文艺演出

女儿提议晚饭到夏威夷一家自助餐馆去吃，我们都同意。她打电话和餐馆联系，刚刚报上了自己的英文名字，对方马上说出了她的中文名字。女儿觉得奇怪："我的信息只有航空公司知道，餐厅怎么也知道呢？"她想了想，马上明白了："看来现代化的旅游城市信息共享搞得非常好，我们刚上飞机，航空公司就把信息告诉了夏威夷的酒店等有关部门。"我们大家也都为夏威夷信息共享的程度感到惊奇。

餐厅离我们的住处有一公里多，而且门口没有停车位，只能步行前往。为了不耽误时间，女儿租了一辆轮椅车，女婿推着我。

餐厅在晚6点和7点30分有两场精彩表演。进入餐厅后，服务员安排我们靠近演出场地的餐桌就餐。这里是威基基最著名、最大的海鲜自助大餐，有油炸大螃蟹、油焖大虾、雪蟹腿、蒸蛤蜊、烤牛肉、烤猪肉、顶级肉眼牛排、日式红烧鸡、日式味噌三文鱼、蒜蓉金枪鱼、夏威夷著名生鱼"泼可"以及20多种寿司、30多种甜点、各类水果、冰水等。在餐厅买饮料和冰激凌的，免费赠送龙虾。我们买了一瓶啤酒和一份冰激凌，服务员很快送来两份烤龙虾。

自助餐厅里波利尼西亚人的演出

我们一家人举杯庆祝来夏威夷旅游。不一会儿，演出开始了。参加演出的女士在耳后都戴上一朵美丽的花，这是夏威夷女性的传统。戴花的位置有特殊的含义，左耳表示已有固定对象，右耳则表示单身。女士表演的主要是草裙舞，她们身穿长裙，头戴高高的花冠，腰上系着一条不同材质制成的各种颜色的"草裙"。她们舞蹈动作的关键，一个是在手臂上，一个是在腰部。手臂不停地抖动，它的细微变化，代表了不同的含义。通过腰部的巧妙的抖动，臀后"草裙"跟着快速地抖动。

参加演出的男士，全部赤裸上身，下身穿植物叶子编制的裙子。他们舞动两头点燃的火棍，时而将火棍转成了圆圈，时而将火棍抛向天空，时而互相抛接火棍，还有时将火棍夹在膝下，坐在臀下。火棍在他们那里玩的得心应手，潇洒自如，他们俨然成为火的舞者。

男女共同演出时，女士仍然是跳草裙舞，男士仍然舞动火棍，不过更巧妙的编排、配合，使演出更加生动活泼、有趣。

这是我们到达夏威夷以后，第一次观看波利尼西亚人的演出。

说起草裙舞，它是夏威夷土著波利尼西亚人从太平洋马克萨斯群岛带来的具有地方色彩的文化。最原始的草裙舞，男女都赤裸上身，男士腰上系一条草编制的带子，女士身着草编织的短裙。因此叫做草裙舞。若干世纪以来，随着人类社会的发展变化，草裙舞的服饰从无到有，从少到多，从草料到布料，从简易到繁杂，舞蹈风格也不断成熟。即使人们穿上了用兽皮缝制的衣物，或者用各种布料制成的衣服，再跳这种舞时，它仍然叫做草裙舞。草裙舞的名称一直沿用下来，它已经成为一种文化。热情好客的夏威夷人，总会以优美的草裙舞，欢迎远道而来的游客。

说起草裙舞，还有动人的传说。波利尼西亚人的祖先，生活在太平洋的一个个孤岛上。夜晚没有灯光，黑暗令他们害怕；四周咆哮的惊涛骇浪，更让他们恐怖，简直就像巨嘴怪兽，随时有可能吞噬小岛。波利尼西亚人信奉火神佩莱尔，认为她不仅能给人生命，还能为人照亮天空，她是最伟大的母亲。为了取悦火神佩莱尔并与巨嘴怪兽抗争，企盼光明，波利尼西亚的先人走出草棚山洞，在火神能看得到的平坦的开阔地上，赤身裸体如痴如醉地唱歌跳舞。他们勇敢顽强、坚忍不拔的精神和牢不可破的信念，终于吓跑了巨嘴怪兽；他们的舞姿和歌声感动了火神。天亮了，大海也变得温柔了，波利尼西亚人获得了幸福！草裙舞来自波利尼西亚人的原始生活。

自助餐厅里草裙舞表演

餐厅的第一场演出结束了，主持人招呼游人上台，由演员教大家跳草裙舞。女儿拉着外孙女跑上去，和其他游客一起学习。尽管教的仔细，学的认真，仍然掌握不了要领。最后大家哄堂大笑而去。

游人与演员合影

主持人又招呼游客，与演员合影。就餐的游客们立即排起了队，一家一户地与演员合影。我们一家五口，也高兴地与演员合影。

第一次在夏威夷的餐厅吃饭，第一次观看波里尼西亚人演出，并与演员合影，我们很高兴。

六 恐龙湾赏鱼

4月10日，我们来到恐龙湾，观赏海中的热带鱼。恐龙湾位于瓦胡岛东南海岸，是一处天然的海湾，离我们在威基基住的地方大约16公里、30分钟左右的车程。

恐龙湾是中国人根据海湾的形状给它起的名字。这个海湾的面积不算大，海湾两侧有两个小山头，有如人的双臂伸向海里。伸向海里的两个小山头，一头高高隆起，是恐龙头，一头逐渐变矮，是恐龙尾，像巨大的恐龙卧在海里，所以它被称为"恐龙湾"。山头围成的海湾，形如马蹄，因而又有人戏称它"马蹄湾"。

恐龙湾是海底死火山，藏在海水下面的礁石，阻挡了深海袭来的海浪。这里水浅、浪小，还有良好的沙滩，因而适宜游泳、戏水。这里的热带鱼很多，五颜六色、形状各异的热带鱼成群结对，海湾里还有大面积的珊瑚礁。因此，这里成为游客潜水、观赏热带鱼和珊瑚的好地方。

这一带海域还有座头鲸、海狮、海龟等海洋野生生物。座头鲸并不是这里土生土长的，它们来自阿拉斯加等太平洋的北部海域。每年冬天，座头鲸历经近5,000公里的漫长迁移，来到夏威夷海域交配、生小鲸，并进行护理。春季和夏季，它们回到故乡——凉爽的、营养丰富阿拉斯加附近水域和其他北部地区。每年12月到5月，母座头鲸带着小鲸在夏威夷海岸附近的水域休息，游客有幸能看到它们的身影。座头鲸在海洋里表演"杂技"，人们在在1公里外就能看得到。

靠近恐龙湾海滩的山坡上有一处草坪，高大的椰子树下有一片片树阴。草坪上有餐桌和免费饮用水，附近还有卫生间和淋浴用的水管。许多游客自带食品，在这里一玩就是大半天。

女儿、女婿和外孙女带上潜水镜去海里观赏鱼，我和老伴在树阴下坐在轮椅车、沙滩椅上观海。过了一会儿，女儿高高兴兴地跑回来，动员我去看鱼，留下老伴一个人看着我们携带的物品。我拄着手杖，踏着柔软的沙子，跟着女儿来到海边。女儿扶着我走进海里，海水刚到膝盖，就看到热带鱼在小腿旁游来游去。有的鱼，黑褐色，细长细长，动作十分敏捷；有的鱼，椭圆型，身体扁平，白色的外表上有一道道蓝色的条纹。它们结伴而行，不离不弃，像是一个小团体。不时还有四五十厘米长的大鱼，从身边缓缓游过。

我既未带潜水镜，又没有用吸气管，只是站在水中，隔着水面观察，就看到了许多十分漂亮的热带鱼。女儿动员我丢掉手杖，到齐腰深的水里，一边游泳，一边观赏鱼。我自觉能力不及，离开拐杖在水中站立不稳，便拒绝了。然后，独自走回草坪，让老伴去海边观赏鱼。我坐在那里，一边听录音机里的评书《三国演义》，一边观赏大海，一边用相机拍照风景。

来恐龙湾的游客多，不少人喜欢用带来的食物喂鱼。因为人们的喂食带来了海水污染，使里面的珊瑚礁也大面积地受到破坏。人们的"好心"事与愿违，给野生动物和环境造成了破坏。为了防止海湾进一步受污染，当地政府花了一千多万美元，从1999年开始在路口建立了游客参观中心，并设立了收费站，将每天平均游客人数限制在三千名左右。停车每车1元，门票每人7.5元。这是瓦胡岛周边唯一收取停车费和门票的海滩。这里规定，游客来此，首先要观看一场时间不长的电影，了解海洋环境保护常识，并规定每星期三不开放。这里还设立了一些宣传橱窗，向游人宣传"尊重野生动物和环境"，避免触碰、喂养海洋野生动物、踩踏珊瑚礁，妥善处理垃圾和有害渔具。告诉游人，在海面上距离30米以内、空中距离300米以内观察座头鲸是违法的；要从远处观察海龟，观察其他海洋哺乳动物也要保持15米以上的距离。

外孙女特别喜欢看热带鱼。我们在恐龙湾，玩了大半天时间。

恐龙湾

七 波利尼西亚文化中心

4月11日中午，我们驱车40余公里，来到瓦胡岛东北部的波利尼西亚文化中心。

在描述这次游玩之前，首先介绍一下波利尼西亚。

在浩瀚的太平洋上，散布着许许多多大大小小的岛屿，人们把它们分成三大岛群，即密克罗尼西亚、美拉尼西亚和波利尼西亚，其中范围最大的是波利尼西亚群岛。它北起夏威夷群岛，南至新西兰，东至复活节岛，占据着太平洋中部辽阔的海域。居住在波利尼西亚群岛上的80万土著民族被称为波利尼西亚人。波利尼西亚人是从哪里来的呢？它不是在当地经历了从猿到人的演化过程发展而来的，因为在这些岛屿上没有发现远古人类生存或活动的遗存痕迹。同时，这些岛屿的面积都太小，对于需要漫长的时间进行演化的人类祖先来说，缺少足够的活动空间。因此，波利尼西亚人肯定是从其它地方迁徙来的。从哪里来的呢？历史上有两种说法，一种是从西方，即东南亚来的；另一种是从东方，即美洲来的。两种说法长期争论不休。人类基因学说的出现，基因库的证据表明，波利尼西亚群岛，包括东部岛屿的人类，是土著美洲印第安人迁徙到这个区域的。因此，波利尼西亚人是美洲印第安人的后裔。

生活在太平洋的波利尼西亚人，通过远洋航行扩散至太平洋的广大区域，如北太平洋的夏威夷群岛，南太平洋的新西兰、复活节岛等。波利尼西亚人在这些相隔很远的地方定居后，开始有了不同的族群名称，如夏威夷人、萨摩亚人、拉帕努伊人、新西兰的毛利人、汤加人、图瓦卢人、塔希提人、托克劳人、库克岛人、瓦利斯人、纽埃人、复活节岛人等10多个支系等。

1963年，为避免波利尼西亚文化在西方文化的侵蚀下完全消失，为保存波利尼西亚人的历史和文化传统，同时也是为了弘扬摩门教，并为杨百翰大学的学生提供勤工俭学的机会，摩门教杨百翰大学在夏威夷州瓦胡岛北岸的莱伊，使用一块252亩（42英亩）的地方，创办了波利尼西亚文化中心（Polynesian Cultural Center）。

波利尼西亚文化中心里的村落

这个中心由 7 个不同的文化村落组成：萨摩亚（Samoa）、新西兰（New Zealand）、菲济（Fiji）、夏威夷（Hawaii）、玛贵斯（Marquesas）、塔希提（Tahiti）和汤加（Tonga）。这些村落反映和代表了波利尼西亚人居住的 7 个岛屿的文化传统与风土人情。每个村落都有代表各自风貌的建筑物、陈列物品及风俗，这些建筑设施竭力保持该民族几百年前的传统风貌。在波利尼西亚文化中心能够让游客切实感受到波利尼西亚文化的魅力。

我们是在网上预订的波利尼西亚文化中心的参观门票。门票每张 70 美元左右，还包含一顿晚餐。由于文化中心面积大，为了不影响一家人游玩的速度，我再次坐上了轮椅，由女婿、女儿和老伴轮流推。

我们乘坐了一次游船。那个游船是由两个独木舟组成的铁壳船，2 米左右宽，7、8 米长，行驶不远，便由一个村落到达另一个村落。文化中心内有一条小河，连接各个村落。小河旁边，高耸的椰树枝叶茂盛，香蕉树上的香蕉丰硕喜人，人造瀑布飞流直下，小桥雄跨两岸，构成了小桥流水人家的山村景象。有的游客租了独木舟，划着小船游走各个村落。每个村落都有文艺演出，游客能够随意选看。

我们因为 3 点多才到达，虽然急急忙忙走穴式地观看演出，也仅仅看了 4 场，而且其中 3 场都是不完整的。这些场次的演出，很注重与观众互动。有的教给观众一些舞蹈动作，台上主持人认真做着示范，台下观众兴趣十足地跟着学。台上、台下，笑声、歌声连成一片。还有的演出场所，从观众中选出人来，与演员一起表演。别看是临时上台，这些"群众演员"由于文艺素质高，能够很好地配合演员的演出，而且演技水平不低，逗得满场观众一次又一次的哄堂大笑。演出现场气氛十分热烈。

我们观看的一场完整的演出，是在萨摩亚村落，整场演出几乎由一个人包揽。主持人兼演员的是一位中年男子。别看他中等身材，其貌不扬，一上台便用中文说到："你好！"我们听了感到十分亲切。他接着问："有没有 Chinese？"现场的中国人马上鼓掌回应。然后他又用日语等语言，向到场的其他国家游客问候。凡被问候到的国家的游客，都对他报以热烈的掌声。别看一句简单的问候，再加上他满脸可爱的笑容，立刻拉近了与游客之间的距离，博得了观众的喜爱。

他首先表演的是钻木取火。对于生活在孤岛上的波利尼西亚人，钻木取火是基本的生活本领。只见他在一根手腕粗的木棍的槽里，树立一根大拇指粗的木条，然后用手使劲地搓动。不一会儿，木槽了冒出了烟，出现了火星。他马上用椰子皮撕成的絮状物去引火，絮状物冒烟了，他用力一甩，那絮状物马上便燃烧起来。这种方法恐怕是最简单、最原始的取火方法。全场观众看完以后，立即热烈鼓掌。

游客乘船游玩

　　他表演的第二个节目是剥椰子。面对巨大的椰子，如何剥掉外皮，取出椰汁，对于生活北半球北部的我们来说，的确是个难题。只见他拿来一只椰子，双手攥紧，然后在削尖的粗竹竿上猛地戳了三下，椰子皮上出现了几个洞，他用手三下五除二一撕，椰子皮被剥得精光。他又用一块石头在椰子壳上猛地一击，然后用力一掰，那椰子壳便分成了两半。我们眼中的难题，到他手上便迎刃而解。他请两个小朋友上来喝掉椰汁，然后将半个椰子壳扣在镶在木棍的刀片上使劲地转，白花花的椰肉，一片一片地掉下来。他用椰子皮做成的絮状物包住一片一片椰肉，然后用力一拧，牛奶般的汁液立即流了出来。他用中文说了"椰奶"一词，再次引起在场的华人的大笑。

　　一个身材健壮的波利尼西亚男子，现场表演了爬椰子树。只见他双手双脚同时用力，高高的椰子树，几下就爬上去了。他抱着树尖，和树一起，晃来晃去。在高高的树尖上，他给现场观众送来了甜甜的微笑。

　　在文化中心的电影院里，我们观看了一场夏威夷风景的电影。这是一部纪录片，由飞机航拍制作而成。所拍摄到的风景，许多地方游人步行难以到达。夏威夷大岛，有两座活火山。火红的岩浆喷涌而出，从1983年开始持续喷发，使得该岛的土地面积每年增加252亩。一些岛屿周围，峭壁高耸，礁石林立，惊涛拍岸，飞雪满天。岛上遍是林木，郁郁葱葱，群山叠翠，峡谷相连；香蕉树、椰子树、芒果树，硕果累累；五颜六色的鲜花漫山遍野，百花争艳；各种美丽的鸟飞来飞去，发出悦耳的鸣叫；夏威夷真的是鸟语花香。山间清澈的溪水欢快地奔流，山谷里白花花的瀑布尽情地流淌。有的瀑布气势磅礴，震耳欲聋；有的瀑布涓涓细流，悄无声息，如一缕白丝，悬挂在峭壁之上。电影放完了，人们缓缓离开影院，似乎对夏威夷美景留恋，依然没有看够。

晚7点刚过,我们走进了文化中心的演出场。这是一个巨大的圆形剧场,更确切地说是U型剧场。演出舞台是露天的,舞台后有人工垒起的岩石,一棵棵绿油油的树木,还有潺潺的瀑布,是一个完美的立体布景。

游客观看演出

游客在剧场里观看演出

这是一场名为"ha"的多幕历史歌舞剧，向游客展现了夏威夷第一位国王卡哈美哈美哈一世的传奇一生。他的母亲怀着他，和父亲一起，驾船来到一座海岛。呱呱落地的新生儿受到了当地居民的热烈欢迎。他和岛上的儿童一起长大，成为一名小伙子。一个姑娘爱上了他，却遭到当地人的反对，他甚至被追打。然而，他始终和当地人和睦相处，紧密团结，最终赢得了当地人友好，他的婚姻得到了人们的认可，祝贺他和姑娘喜结良缘。一百多名波里尼西亚青年男女，用优雅的歌声和精湛的舞技，参与了这场长达90分钟的演出。

晚9点演出结束了，我们开车回到了在檀香山的酒店。

八 参观珍珠港太平洋航空博物馆

4月12日，我和女婿参观珍珠港太平洋航空博物馆，女儿、老伴和外孙女参观珍珠港的其它博物馆。

太平洋航空博物馆位于珍珠港福特岛（Ford Island），由二战时期的两个飞机机棚与机场控制塔台组成，2006年12月7日在日本袭击夏威夷65周年之际向公众开放。我们在珍珠港乘摆渡车，来到占地3,902平方米的37号机棚。首先观看了一场电影，对珍珠港事件进行回顾。电影里，珍珠港事件现存的当事人，包括美国老兵和日本老兵，回忆了数十年前那个震惊世界的事件。

37号机棚内，展览着当年日本的国旗、日军偷袭珍珠港航母的模型，日本"零式"战斗机、轰炸机、炸弹、鱼雷等实物，向游客讲述了1941年12月7日早晨日本飞机轰炸珍珠港美军基地的整个过程。这天早晨，日本航母舰队先后出动两个批次的飞机，对美国太平洋舰队和瓦胡岛空军基地进行轰炸。日本军队用他们的炸弹和鱼雷宣布了对美国的新战争。在一块展板上有四张照片，真实地记录了日本航空母舰偷袭珍珠港的场景。其中，照片1为赤城号航母甲板上日本"零式"飞机机组人员退出轮楔准备起飞。照片2为日本舰队搭载"零式"飞机奔向夏威夷。照片3为偷袭珍珠港的主谋、日本司令长官山本五十六上将的头像。照片4为在晨曦中，日军飞机飞向珍珠港以后，欢欣鼓舞的水手在军舰甲板上呼喊"万岁"。

日军偷袭美国珍珠港的主力战机是"零式"战斗机。它是日本海军航空兵二战期间最著名的飞机。其创造者三菱重工著名的设计师堀越二郎，1927年毕业于东京帝国大学航空工业科，曾在德国容克斯公司和美国寇蒂斯公司深造，吸收了西方最先进的设计思想，在海航的96"舰战"的设计经验基础上设计出了这种全新飞机。这种飞机1939年首次试飞，由于1939年是日本纪年2600年，因此被称为"零式"战斗机，简称"零战"。在偷袭珍珠港时，"零式"完全掌握了瓦胡岛上空的制空权，压制任何强行起飞的美军飞机，同时扫射美国空军机场。太平洋战争初期，"零式"战斗机性能超过所有盟军飞机，其携带炸弹也可以作为战斗轰炸机使用。

参观完37号机棚，我们向占地8,091平方米的79号机棚走去。两个机棚之间距离较远，我正走着，一辆小型摆渡车主动向我开来，让我上车，将我送到79号机棚的门口。在79号机棚的玻璃窗上，至今仍清晰可见当年日军留下的弹孔。该机棚既用来修复飞机，同时也举办展览，展品包括各种直升机、飞机和民用飞机等。37号和79号两个机棚总计展览了46架飞机。37号机棚内，除展出日本的"零式"战机以外，还展出了二战中偷袭珍珠港前后美国的军用飞机。79号机棚展出的大多是现代战机和直升机，镇馆之宝是美国飞虎队的战机——寇帝斯P-40E。

79号机棚内正在展出"国家记忆"摄影展。这个摄影展，由中国海外交流协会主办，珍珠港太平洋航空博物馆、格律文化传媒集团、夏威夷中华总商会协办，共展出了100余幅珍贵的历史图片。这些图片选自美国国家档案馆和中国档案机构，大多由美军第164照相连队在战时所拍摄的。

展出的日本"零式"战斗机

这些照片反映了 70 年前，在第二次世界大战期间中美两国军民携手并肩、浴血奋战的历史和在战争中缔结的友谊。其中，不仅有美国史迪威将军、陈纳德将军、皮克将军、汉桥博格准将、巴雷特上校等美军军官的照片，也有"中国高层指挥官等著名历史人物"的照片，如"中国共产党政治局主席毛泽东"、"朱德将军"以及"蒋介石委员长"、"孙立人中将"等。在国内有关部门主办的展览中，把蒋介石和毛泽东并列作为正面形象，实属罕见。这个展览还引用了"蒋介石委员长"在访问美国驻扎中国的第 14 航空队司令部非正式招待会上的讲话："我感谢你们所有的人，特别是陈纳德将军。在敌人最后失败、我们胜利的那一刻，我们再相会。"

这个展览还大量呈现了为和平而战的中美两国无名英雄，特别是两国军民共同战斗的场景。例如，中国空军少尉 P-40 战斗机实习飞行员 20 岁的常祖哲；美国第 20 航空大队（轰炸机）执行了从荷属印度群岛到日本本土的工业基地的持续轰炸，在中国某基地停放的一架"顶好"号美国 B—29 空中堡垒轰炸机旁，一名中国士兵手持刺刀枪为其严加守卫；一张 1944 年 4 月 10 日拍摄的照片显示，天空中飞行的是一架美国飞机，地面上数十上百的中国工人拉着一个巨石碾子滚过跑道，用血肉之躯铺筑通往民族解放之路；1945 年 6 月 13 日拍摄的一张照片显示，在中国南宁，一群中国工人与中美士兵携手将一架 C—47 型运输机拖出一个充满泥浆的炸弹坑，该机场刚从日军手中夺取过来；1945 年 5 月 24 日拍摄了这样一张照片，在中国训练中心，一名头部受伤的中国战士，得到了美国军官的照料，为他包扎并注射破伤风预防针；1945 年 8 月 25 日下午拍的照片，陈毅、刘伯承、邓小平、林彪、薄一波等 21 位重要的中国共产党领导人，乘坐一架美国军用运输机从延安飞往抗日前线。

有的照片还描写了生活细节，例如，一张 1944 年 3 月 31 日拍的照片，一名中国伤员在缅甸北部的胡康河谷躺在地上，一名美国士兵弯下腰去给他点燃香烟；1944 年 7 月 15 日拍的照片，在延多列公路的某处中美共同管理经营的康复营地，大约两百名中国不同程度的伤残退伍军人，在这里学习新的生活技能——铁匠、编制、木工等，然后离开军旅，回到平民生活。美国史迪威将军来这里看望并给他们讲话。

79号机棚内展出的"国家记忆"摄影展

"国家记忆"图片展,反映了70年前中美两国军民为和平而共同战斗的历史,歌颂了两国军民"坚忍不拔、勇往直前、敢于牺牲和乐于希望的精神"①,纪念那段传奇的友谊,"是对千万为和平奉献生命的中美军民最为崇高的敬礼"②。

"摄影展"照片:毛泽东陪同巴特雷上校等离开延安的会堂

在 79 号机棚的一个角落里，有一个美军已故的飞行员展览。这个展览的主角是太平洋航空先驱科妮莉亚·福特（Cornelia Fort）。这里有科妮莉亚身着飞行员服装美丽潇洒的大幅照片和简要生平介绍。

福特出生于田纳西州一个富有的家庭，父亲是一家保险公司的创始人。她1939年毕业于沙拉劳伦斯大学，早期的兴趣在飞行训练，最终在夏威夷获得了飞行员执照。作为珍珠港平民飞行员教官，科妮莉亚成为致使美国加入二战的日军进攻珍珠港的第一批目击者之一。1941年12月7日早晨，科妮莉亚在珍珠港附近的上空教一个学员学习单翼飞机飞行。她看到了直接向她飞来的日本军用飞机翅膀上的太阳旗，看到了珍珠港遭到轰炸以后冒出的滚滚黑烟。她很快地将飞机降落到珍珠港附近的约翰罗杰斯民用机场。她驾驶的飞机、她和她的学生成功地逃开了日本军机的扫射，而这个机场的经理被日军打死了。那天早晨，在珍珠港上空飞行的另外两架民用飞机，也未能返回到机场。夏威夷所有的民间航班都停飞了。

"摄影展"照片：从左至右汉格博格、蒋介石、陈纳德

1942年初，她回到了美国大陆，制作了一个简短的电影，成功地促成了战争债券的销售。这年的晚些时候，她成为新成立的妇女空军辅助运输队的一名飞行员，驻扎在加利福尼亚。1943年3月21日，在德克萨斯以南16公里的上空，她驾驶的飞机与另一架飞机相撞，她的飞机被击中左翼，她是美国历史上第一个故去的现役女性飞行员。事故发生时，她是最有成就的飞行员。她死后，美国的一个机场以她的名字命名。

在这个展室里，还有38名已故的女飞行员的照片、姓名、去世的时间、地点和原因。她们在二次大战中，巾帼不让须眉，同许多男飞行员一样，为国家贡献出了自己宝贵的生命。

注释：
① 、②，引自《国家记忆　谨此纪念中美两国二战中的友好合作》展览之"前言"。

展出的照片和"飞虎队"的飞机

九 钻石山和奥巴马公园

钻石山是瓦胡岛上一个重要的景点,它的形象被印在夏威夷许多旅游商品、纪念品和宣传广告上,已经成为瓦胡岛的一个天然的地标。它是瓦胡岛的象征,就像天安门是北京、埃菲尔铁塔是巴黎的象征一样。因此,来瓦胡岛不能不看钻石山。

我们住的酒店,离钻石山很近,站在阳台上,就能清晰地看到它的外貌。这是一座死火山,从高空看,火山口圆圆的,很是漂亮。远观它,火山口南部高高隆起,明显高于北部。当地民间传说,火山女神贝利的妹妹注意到火山的外形和金枪鱼相似,就取了"雷阿希"的名字,意为"金枪鱼的额头"。而钻石山的名称,是19世纪英国海军库克船长带来一批水手在夏威夷群岛探险时,夜晚看到整个山头显现蓝光,如同蓝宝石一样闪闪发光,误以为这里石头中方解石结晶是钻石,于是就给它起名"钻石山"。

4月13日上午,我们开车去参观钻石山。我们沿着公路开车来到钻石山的山腰,山腰有一个人工开凿的山洞,直通火山口。山洞内是上下双行线,洞顶一排照明灯,为黑乎乎的山洞带来了光明。我们穿过山洞,进入火山口,顿时豁然开朗。只见火山口内地势平坦,各种树木虽然不高,但是很茂盛。这里修建了房屋、道路和停车场,地面上长出了绿油油的草。看到火山口内平整的土地,我立即想到,这岂不是世外桃源?火山口周围一圈环形山,山不算高,山上植被稀疏。一条台阶路,直通山顶,在那里可以俯视檀香山全景。

关于钻石山最后一次喷发的时间,各种资料说法不一。有的是10万年前,有的说是20万年前,还有的说是200万年前。我不是学地质的,不清楚这三种说法孰对孰错。我在中国东北五大连池"龙门石寨"看到火山喷发后的岩浆,经过数十万年的地震、风吹、日晒、雨淋之后,仍然是大块的石头状态。钻石山的火山口已经有了比较厚的土壤,因此,我认为200万年的说法,比

10 万年、20 万年的说法更要靠谱。

钻石山周围是环状的山，中间是较平坦的土地

驱车出了钻石山的山洞之后，我们在路旁的一块平地上向四处瞭望，钻石山周围的风景尽收眼底。南面紧邻太平洋，浩瀚的洋面一望无际；北面、西面是宽广的平原，楼房鳞次栉比，街道纵横交错；东面的山坡上，楼房林立，密密麻麻。

离开钻石山，我们来到了奥巴马公园。这个公园在瓦胡岛南侧，离恐龙湾不远。说是公园，其实就是一片海滩。

美国时任总统奥巴马同夏威夷有着不解之缘。1961 年 8 月 4 日，奥巴马出生在美国夏威夷州檀香山市，父亲是来自肯尼亚的留学生，母亲是堪萨斯州白人，他俩是在就读夏威夷大学期间相识的。后来，奥巴马的父亲去哈佛大学求学，奥巴马从小由母亲抚养。当他两岁多时，父母的婚姻破裂。奥巴马 6 岁时，随母亲和继父去印度尼西亚雅加达生活，并在当地的一所小学就读。四年之后，奥巴马的一家又回到夏威夷，与外祖父母一起生活。从 5 年级起，他开始就读于位于檀香山市的大型私立学校——普纳荷学校（Punahou School），直至 12 年级，于 1979 年毕业。若干年后母亲与继父离婚，他随母迁居美国本土。中华民国第一任临时大总统孙中山，也曾普纳荷学校就读，因此，可以说中美两国总统孙中山和奥巴马是校友。奥巴马担任总统以后，多次携带夫人和两个女儿到夏威夷瓦胡岛休假，到海滩去游泳。人们将奥巴马常去游泳的海滩，称作奥巴马公园。

女儿、女婿、外孙女和老伴去沙滩散步、趟海水，我坐在汽车里副驾位子上观海。只见沙滩上有好多人游玩，有的游泳，有的冲浪，有的晒太阳，最让我感兴趣的是看冲浪。只见万顷波涛汹涌，大群青少年在风口浪尖上玩冲浪。他们趴在冲浪板上游向大海深处，然后掉头回来，有时被推到高高的浪尖上，有时又被大浪淹没，无影无踪。正当我感到焦急时，他们又浮出水面。他们有的趴在冲浪板上，随波逐流，在浪里时起时落；有的在冲到浪尖上时，双臂用力一撑，站在或者蹲在冲浪板上，巧妙地驾驭冲浪板，随着海浪时起时伏，得心应手地驾驭海浪，站在浪尖上如履平地，一直冲向岸边。临到岸边时，由于海水太浅了，立即人仰马翻，人和冲浪板各奔东西。还好，冲浪板上的一根绳子，拴在冲浪人的手腕或脚腕上，拽回冲浪板，并非难事。

奥巴马公园海滩

海滩旁的树林

看着他们兴高采烈地玩冲浪，我在想，不是所有的海域都适合开展冲浪运动。要开展这项运动，有许多苛刻的条件。第一，海水的温度要合适。如果水温太低，人体受不了。第二，海浪的高度要合适。海浪太小，玩不成冲浪；海浪太高，危险性太大。第三，要有良好的沙滩。如果海岸边是礁石，十分危险，不适宜玩冲浪。夏威夷恰巧同时具备了以上三个条件，所以这里非常适宜开展冲浪运动。

在奥巴马公园玩了一会儿，我们又来到另外一处海滩。这个海滩虽然不知道它的名字，但是的确可以称为公园。海滩旁有一片树林，高大的松树、椰子树和薇薇树和睦相处，共生共荣。树林里有野餐桌椅，有卫生间，有淋浴的场所。一些麻雀大小的小鸟，头部火红，十分好看，在树林里飞来飞去。沙滩上的游人更多，一些人躺在沙滩上日光浴，一些人在海面上划船。

这里有一项运动，颇有新意。游人在海里踩在一块冲浪板上，半空中漂着一块U型的帆，用长长的绳子连着冲浪板的头。在海风的吹拂下，半空中的帆牵着冲浪板破浪前进，人站在冲浪板上，仿佛驾驶着摩托艇在海面上飞驰。有时风大时，半空中的帆，将人和冲浪板一起，牵出水面，在空中飞翔。当风力稍稍降低时，人和冲浪板又落回海面。这项运动的确非常有刺激，是勇敢者的游戏。

瓦胡岛有69个海滩，其中19个有人工救护。白色的沙滩，在阳光照耀下闪闪发光。来夏威夷旅游度假，最吸引人的是海滨浴场，在这里游泳、冲浪、日光浴和散步，享受温暖的阳光。

第二次游夏威夷——茂宜岛旅游

2016年12月12日至19日，女儿、女婿带着双方的父母和月月，从西雅图出发，到夏威夷的第二大岛茂宜岛旅游。这次旅游，属于休闲度假。

一　飞越太平洋

12日中午11点55分，我们乘坐的美西北航空公司（DELTA）的航班，准时起飞。飞机向西南方向飞去，直奔位于太平洋中部的茂宜岛。

在茂宜岛入住的酒店

在飞机里，透过窗户向外看，上面是蓝蓝的天，下面是蓝蓝的大洋，中间是零零星星飘忽不定的白云。放眼望去，天空是圆的，大洋面也是圆的。海天一色，在边际上交融在一起。简直让人难以分辨出哪边是天空，哪边是大洋。

一会儿，飞机进入云层。周围是雾蒙蒙的一片，此时，既看不到天，也看不到大洋。云层让人头蒙脑涨，简直分不清上下左右、东南西北。

忽然，飞机剧烈地抖动起来。我赶忙看看了我们这一家人，大家都系好了安全带，我心里还踏实些。虽然过去乘飞机也遇到过气流，体验过飞机的抖动。但是，过去飞机抖动的时间短，抖动的程度低。然而，这次不仅抖动的时间长，而且抖动得十分剧烈，尤其抖动的次数频繁，让人实在很难受。据说，从西雅图飞往夏威夷，高空风速达224公里（140英里），逆风飞行，因此导致飞机抖动得如此厉害，以致飞机发出巨大的声响。声音响得令人精神紧张。经过六个多小时的飞行，终于平安降落在夏威夷茂宜岛机场。

女儿、女婿租了两辆汽车，我们七口人上了车，首先到好士多（Costco）购物，买了蔬菜、水果、饮料、意大利面条，并在这里吃了披萨、热狗和鸡肉卷，然后驱车行驶30多分钟，来到了位于茂宜岛卡纳帕利的威斯汀酒店（Westin），入住在四层的三个房间。

二 海边漫步

酒店吃早餐的地方

　　第二天早晨，我们一家在酒店吃免费的早餐。主食是面包、蛋糕和炒米饭，副食是火腿肉、香肠、培根和煎蛋等，饮料有牛奶、果汁、茶水和冰水等，水果有西瓜、哈密瓜、白兰瓜、木瓜、草莓、菠萝、蜜枣和柚子等。我最感兴趣的是水果，尤其这里的木瓜和菠萝，吃起来真的很甜。这是过去多年吃过的木瓜和菠萝所没有的味道。过去吃的木瓜和菠萝，产地遥远，不等成熟就摘下来。如今在夏威夷吃的木瓜和菠萝，是当地产的，完全成熟了才采摘，味道好极了。在夏威夷吃热带水果，真的与众不同。

　　我们边吃边聊。听女儿说，这次来茂宜岛旅游、度假，是在网上通过好士多办理的手续。好事多本来是销售日常生活用品的超市，没想到还兼办旅游服务。而且这种服务还是综合性的一站式服务，它包括订机票、酒店、酒店的免费早餐、汽车的租赁等。只要网上定好了，便一切搞定，不用担心中间任何环节出问题。下了飞机马上可以租到汽车，到了酒店保证有房间，每天早晨供应早餐，临走时还了汽车有人会将你送到机场，航班上肯定有座位。只要在事先预定时确定好选项，旅游过程中便不用再操心。在威斯汀酒店享用免费的早餐，这在以前没有过。过几天，临近圣诞节时也不会再有了。不仅免费的早餐没有了，酒店的房钱还会涨价。我们这次来的时机非常好。

　　吃完早餐，亲家母和亲家公回房间休息，女婿也回房间去忙他的工作。老伴、女儿带着外孙女到海边游玩。她们招呼我去淌海水，我在平地上走尚且离不开拐杖，哪里还敢去淌海水？一个大浪打来，还不将我打倒？到那时再想爬起来，可就费劲了。于是，我对她们说，你们玩你们的，我沿着海边的水泥小路散步、观景、照相。

我一个人，拄着拐杖，自南向北走去。这里是茂宜岛的度假村，左边是一座酒店挨着一座酒店，右边是大海和沙滩。海面蔚蓝，风平浪静。沙滩金黄，平平整整。椰子树高高耸立，随风摇摆。这是典型的海岛风光，让人心情舒畅。我赶忙用手机拍照，发给朋友圈。他们看过以后，有的赞叹这里的海景美丽，陶冶情操；有的叮嘱我，旅游悠着点，别累着；还有的称赞我的照相技术好。我心想，哪里是我的照相技术好，还不是这里的风景美！

海边沙滩

　　我一个人在小路上散步，并不孤单。小路上南来北往散步的人，男的、女的、老的、少的，胖的、瘦的，黑的、白的，中国的、外国的，大有人在。有的三三两两，结伴而行，走起来慢慢悠悠，边走边聊；有的独来独往，天马行空，走起来专心致志、急急匆匆。海面上有的人冲浪，他们踏着冲浪板，追波逐浪，随着海浪起伏，潇洒自如。海滩上有的人戏水，他们在海浪的冲击下，前仰后合，东倒西歪，兴趣盎然。沙滩上有的人躺着，他们闭目养神，默默无语，尽情地沐浴阳光。每个酒店前都建有游泳池，游泳池畔，躺椅成行成排，游客躺在上面，有的聚精会神地读书、看报，有的海阔天空地聊天、说笑。

　　透过海面，远远望去，有一座座的小山。这些小山，山顶是平的，或者是深凹的。这些山顶，若干年以前曾经是火山口。整个夏威夷群岛，包括8个大岛和124个小岛，全部是由火山爆发形成的。

　　我走过十几家酒店，感觉有些累了，便往回返。回到房间时，已经十二点了。

三　浮潜

　　第三天，我们一家在酒店附近的两个海湾游玩。听人说，海湾可以看见海龟。七口人中六口走到海水浅滩，我担心沙子进到鞋里，便坐在远离海水的一块礁石上。他们看了一会儿，没有见到海龟，扫兴而归。

　　这时，不知谁喊了一声："你们看，那边礁石上的人朝海里照相，那里肯定有海龟。"

老伴问我:"去不去?"

我说:"我不去,负责看包。"

大家将暂时不用的包、鞋子,放在我跟前,便匆匆往数百米外的礁石走去。过了一段时间,他们回来了。我问:"看到海龟了吗?"大家都摇摇头。我暗自庆幸自己没有去。

第四天,我们乘坐酒店的摆渡车,来到稍远一点的卡纳帕利海滩。海滩的最北端,是著名的黑岩。在这里可以玩弹跳飞人,也可以潜入水中,享受温暖的太平洋海水。在历史上,黑岩是一个和茂宜岛神话密切相关的地方。传说中,茂宜岛最后一个酋长卡赫基利(Kahekili),为证明自己的精神力量而从这里一跃而下。为纪念这位酋长,许多游客和当地人在黑岩玩悬崖跳水。当我们来到黑岩时,只见许多人爬上去,将它当作跳台,往海里跳。胆子小一点的,从礁石的半截往下跳,大概有五六米高。胆子大些的,从礁石的顶部往下跳,大概有十米高,让人感到心惊肉跳。更有甚者,有的人居然背对大海,倒翻跟头往下跳。我们非常羡慕他们的胆量和技术,并猜测他们有可能经过长时间的训练,否则,怎么会对这里的水况这么了解,技术如此娴熟?

浮潜的海域

女儿、女婿带着外孙女到海里去浮潜。为此,他们特意买了专用的设备:换气管和水下眼镜。换气管一尺左右长,放在嘴里,用牙咬住,用它来换气。水下眼镜又宽又大,不仅严严实实护住眼镜,防止海水侵入,而且将鼻子卡得紧紧的,不再透气,防止海水灌进鼻腔。女儿一家三口在海水里浮潜,玩得可高兴了。亲家夫妇俩,将毛巾被铺在一棵大树下的沙滩上,躺在那里睡觉,享受温暖的阳光。我因腿脚不便,在沙滩上躺不下,也坐不下,只好站着看。女婿专门跑了一趟,花了15美元租来一把躺椅。我不好意思一个人躺在躺椅上,提出大家轮流躺,并请亲家公先躺。老伴在大树的旁边,找了一块平平的水泥台,拉我过去,坐在那儿观景。亲家公和我谁也不躺,躺椅反而闲在那里。

过了一会儿,女儿从海里走上来,请亲家公去浮潜,他死活不去,说今天要享受沙滩。女儿又来动员我。我说行动不便,不去了。女儿死活拉我去,并说,她负责保护我。女儿和老伴,每人搀着我一只手,走到海边。女儿和外孙女两人又搀着我向海里走了几米。水到齐腰深时,女儿说:"可以了。"我带好潜水镜,用牙咬住换气管,趴在水面朝下看。果然有热带鱼游来游去。

女儿问我:"看到了吗?"

我高兴地回答:"看到了!"

"往礁石那边游游,那边鱼更多。"女儿说。

我往礁石那边游了游,浮在海面向下看。这里的鱼,不仅数量多,品种也多。大一些的,小一点的;长条型的,圆型的;金黄色的,白色的,灰色的等等,五花八门,数不胜数。

我过去虽然喜欢游泳,然而脑梗二十多年了,而且年过古稀,站在海水里十分不稳,需要女儿在一旁保护。看了一会,我想,见好就收,便由女儿和外孙女,以及女婿扶着上了岸。老伴连忙给我照了相,作为这次浮潜的留念。

我一高兴,将老伴给我拍的照片,发给不同的朋友圈,与他们分享在太平洋中心地带、茂宜岛岸边浮潜的愉快。并且特意注明:"七十岁的老人玩了一把浮潜,在海水中观赏热带鱼。"

有的朋友看到我发的照片,问我:"下潜几米了?"这种提问好像下潜越深越好。实则不然。浮潜,就是身体漂浮在海面上,头潜在水里,透过眼镜,观看水里的鱼。下潜深度不能超过一尺,否则换气管进水,危及人的安全。

有个老朋友,看到照片中我的肚子很大,马上调侃我:"您的肚子充分体现了社会主义优越性"。

家住北京的学会老朋友马周年,则用诗调侃:"老韩美岛喜度假,浮潜戏海真潇洒。身材暴露咱不怕,三弟西游乃神话"。

住在山东济南的高中老同学魏永钰,在高中同班同学微信群里,发表一首诗:"见连生浮潜夏威夷金照有感":大美夏威夷,景色宜人奇。海天同一色,游乐无再比。连生好情趣,浮潜和鱼戏。彰显年少乐,身心非古稀。"

有了微信,真好!朋友们交流起来非常方便,不受时空、地域的限制。

突然,下起了雨。黄豆粒大的雨点稀里哗啦从天而降,沙滩上顿时坑坑点点。有人说,今天天气预报真准,说下午有雨,现在中午12点刚过,马上下起来了。我们赶到大树下,亲家夫妇俩也赶忙从沙滩上和躺椅上爬起来。大家一起收拾东西,我们跑到附近的喜来登酒店去避雨。过了一会儿,雨停了,我们乘摆渡车,回到威斯汀酒店。

四 环岛游

第五天,我们用了整整一天时间,驾车环岛游。

茂宜岛(英语:Maui,有的译为茂伊岛、毛依岛),是夏威夷群岛中的第二大岛,在莫洛凯岛(Molokai)和夏威夷岛(Hawaii)之间,面积1,886平方公里,2010年人口144,444人,海岸线总长为192公里。岛上有哈雷阿卡拉国家公园,公园里有哈雷阿卡拉火山,海拔3,055米(10023英尺),相传其最后一次喷发在1790年,如今已是休眠火山。岛上种植甘蔗、菠萝,气候宜人,景色优美。

有的网友评价,环岛游在茂宜岛景点观赏中位列第一,因而也成为我们这次茂宜岛旅游的必选项目。这天早晨,吃过早饭,我们早早地出发了。在比较平缓宽敞的道路行驶40分钟以后,我们便进入了崎岖狭窄的山区公路。这条公路名叫哈纳公路,从3英里标志牌开始一直延续到40英里标志牌处。

哈纳公路位于茂宜岛的东北部,贴山临海。山体陡峭,千沟万壑。道路狭窄,有的路段是往返双行线,有的路段则是单行线。遇到单行线,要等对面来的汽车驶过,才能通行。因为沟壑多,所以桥也多。这条环岛公路上的桥,都非常狭窄,只能通过一辆汽车。行到桥边,必须先看看对面有无来车。没有来车才能通过,倘若有来车,先要等对面来车通过,然后才能过桥。来这里开车的司机，大多比较文明，主动停车，让对方先行。倘若双方事先都没有看见对方，汽车顶牛了，车后道路稍宽一些的，便主动倒车，给对方让路。司机在道路上见面，主动伸手示意，互相打招呼，显得非常友好。哈纳公路沿途修建有许多瞭望台，供游客观景和拍照。前人的经验告诉我们，千万不可在每个瞭望台都停留，因为一天的旅游没有那么多时间。途经的大多数瞭望台，我们都是透过车窗，稍稍观景，然后便马上赶路。

哈纳公路，弯多坡陡，大多数情况限速15迈（24公里），许多时候甚至限速10迈（16公里）。有的路段，一侧是悬崖峭壁，一侧是深不可测的大海。驾驶员必须高度集中精力，双手把住方向盘，不停地左弯右转。稍稍疏忽，便有车毁人亡的危险。

哈纳公路，因为沟壑多，瀑布也多。在道路上行驶，随时能够听到山间小溪哗哗的流水声。遇到河床出现断层，马上出现瀑布。沿途的瀑布，大大小小，数不胜数。有的窄小，有的宽大；有的是单个的，也有的是成群的。数个高大的瀑布堆在一起，哗哗的流水声响彻山谷，气势磅礴，非常壮观。

山区的植被非常浓密，满目翠绿，郁郁葱葱。一路上，见到不少高大的榕树，遮天蔽日。长长的榕树须子，从高空垂下，随风飘摆。道路两旁高大树木的枝杈，搭在一起，形成了天棚。道路在天棚下穿过，形成了难得一见的美景。

哈纳公路旁的瀑布

哈纳公路的外侧，是广阔的太平洋，沿途不时见到海景。坐在汽车里，居高临下，一望无际蔚蓝色的大海，波涛澎湃。有一个海湾，不知是由于地形还是其它什么原因，波涛涌到这里，骤然升高，宛如中国的钱塘江大潮，汹涌澎湃，排山倒海，蔚为壮观，让人看了，触目惊心。

在狭窄的山区道路上开车，最危险的是从阳光灿烂的路段，进入遮天蔽日的路段。这时眼前会突然出现一片漆黑，什么也看不见。驾驶员必须缓缓踩住刹车，防止出现不测。待进入林荫路段以后，看清了道路，再加速前进。

哈纳公路惊险，沿途共有620个弯道和59座桥梁，人们称赞茂宜岛环岛游风景美，说哈纳公路是全世界风景最为优美的行车线路之一。我认为，人世间美和险紧密结合，密不可分。没有惊险，也就很难有美景。正如毛泽东的诗所说："天生一个仙人洞，无限风光在险峰。"

我们来到茂宜岛的怀阿纳帕纳帕州立公园。公园位于茂宜岛东部的滨海地区，占地741亩（122英亩）。这里有一个宣传橱窗，讲述了一个动人的故事。一个美丽的夏威夷公主，名字叫波波·阿拉亚。她的丈夫名叫卡卡音，非常残酷。公主忍受不了丈夫的虐待，一次悄悄地逃走了。公主躲在大海边的一个洞穴里。大海与洞穴相通。海水能够涌入洞穴里。公主坐在洞穴入口的窗台上。一个忠实的女仆陪伴着她，坐在她的对面，随时观察周围的动静。公主的丈夫最终发现了她的藏身之处，将她残忍地杀死。以后每当公主祭日，洞穴里的水就会泛出红色。

怀阿纳帕纳帕州立公园风景

公园里有一处美丽的帕伊洛海滩（又被称为黑沙海滩），世上罕见。大多数海滩，要么是金黄色，要么是白色，这里的海滩与众不同，是黑色，漆黑漆黑的，一点杂色也没有，让人感到十分的惊奇。海滩附近的礁石，同样是漆黑漆黑的。我猜想，一定是很久以前，火山爆发，熔岩遇到了海水，骤然变冷，凝固成黑色的礁石。海水中黑色的礁石，在海浪千百万年的冲刷淘洗之下，变成了细沙，形成了黑色的沙滩。

在黑沙滩的附近，有一处十余米高的黑色的礁石。大洋里涌来的大浪，撞击到礁石上，立即腾空而起，高出礁石十来米，形成白浪滔天的壮观景色，吸引游人驻足观看。我们的亲家公和女婿，父子俩走到那块岩石之上，贴近观看、拍照。回来之后，亲家公兴奋地说："只有到了那里，才知道什么是海浪！"

怀阿纳帕纳帕州立公园是茂宜岛很少数允许露营的公园之一。公园内有野餐区和烧烤区，12个可供出租的小屋，公共卫生间、沐浴室和很大的停车场。很多游客以及当地居民都喜欢来这里游玩。

在公园里，我们吃了自带的食品和水果，算作是午饭，然后继续赶路。行不多久，来到了海纳镇。这是位于茂宜岛最东端的临海小镇。这里的道路，拐弯少了，路面宽了，行起来顺畅多了。道路两旁，不时出现民宅。这在哈纳公路两旁是从未见过的。本应在这里停留观赏一番，由于担心返程时间不够，只好与海纳镇擦肩而过。

过了海纳镇，女婿要继续开车前行，女儿有些不解，拦住了他。问："什么时候往回返？"

女婿说："前面有国家公园，看看就走。"

于是，我们继续前行。时间不长，我们来到了哈雷阿卡拉国家公园，岛上唯一的国家公园。这里可以观看壮观的火山地貌、神秘的野外小径和迷人的亚热带雨林景观。然而，我们全家一致坚决反对参观这个国家公园，因为此时已近下午3点，离天黑还有两个小时。大家最担心的是回程道路的安全。

女婿何尝不着急，何尝不担心！他向公园的工作人员、向途中遇到的游客、向旅游公司大巴的司机等许多人反复打听回程怎么走。走来的路，天黑之前肯定出不了哈纳公路，危险太大。向前走，有的人说行，有的人说不行，众说不一。不行的理由是前面有5英里的道路没有铺装，很难走。我们一家讨论，意见也不统一，有的主张向前开，有的主张原路返回。女婿问自己的父亲："爸，您说怎么办？"

茂宜岛上的黑沙滩

他的父亲回答："怎么安全怎么回去。"

父亲的原则性回答让女婿不知所措，他心一横，原路返回。我们七个人、两辆车，朝原路开去。走原路，虽然是熟路，但是毕竟弯多坡陡，我们心里都很担心。女婿再次向对面来的司机打听，司机说，前面的路，距离虽然远一点，但是比较安全，没有铺装的路面，最多5英里，过了这段，就好走了。看到对面来的汽车，有六七辆朝前开去，再者，旅游大巴向前开了很久，也没有回头。我们一家人，再次紧急商量。从众心理起了作用，既然那么多汽车朝前开去，说明前面没有危险，我们为什么不能走？最后决定掉头开，这样可以避开夜间行驶可怕的哈纳公路。

汽车向前行驶，道路仍然狭窄，许多地方只能单车通过。还好，路上的急转弯少了，而且对面没有汽车开来，我们尽量加速往前开。行不久，路面崎岖不平，疙疙瘩瘩，汽车开起来左摇右摆，颠簸得厉害。我们判断，这大概就是没有铺装的路面。虽然路面不平，但路基还是坚硬的，我们放慢了速度，大约行驶了半个小时左右，这段搓板路终于走完了。

前面的道路是新铺装的路面，道路直了，路面宽了，趁着天色未黑，我们加速赶路。这段路，虽然同样是贴着海边，但是另一侧已经不再是险峻的高山，而是比较平缓的丘陵，我们不用再担心行车的危险，大家的心情开始放松了。在一段较为平坦的路段，我们停下来稍稍休息。路旁是平地，长满了一尺左右高的青草，放眼望去，一望无际，简直就是一片草原。远处的山峦，虽然没有树木，也是绿油油的，看来同样长的是青草。我们在这里欣赏一会儿风景，继续赶路。一直到机场附近的好事多超市，在那里休息，吃晚饭。吃罢晚饭，天色全黑。女婿、女儿开车，行驶了半个多小时，回到了酒店，结束了茂宜岛的环岛之旅。

茂宜岛海中喷泉

五 开车

2015年第一次到夏威夷旅游时，我还没有拿到驾照。女婿利用早晨的时间，教我学开车。时隔一年多，这次来茂宜岛旅游，我已经有了驾照。只要有可能，我也动手开开车。我们来茂宜岛旅游7个人，租了两辆车。一辆是油电混合车，一辆是敞篷汽车。敞篷汽车是女婿特意为我和亲家公租的。在美国，开敞篷车的，大多是老头。退休了，没有事，开敞篷车兜风玩。女婿为了让我俩过把瘾，所以租了一辆敞篷车。

在环岛游那天，我开油电混合车走在前面，亲家公开敞篷车跟随在后。开了40分钟，在一个加油站加满了油，正准备继续前进，女婿找到我老伴说："妈，前面一会儿就要进入山区公路了，那里的弯特别多，很危险，别让爸开了。"

老伴问："还有多长时间？"

"十分钟左右。"女婿回答。

"那现在就换，别让他开了。"老伴很果断。走过来和我说明了女婿的意见。我自知自己的技术尚不熟练，欣然同意。于是女婿开车前面开路，亲家公开车紧随在后。他比我年轻几岁，身体健康，而且有二十多年开车的经验。

以后的实际证明，女婿的意见是完全正确的。亲家公虽然有二十多年的开车经验，但是像哈纳公路这样难走的路，也没有开过。走这一段路，他尽管非常熟练地掌握着方向盘，没有出现一点偏差，但是，精神也很紧张。倘若是我开，会车时，或者急拐弯时，难免不发生刮蹭。

当离开那段没有铺装的道路以后，道路好走了，我提出再开一段，女儿、女婿同意了，我继续开油电混合车走在前面。说实在的，开车前面走，比在后面跟，容易得多。这段路，限速45迈，为了赶路，我们有时开到60迈。虽然道路的拐弯少了，但是丘陵地带的路，高低起伏也很厉害，上坡时只能看到坡顶，根本看不到对方的来车。这里虽然是双向路，但是路仍然较窄，两辆车会车时，几乎是擦肩而过。因而，仍然要十分小心。有一次拐弯时，我的车开到对方的路上，亲家母马上提醒我，拐弯时一定要减速，绝不能开到对方的路上。在山区道路，或者夜间开车，视线不好时，要严格在自己一侧的道路上行驶，绝不能越线。只有这样，才能安全。以后的路，每逢转弯时，我都轻踩刹车，减速拐弯，再也没有发生越线行驶。这次开车，时间一个半小时左右，连同早晨开的，总计有两个小时以上。

茂宜岛上的大树、草坪和远处的高山

来茂宜岛旅游第七天，女儿说到岛的西北部去看海滩。我和老伴、亲家公、女儿、外孙女，我们一行五人出发了。这次仍然由我开车。离开酒店之后，我们沿着环岛公路，向西北方向开去。这一段公路，同样是一侧贴山，一侧临海，道路弯多坡陡。这里的弯，急转弯比较多。有的地方经常是180度的大转弯，手中的方向盘，要不停地转动。凡是拐弯前，我都轻轻踩刹车，然后再稳稳当当地拐弯，严格在自己一侧的线路行驶。车上的几个人，都说今天我开的不错。有的人还说，那天环岛游，山区险路你没有开车，今天算是补课，你同样得到了锻炼！我马上说，今天的路，虽然拐弯多，但是仍然没法同哈纳公路比。那段路，实在太刺激了。

第二次来夏威夷旅游，我的开车技术确实得到了锻炼。

第三次游夏威夷——再游瓦胡岛

夏威夷风景美丽，气候舒适，是旅游的好地方。2017 年 12 月 10 日至 18 日，女儿、女婿带我们第三次到夏威夷旅游，我们第二次来到瓦胡岛。

一 我们旅游团的成员和团服

一家人穿着团服，在恐龙湾合影

　　这次旅游，是我们家到夏威夷旅游人数最多的一次，总计达十人。女儿家四口、我和老伴两口，亲家夫妇俩，我的内弟、弟妹夫妇俩。亲家夫妇俩是从北京经首尔，飞往夏威夷，参加这次旅游。弟妹是由北京飞到西雅图，然后与我们七人汇合一起，从西雅图飞到夏威夷。

　　为了增加旅游的乐趣，彰显我们这个旅游团的特色，女儿和弟妹商量，由弟妹在北京操作，在网上购买了我们旅游团的团服。弟妹为此花费了很多心思，反复挑选、比较，最后买的是女士为红花半截袖衬衣，男士为蓝花半截袖衬衣。在夏威夷旅游的日子里，有几天我们一家人都穿上了团服，整齐划一。其他人一看，就知道我们是一个旅游团的，而且都夸我们的服装鲜艳、漂亮。穿着统一的服装游玩，我们心里都非常高兴。

二 租房和租车

这次来夏威夷旅游，女儿、女婿在网上租了一套房子。这套房子离海边很近，不足 200 米。房子独门独院，两层小楼，五间卧室，七个卫生间，一个厨房，一间餐厅，一间大客厅，两间小客厅。

大客厅一、二层通透，宽敞明亮。一层除去客厅、厨房、餐厅、洗衣房外，仅有一个卧室，一个办公室。二层有四间卧室和一个环形的走廊。

院子前面是草坪，后面是游泳池、泡热水池，游泳池旁有假山，假山上有飞瀑流下。游泳池旁是一间烧烤亭。烧烤亭里有桌椅、烧烤箱、洗菜池。院子四周是高大的椰子树、芭蕉树和各种花卉，环境清静优美。

这套房子是主人买了之后，专门用来出租给游客使用的。夏威夷一年四季，气温不冷不热，终年游客不断，因而出租房子利用率很高。这样的出租房，在夏威夷很多。

女儿、女婿还租了一辆 12 坐的面包车，全家一起出动非常方便，而且还可以拉上许多吃的、用的东西。

租房后院的游泳池和热水池

三 参观珍珠港历史遗迹

夏威夷最著名的旅游景点是"珍珠港历史遗迹"，12 月 12 日上午，我们来到这里参观。大门前，美国国旗迎风飘扬，两侧各有六棵排列整齐、高大粗壮的椰子树，显得威风凛凛。

刚刚走进大门，首先看到的是亚利桑那号军舰的铁锚。巨大的铁锚连同数米长粗重的铁链被安放在一个水泥平台之上，周围用临时性的栏杆围挡。水泥平台上镶嵌着两块铸铜的英文牌子，一块上面刻着珍珠港事件发生的日子："1941 年 12 月 7 日"，一块上面刻着"从美国亚利桑那号军舰上打捞上来的"。

亚利桑那号上两具19,585磅（8890公斤）重的铁锚全部被打捞上岸，其中一具被安置在了纪念馆岸上的游客中心内，即我们面前的这具。而另一具则安置在亚利桑那号的命名由来——亚利桑那州的首府凤凰城中。

继续前行，我们来到了"回忆园"。这是建在草坪上的一圈矮矮的水泥墙，中间有一条通道。回忆园内，并排地摆放着许许多多蓝色的展板。展板上面是珍珠港事件中美国海军、空军、陆军等各单位、各部门阵亡人员名单。回忆园里摆放着几只花圈，里面静悄悄的，游人在这里默默地阅览为国殉职的人员名单。

再往前走，我们来到了"亚利桑那号钟"旁。这只铜钟旁有一段英语文字说明，中文意思是：

"亚利桑那号钟

在浓雾中，亚利桑那号的钟声引导船员回到船上。历史学家保罗·史迪威尔（Paul Stillwell）解释说：'亚利桑那号的船上，不时会有一名男子在钟上撞出特有节奏的声响，作为她的船的归航信号。'

这只钟已从被攻击中恢复。一年前，一只类似的钟从船上被移到图森市的亚利桑那大学安放。"

回忆园

这只钟旁另一段文字说明写到：

"20世纪30年代亚利桑那号前部悬挂的钟，该舰1916年服役。

袭击事件发生后，1942年7月1日打捞出来的钟。"

离开亚利桑那号钟，我们走进珍珠港纪念馆剧院，在这里观看了二十多分钟的反映珍珠港事件的历史资料片。日本为了发动珍珠港事件，很早就从政治、外交、军事等方面做了充分的准备，这个事件是日本海军蓄谋已久的。在这个事件中，美军2,402人阵亡，1,247人受伤，5艘战列舰沉没，2艘驱逐舰沉没，3艘战列舰受损，3艘巡洋舰受损，188架飞机被摧毁，155架飞机受损，另有平民57人死亡、35人受伤。在被袭击的所有战舰中损失最严重的是亚利桑那号战列舰，不仅战舰被炸沉，舰上官兵阵亡 1177 人，占珍珠港事件中美军阵亡总人数的近一半。

看完电影，我们乘上军队提供的驳船，来到在亚利桑那号沉没的海面上建造的亚利桑那号纪念馆。纪念馆于 1980 年落成，是由美国政府和私人共同出资建造的珍珠港事件的纪念馆。这个纪念馆雪白的颜色，长方的形状，像是一口棺材，两头大，中间细。中间部位，两侧和头顶上的墙上，各开了 7 个窗户，象征 12 月 7 日被炸沉，以及 21 响礼炮。

1998 年 6 月 22 日，退役的密苏里号战列舰从华盛顿州的布雷默顿，转移到珍珠港，停泊在福特岛沉没的亚利桑那号战列舰旁。该舰 270.4 米长，32.92 米宽，满载排水量 57,256 吨。1944 年 6 月 11 日加入太平洋舰队正式服役，1992 年退役。

1945 年 9 月 2 日，标志着二战结束的日本无条件投降的签字仪式，在停泊在东京湾的密苏里号主甲板上举行，密苏里号因此而闻名于世。

亚利桑那纪念馆和密苏里号战列舰

珍珠港沉没的亚利桑那号，停泊的密苏里号，这两艘历史名舰，分别代表了美国参与第二次世界大战的始末。以最屈辱的岁月开始，以最荣光时刻的结束。

我们走进亚利桑那号纪念馆，透过敞开的窗户，在一侧可以看到旁边锈迹斑斑的亚利桑那号战列舰的炮台，在另一侧可以看到远处停泊的密苏里号。纪念馆的中部，展示着亚利桑那号战列舰的图形。中部靠近尾部的地方，地面开有一个巨大的方洞，方洞周围砌有围墙或铁栏杆。透过方洞，可以看到纪念馆下方汹涌的海水。亚利桑那号战列舰上殉职的大批将士的遗体，至今仍然浸泡在海水中。

纪念馆的底部的墙面上，写着密密麻麻的人名单，那是亚利桑那号阵亡将士的名单。名单前面，摆放着人们敬献的花圈。

参观完纪念馆，我们乘坐驳船返回，又参观了博物馆。这个博物馆内不仅有亚利桑那号战舰的模型、日本袭击珍珠港航空母舰的模型，还有珍珠港事件的许多历史资料，以及见证人的访谈和回忆的录像。它使人们对珍珠港事件有了更多的了解。

游人参观亚利桑纳号纪念馆

纪念馆的墙面上写着亚利桑那号阵亡将士名单

四 钻石山——夏威夷州立公园

12月12日下午5点多，我们一家来到钻石山参观。

钻石山是夏威夷的标志，是夏威夷州立公园，来夏威夷旅游的人，绝大多数都愿意到钻石山游玩。其最好玩的地方，是钻石山的山顶。在那里，可以看到瓦胡岛南岸的海岸线，看到太平洋蔚蓝的海水，看到著名的威基基海滩，看到檀香山市区的大部分风景。

我们乘坐的汽车，从一个山洞开进钻石山。钻石山是一座环形的死火山，一头高，一头低。从远处观看，像一顶济公的帽子。

站在钻石山的山底，环顾四周，彷佛进入了盆地。山底平坦，有大面积的草地，修建了停车场、商店、访客中心、卫生间等设施。草地上种植有高大的树木，建立有"钻石山国家纪念碑"和名为"成为历史的火山口远足"的导游图。

汽车停好以后，我们一家人立即分为三批：8个多月的外孙女莎莎睡着了，老伴自告奋勇留下了看她；身体健康的人，组成"大部队"迅速地爬山去了；我一个人，拄着拐杖，远远地落在他们的后面，独自行走。临走前，我对老伴说："我只走上台阶前平坦的路，遇到台阶马上回来。"

由于我行走的速度与"大部队"差距实在太大，不一会儿，他们就无影无踪了。我一个人，拄着拐杖，不慌不忙地沿着一条一米多宽的平坦的水泥路，尾随 前行。

钻石山里面的草地和树林

道路两旁，遍是一层厚厚的浓密的草，毛茸茸的。此时虽然天气仍然温暖，然而也是到了夏威夷的"冬季"，地面上的草半绿半枯黄，不时地见到小鸟在草丛中跳来跳去地觅食。草地上稀稀疏疏地长着叫不出名字的树木，一棵棵七扭八歪。

不一会，道路由平缓变成了斜坡，走上一段斜坡，来到一个新的高台。站在高台回头看，停车场已经被树木遮挡，完全看不见了。继续前行，仍然是平缓的水泥路，走过一会儿，又是一段斜坡，爬上这段斜坡之后，又上了一层更新的高台。这层高台之上，树木浓密、粗壮，地面上的草，仍然那样浓密，但是显得枯黄多了。这里的树木，树叶不大，树干长得歪歪扭扭，颇有些像岳桦树。与岳桦树不同的是，树干表面更加裂痕斑斑。

再往前走不远，平坦的水泥路到了尽头，变成了崎岖不平的石子路。石子路紧贴着山体，也显得更加倾斜。我试着走了一段，感到很艰难，于是，便调过头来往回走。走到停车场时，看看手机，往返走了三千余步，耗时一个小时左右。

我原本想，走回来时，到访客中心去一趟，取些资料，以便写游记时参考。没有想到，等我走回来时，访客中心的工作人员已经下班。我只好将访客中心外面张贴的一些文字和图片说明，拍照下来备用。

等我来到我们乘坐的面包车前时，老伴有些不耐烦，问："你怎么走这么长时间才回来？我原来想你回来后，看着孩子，我也去走一会儿"。

我忙说："我还没有走到台阶就回来了。"

我为自己辩解的理由很不充分。我自己也觉得走的时间太长，留下老伴一人照顾外孙女很不应该。忙补充说："我现在看孩子，你去走走"。

"现在孩子睡醒了，你还看得了吗？"老伴不高兴地说。

我只好走到草地旁，找个椅子坐下来休息。一会儿，女儿回来了。她看着孩子，老伴沿着小路往前走，去迎接"大部队"。她走了还不到一百米，"大部队"返回了，老伴也只好返回。

此时，天色渐晚，我们稍事停留，抓紧时间拍照片。钻石山里，蓝天下的朵朵白云，一会儿变成了火红色，这里的晚霞是那样的美，那样的迷人，简直让游人流连忘返。

钻石山里的登山小路

五 恐龙湾、瞭望海泉喷口与卡鲁瓦海滩公园

12月13日上午，我们一家乘车沿瓦胡岛海边游玩。主要游玩的地点是恐龙湾，为此，我们带上了浮潜的设备、浴巾、沙滩椅、凉席以及莎莎的小推车等，以及自备的午饭。

从我们住宿的地点开车时间不长，就到了恐龙湾。在恐龙湾，不仅可以看到热带鱼，还可以看到大量的珊瑚。过去由于游人过多，自然环境曾一度遭到破坏。为此，当地政府采取了一些措施。第一，停车场收费。这是瓦胡岛周边海滩公园唯一收费的停车场，虽然每辆车每次收费仅1美元，但是停车场停满车辆以后，便不允许车辆再进入。此项措施限制了每天到此游人的数量。第二，建立了一个放映室。凡来此的游客，必须先观看一部宣传恐龙湾环境保护的影片，接受环保的教育，然后才能到恐龙湾游玩。

来到恐龙湾以后，我们先排队等候了一会儿，然后才进入放映室。一名男性工作人员简要介绍了放映目的，然后开始放映电影。画面上显示，广阔无垠的太平洋，波浪滚滚，火红的岩浆汹涌地喷薄而出，形成了夏威夷群岛。在瓦胡岛的周边，有一个海湾。从高空观看，这个海湾的有如一条长长的恐龙盘踞在这里，海湾的一侧，有如张开大嘴的恐龙的头，另一侧有如恐龙的尾巴。因此，人们给这个海湾起名为恐龙湾；又因为它的形状如马蹄，因此又有人称它为马蹄湾。

在深不可测的大洋里，生活着鱼、海龟等众多的海洋生物。巨大的海龟，在深水中舞动四肢，如同船桨在划动。特别是前肢上的两只爪子，使劲地煽动，有如鸟儿在蓝天中翱翔。它的游动迅速敏捷，潇洒自如。

看了这个电影，从根本上颠覆了我对海龟（广义讲包括乌龟）的看法。过去，看海龟、乌龟爬行，都是在海滩、陆地上。它们爬得很慢，人们甚至还编出了"龟兔赛跑"的故事，说明乌龟虽然爬得慢，但是它不停歇，终于胜过了跑得快、但是骄傲自满中途睡觉的兔子。总之，乌龟、海龟"慢"的形象深入人心。海龟本来是海洋生物，它来到沙滩，酷似虎落平阳。离开动物本身的生存环境，它的行动便不再自由。平常讲"海阔凭鱼跃，天高任鸟飞"，如果改成"海深凭龟游，天高任鸟飞"，我看也未尝不可。

看完电影，我们乘恐龙湾的摆渡车来到沙滩。内弟、弟妹和女儿、女婿带着月月去海里游泳、浮潜，观看热带鱼。我们夫妇俩和亲家夫妇俩年纪大了，不愿意下海，在沙滩晒太阳，同时看着小外孙女莎莎。

来恐龙湾游玩的有美国、中国、日本、韩国等许多国家的人。很多年轻女子，身着三点式泳装趴在沙滩上日光浴，尽情地展示青春少女的曲线美。过去，不少文人墨客形容人的肌肤白用"白如凝脂"一词。在沙滩上一看，不仅有不少女子，还有许多男子，浑身上下雪白，没有一点瑕疵，真的是白如凝脂。

中午，我们在沙滩上用餐，吃的是早晨亲家母现做的凉面，真的很爽口。就连不满九个月的莎莎，也非常爱吃。与那些吃面包、饼干、三明治等大多数游客比较起来，我们的午餐别有风味。

吃罢午餐，我们启程，前往下一个景点——霍娜海泉瞭望台。这个景点不像恐龙湾有水下礁石的阻挡，水面平静，而是一望无垠的大海，海天一色，波涛汹涌，气势磅礴。这个景点也不像恐龙湾，需要坐摆渡车才能到达。它就在道路旁修建一个观景台，下车后即可观景。观景台下，深深的海面之上，有一片崎岖不平的黑色礁石，大海中的波浪涌来，拍打在礁石上，浪花四溅，卷起千堆雪。最出奇的是，礁石中有一条暗道通往大海。当巨浪涌来时，海水通过暗道，喷涌而出，高达五六米，瞬间便消失。这是难得一见的海泉！一般的海浪，不足以形成海泉，只有巨浪出现时，游人才能看到海泉。这个海泉喷口，吸引了不少游客驻足观看。

在这个景点观看、拍照之后，我们上了汽车，沿着海边公路前行。海边许多地方有金色的平缓的沙滩，那里有的人游泳，有人的冲浪。

我们来到卡鲁瓦海滩公园，把车停了下来，下车游玩。这个公园，在瓦胡岛海滩沿岸的公园中，规模算是比较大的。不仅停车场的面积比较大，这里还有大片的草地和树林。草地上的树木，高大粗壮；烈日当头时，树下都有很大一片阴凉儿地；草地上还有许多野餐桌，有卫生间、更衣室、淋浴设施，非常适合游人来这里游玩。

我们穿过一片草地，翻越一个沙丘，便来到海水清澈透明的海滩。这里的海滩，与众不同，白花花的。沙子细腻，如同白色的面粉。海面上，不仅有人游泳、冲浪，还有人站在冲浪板上，用空中的风帆拖着冲浪板在海面上飞快地奔驰。当风力大到一定程度时，风帆甚至将人和冲浪板，一起拖到空中。人站在冲浪板上，在空中飞翔，非常刺激。当风速稍稍降低时，人和冲浪板一起，缓缓落回海面。卡鲁瓦海滩公园，位于瓦胡岛的迎风面，这里的风大，独特的自然条件，给人们提供了玩风帆的特殊场所。玩风帆冲浪，不仅需要高超的技艺，而且还要有非凡的胆量。

恐龙湾的游人熙熙攘攘

霍娜海泉瞭望台景点

一天的海边游玩，我们一家不仅游泳、浮潜，观看了热带鱼，还欣赏了夏威夷沿海的热带风光和冲浪活动，非常高兴。

六 张学良墓

12月15日上午9点多，我们从住宿的檀香山出发，前往位于瓦胡岛北部的波利尼西亚文化中心参观。途中，我们专程去参观了张学良墓。

十岁的外孙女月月，对于这项活动不理解并且有意见。女儿说："让姥爷讲讲张学良。"

我平时常听单田芳说的评书《乱世枭雄》，讲的是张作霖的故事。这一点，外孙女月月也知道。我当即说："张学良是张作霖的儿子。月月，你还记得今年暑假我们到西安去旅游，在华清宫里见到一个景点，叫五间厅吗？"

"记得呀。"月月回答。

我接着说："抗日战争时期，国民党政府的军事委员会委员长蒋介石，到西安的五间厅，召集东北军的少帅张学良和西北军的总指挥杨虎城开会，坚持'攘外必先安内'的既定国策，让他们俩去攻打在陕北的红军。张扬两位将军劝蒋介石放弃攻打红军，一致抗日，蒋介石不听，他俩就发动了兵谏。什么叫兵谏？知道吗？"

月月摇摇头，说："不知道。"

我继续说："1936年12月12日，张杨联合起来，打了一仗，把蒋介石抓了起来，逼迫他停止内战，一致抗日。这就是兵谏。"

"后来呢？"月月问。

张学良墓附近风景——日本神殿

我说："后来，共产党派周恩来出面调停，以蒋介石接受'停止内战，联共抗日'的主张而和平解决。西安事变的和平解决为抗日民族统一战线的建立准备了必要的前提，成为由国内战争走向抗日民族战争的转折点。张学良在中华民族的危难时刻立下了功劳，促成国共合作，团结抗日，他是民族英雄。所以我们今天要看看他的墓。"

月月"噢"了一声，不知她是否真的懂了。

女婿开车来到一块墓地。一大片绿油油的草地上，竖着一束一束鲜花。走近仔细看，这里的墓碑是平贴在地面上，墓碑旁竖立一个花筒，可以插进鲜花。因而从远处看不到墓碑，只看到绿色的草地上插着一束一束的鲜花。

我们找到了张学良的墓地。他的墓地与众不同，修在一处小山坡上。在山坡上挖去一些山体，形成一块平地，张学良就葬在这里。裸露出的山体，砌上一圈石墙。石墙环抱的平地上，修建有一个大理石的长方体的墓。墓的最上方横眉处，用英文写着"EMMANUEL"。墓碑的正面，左侧写着"张学良 1901——2001"，右侧写着"赵一荻 1912——2000"，中间一个圆圈，里面写着一个大大的繁体的张字。墓的前方，用方砖铺成一块平地。平地上有两条长长的石凳，有几束鲜花。墓的后面，竖立一个十字架；墓的周围是苍松翠柏。张学良的墓典雅、幽静，称不上豪华、气派，但是，与周围大多数墓地相比较，仍然是出群拔类，鹤立鸡群。

赵一荻是个神秘的女性，并非张学良的原配。张的原配是于凤至，老年的时候，并非感情破裂，而是为了成全张学良与赵一荻，与张学良离婚。赵一荻曾为少帅秘书，对张学良忠心耿耿，后为第二任妻子、作家，陪伴张学良72年。与张学良生有一子，名为张闾琳。张闾琳1930年生，1940寄养在美国，是著名的航天专家，退休前供职于美国航天署。1994年回辽宁，代表父亲凭吊祖父张作霖的"大帅陵"，此后多次回国走访。

张学良的墓，与山下的公路之间，有一条倾斜的小路。小路两侧砌有矮矮的石墙。小路入口处有铁栏杆大门，大门两侧石块砌成的门垛上，写有"以马内利"四个字，这是一种宗教术语，源自基督宗教《圣经》，意思是"天主与我们同在"。张学良墓上方横眉处所写的"EMMANUEL"，意思同样是"天主与我们同在"。

民族英雄张学良墓

张学良的墓，位于夏威夷瓦胡岛檀香山神殿谷纪念公园，其入口处正对着日本的神殿。

我们一行中的一位老者，站在张学良的墓前，向他三鞠躬。之后他说："我因为他是民族英雄，才向他鞠躬。"

来夏威夷旅游，找机会瞻仰张学良墓，凭吊这位民族英雄，感到很有意义。愿爱国将领、民族英雄张学良在此静静地长眠。中国人民不会忘记他的历史功绩。

七 波利尼西亚文化中心

12月15日下午2点多，我们一家来到了位于瓦胡岛北部的波利尼西亚文化中心。两年前，女儿、女婿曾经带我和老伴来过这里。波利尼西亚文化中心由摩门教杨百翰大学1963年创建的，由夏威夷、萨摩亚、塔希提、汤加、斐济、新西兰、马克萨斯7座村庄组成，代表了太平洋岛屿上的波利尼西亚人，目的是保存波利尼西亚人的历史和文化传统。

我们来到波利尼西亚文化中心的大门口，见到两个女青年在这里接待服务。和她们聊天得知，她们是来自台湾的杨百翰大学的学生，每周在这里做两三天的勤工俭学。我问她们："有了勤工俭学，上学还要父母的钱吗？"

她们摇摇头，说："不用了。"

我问她们："杨百翰大学读书的台湾学生多吗？"

她们回答："挺多的。"并主动告诉我："大陆来这里读书的也很多。"

"台湾和大陆来的学生合在一起，占学校学生总数有十分之一吗？"我又问。

她们摇摇头，说："没有。"并接着告诉我："来杨百翰大学读书的留学生，有好几十个国家的。"

在我们聊天过程中，女儿给我办理好了租轮椅车。这是一辆电动轮椅车，租费25美元。波利尼西亚文化中心占地600多亩，有了电动轮椅车，我就可以跟着大家一起参观。既节省了我的体力，也不耽误大家的参观时间。

外孙女莎莎睡着了，女婿留在汽车里陪着她。女儿买好票以后，我们8个人进入文化中心参观。走了一会儿，女儿忽然发现，没有把门票给女婿。老伴自告奋勇，拿着女婿的门票，走回到大门口等他。

波利尼西亚文化中心大门

刚进大门口不远，就听见锣鼓声喧天，那里挤了许多游人。我们赶过去观看，原来是在一条小河中，有几名波利尼西亚女人站在船上跳草裙舞。这几名女子，穿着一条一条黄色的细带做成的草裙，翩翩起舞。她们快速地摇晃腰肢，草裙在她们的臀后飞快地抖动。这种独特的波利尼西亚舞蹈，吸引了来自世界各国游客的眼球。

表演很快结束了，船开走了，游客散开，到别的村庄去参观。

女儿担心老伴和女婿他们，去找他们。让我们顺时针走，参观各个村落的表演。因为各个村落表演的时间不同，需要打听。剩下的人中，只有十岁的外孙女月月会讲英语，我们大家说："月月，你爸妈不在，你现在升任旅游团的副团长，带领我们大家参观。"

月月并不推辞，需要打听时，都是她上前询问，然后再告诉我们大家。

我们来到了一个村庄，表演场上坐了很多人，这里表演当地人结婚的风俗。一对男女结婚，村子里许多人都前来祝福，他们有的举着巨大的树叶，为婚礼烘托氛围，有的给新人送来了礼物。身高马大的部落的酋长出席了婚礼，批准他们结婚，并向他们表示祝福。村民们翩翩起舞，对这对新人表示祝贺，并用一件床单将两个新人裹在一起，代表了婚礼结束。

这时，老伴、女婿抱着莎莎来了。我们兵合一处，来到另外一个村子，参观继续。这个村子的演出场，有一个略略高出地面的舞台，舞台的后部，是席子搭成简易的化妆室。舞台的四角，四根木柱撑起茅草做成的顶子。舞台前部，安放两面大鼓。观众席是个斜坡，砌有水泥台，观众坐在水泥台上观看演出。

表演开始了，先是几名波利尼西亚人表演了舞蹈、乐器演奏等，然后其他人退场，只留下一名男演员作为主持人，征集台下观众上台协助演出。征集采取自愿报名和游客推荐相结合的办法，现场热闹非凡，报名的争先恐后，推荐的连推带搡。最后，经过主持人认定，三名来自不同国籍的男性被选中，他们是一个美国白人，一个墨西哥人，还有一个是亚裔人。他们上台后，在化妆室简易化妆，每人穿上一条草裙，然后站在舞台上。主持人对他们说："你们跟我学，我做什么，你们做什么。可以吗？"

演员在船上表演草裙舞

三位喜笑颜开，点头称是。观众席上，大家欢笑不止。

主持人对着麦克风长吼一声，吼的过程中还不断地变调。他的吼声，具有明显的波利尼西亚人吼叫的特点。然后，叫他们三人也对着麦克风吼。观众对他们三人能否吼出来，颇有些担心。

那个美国白人年纪最大，他首先对着麦克风吼。别看他文质彬彬，但是吼得还挺像。引得大家一阵大笑。另外两个人也轮番走到麦克风前吼叫，他们的吼叫，虽然没有那么粗犷，但是音调还有几分相似，也博得大家一笑。

接着，主持人拿起鼓槌，同时，也让那个美国白人拿起鼓槌。主持人抡起鼓槌敲起一段鼓点，然后，让他敲。那个白人毫不怯场，模仿他的鼓点敲了起来，虽然没有主持人敲的那么响，但是，鼓点还是很相似。美国白人敲完，墨西哥人勇敢地走向前，他拿起鼓槌，抡圆了胳臂，使劲地敲。鼓声很响，鼓点稍有差别。轮到亚裔人敲鼓了，这是个白面书生，耳边还戴有一朵花，打扮得像个波利尼西亚姑娘。他敲起鼓来，声音温柔，鼓点圆滑。他们三人的表演，引得观众一阵一阵笑声。

主持人还做了其它一些表演，三个人都大胆地模仿。模仿虽然有差距，但是，像不像，三分样。三个人的模仿，总的来说都不错，观众一阵一阵的大笑，就是对他们模仿的肯定。

表演结束了。主持人给三位群众演员颁发了树条编成的圆圈，戴在他们头上，算是对他们的奖励。

看完这场表演，我们来到萨摩亚村。两年前，萨摩亚村的表演还在露天进行，如今，表演移到了室内。主持人还是那位主持人，幽默还是那么幽默，不过，时间不饶人，主持人还是显得苍老一些。上次看演出时，主持人连说带表演，成了独角戏。如今，他仍然负责讲解，但是旁边有几个人陪伴演出，使得演出显得更加热闹和丰富多彩。

婚礼表演

这场演出主要是介绍椰子树的用途。主持人说："椰子树浑身是宝，椰子树干可以用来造房子"。陪伴演出的几个小伙子抬着长长的树干，从舞台上走过。主持人说："椰子树干还可以用来健身"。陪伴演出的小伙子们，拿着一截一截的树干，上下举起，左右摇摆，做出了健身的动作。主持人说："椰子树叶可以编筐子"。现场马上有人用椰子树叶编筐子，有人用扁担挑着筐子在舞台上走过。主持人又说:"椰子树叶可以编出凉席"。现场马上有人表演编凉席,有人拿着一张张凉席从舞台上走过。主持人接着说:"椰子壳上的绒毛可以织出毯子"。马上有人拿着椰子绒毛织成的毯子从舞台上走过。

接下来,主持人介绍椰子的用途。他将一颗完整的椰子,在砍成斜插的竹竿上戳了几下,戳出几个洞。然后三下五除二地将椰子果剥出来。他用一片小石块,在椰子果上猛地一击,椰果被击成两半。他与现场一名观众,分享了椰汁。然后,一名小伙子协助他将椰肉刮出来,放在椰绒之间,包好以后用力一拧,那白花花的椰奶,便流了出来。

主持人说:"椰绒可以用来钻木取火。"

两个小伙子拿来两根木棍戳在木槽里使劲地转动。木槽里出现了火星。主持人用一团椰绒沾着火星,火星引燃了椰绒,椰绒冒出了缕缕白烟。烟越来越浓,主持人用力一摔,椰绒马上冒出火,燃烧起来。

主持人的讲解,每次都分别使用英语、汉语、日语、韩国语、菲律宾语等多种语言。讲解过程中满脸堆笑,幽默诙谐。陪伴他演出的,配合默契,表演到位。整台演出,生动活泼,深入浅出地向游客介绍了椰子树的广泛用途,令观众增长了见识,寓教于乐。

看完这台演出,天色已晚。我们连忙赶到电影院,观看了大屏幕电影"波利尼西亚游历记"。电影中,不仅展现了火山爆发,火红的岩浆剧烈地喷涌的壮观场面,而且展现了夏威夷美丽的自然风光,如阳光明媚的海滩,一望无际、碧波荡漾的大海,礁石林立的海边波涛汹涌、波浪滔天,山林里千沟万壑、瀑布众多、鸟语花香,椰子树、香蕉树、可可树,硕果累累等等。看了这场电影,使人们越加觉得夏威夷群岛美丽、可爱。

三名游客在演员的带领下参与表演节目

看完电影,我们急急忙忙赶到餐厅去吃自助餐。吃完以后,我们来到了波利尼西亚文化中心的太平洋剧院,观看大型歌舞剧"HA˜生命之歌"。这场筹备三年,耗资三百万美金打造的夏威夷最壮观的夜晚秀,集声光电火等各项高科技于一身,塑造了主人翁——马纳一生的故事,从少年时期的成长、青年时期的恋爱、结婚,对年长者的敬重与感恩等。节目运用激光、立体布景等现代化舞台设施和技巧，时而瀑布飞泻，时而火山爆发，灯光效果，变化万千，大大丰富了歌舞的演出效果。这场演出的所有的音乐，是波利尼西亚文化中心各个部落的文化专家共同创作设计而成。这场集百余名歌舞演员的生动、活泼、欢快的演出，让我们的感官和心灵受到震撼，使我们对于波利尼西亚文化有了更深层次的认识。

八 参观波罗园

12月16日下午，我们一家参观了瓦胡岛的菠萝园。它的正式名称，为"Dole Plantation"，翻译成中文是"多尔种植园"。

通往菠萝园的道路两旁，是大片的浓密的草地，草有一人多高。如果是牛羊钻进这样的草地里，外面一定看不到。

我们来到菠萝园时，时间已经比较晚，他们快下班了。还好，我们买上了最后一班小火车的车票。参观菠萝园，必须乘小火车。我们上了小火车，火车开动了。火车道两旁是菠萝田地。菠萝是怎么长的？我们一家人中好多人不知道，不少人以为是树上长的。到这里一看，原来是田地里长的，这让我们增长了知识。

在菠萝园里，我们看到了各个不同时期生长的菠萝。有的菠萝已经成熟，收割完毕，只剩下菠萝秧子残存的部分。有的田地里菠萝秧上结出了成人拳头大小的菠萝，这些菠萝尚未成熟，正在茁壮成长。有的田地里栽种的是幼小的菠萝苗，尚未结出菠萝。菠萝田地里种植的菠萝苗，密密麻麻，每亩地有三、四千株。这次参观，看到了菠萝不同时期生长的状况，让我们对于菠萝的种植有了一些初步的了解。

参观过程中，最高兴、最愉快的要数我们家的莎莎。她刚刚8个多月，第一次坐小火车观看自然风光，她高兴得不得了，笑不拢嘴，甚至主动地鼓起掌来。看来，不光成年人喜欢旅游，就连婴儿也喜欢。

菠萝园里还种植了许多其它热带水果，有香蕉、椰子、杨桃、可可、芒果等数十种，同样让我们大宝眼福，我们对热带水果有一些感官上的认识。

参观完菠萝田地，菠萝园还有5分钟就下班了。女儿带着外孙女月月跑步去菠萝园商店，买了两桶菠萝冰激凌。我们一家人品尝了这里的特产，味道真的很好。

菠萝种植业是夏威夷的一项重要产业，同旅游业、军需服务、制糖业一起，是夏威夷的经济支柱之一。

九 凌晨拍日出

12月17日，我们到驻地附近的海边观看日出。事先我们查阅了日出的时间，提前十几分钟来到海边。

海边静悄悄的，除去我和老伴、内弟、弟妹四人外，附近还有几个老头一声不响地钓鱼。他们偶尔走进大海，到齐腰深的水里去钓鱼。不一会，又一无所获地走了回来

站在瓦胡岛的岸边，朝东方观看，宽阔的太平洋，一望无际。天气无风，微波细浪轻轻地拍打着岸边。天空，有一朵一朵的乌云。东方海面地平线的上空，也有大面积的乌云。还好，在乌云和海面之间，还有一道不算很宽的缝隙。

我们面向东方，翘首以待，期望看到火红的日出。天空越来越亮，海面也越来越亮。太阳虽然还没有出来，但是它的光芒已经照射到天空。天空中的乌云，靠近东部的部分，开始变红。太阳即将升起地方的乌云，周边镶上了一圈火红的细线。那云彩，显得那样的美。

夏威夷日出

夏威夷晨光

　　太阳露出了一弯金黄的线,天空变得越加亮堂,云彩变得越来越红。太阳缓缓上升,辽阔的海面上,撒上了金光。太阳继续上升,足足有了半个太阳,天空大亮,海面、地面上也变得大亮。太阳一跃，整个出了水面，而且越升越高。乌云真的遮不住太阳，光芒四射的阳光，穿透乌云，射向整个天空。东方半个天空，金光灿灿。大海之上，金光闪闪。

东方红，太阳升。面对新一天的到来，我们的心情，无比的高兴。我的内弟喜欢冬泳，他趁机走进大海，畅游了一番。太平洋的岸边，风平浪静。内弟迎着朝阳，在太平洋里遨游，真的很幸福！

我多么期望，太平洋永远没有惊涛骇浪，没有狂风骤雨，尤其没有炮火连天，让世界人民，尤其是中美两国人民，永享太平。

第四次游夏威夷——大岛、茂宜岛旅游

2021年8月15日，早晨9点离开家。朋友Y先生开车送我们到西雅图—塔科马机场。

飞机原定9点20分起飞，9点36分开始挪动，不一会又停下了。9点43分再次挪动，向跑道开去。9点56分飞机起飞，不一会儿，就升入高空。

机舱里座无虚席。美国虽然每天新出现10万多名新冠感染者，但是似乎一点也不影响人们出行。好在人人都戴口罩，有的人还戴了双层的口罩。人们在吃东西时，把食物塞进嘴里，然后戴好口罩再咀嚼。

疫情改变了人。过去在疫情面前桀骜不驯的人，如今也变得服服帖帖了。你不服帖不要紧，让你去见阎王。那些口口声声"若为自由故"，生命和爱情"二者皆可抛"的人，也变得开始珍惜生命了。

柯纳海滩酒店

因为是美国国内的航班，虽然航程5个多小时，但是也不供应午餐，仅仅供应饮料和一点点零

食。飞机上也没有电视看,免费的微信,仅仅提供一个小时。

当地时间下午2点多,西雅图时间下午5点多,我们在柯纳(英语:Kona,有的译为科纳)机场降落。女儿租了一辆汽车,我们开车首先来到好市多(英语:Cotsco)。在这里买了面包、牛奶和西瓜等水果,吃了披萨、热狗和油条等。然后开车到柯纳市,入住在柯纳海滩酒店。

一 凯卡哈凯州立公园

8月16日早晨,我们来大岛参观的第一个景点,是位于卡劳阿(Kalaoa)的凯卡哈凯州立公园(Kekaha Kai State Park)。它在柯纳国际机场以北4.2公里(2.6英里),我们从酒店出发,开车时间不长便到了。①

举目望去,地面上遍是漆黑色的凝固的岩浆,上面还有岩浆流动时留下的褶皱。看来,这些岩浆流出来的时间不是很长。有的地方地表,是一块一块的不规则形状的黑色岩石,看来这些地方流出来的岩浆时间比较长,多次发生的地震,将岩浆形成的岩层震碎,形成众多的石块。

从大公路通往州立公园的道路,不知道是猴年马月修的。除了极少的地方比较平坦外,绝大多数的地方坑坑洼洼。汽车在上面行驶,颠簸得让人非常难受。一辆小卧车知难而退,不再向前开,退了回去。还好,我们租用的是四驱SUV汽车,底盘高,能够继续往前开。

凯卡哈凯州立公园

我们的汽车开到尽头,来到了大海边。这里便是凯卡哈凯州立公园,原名科纳海岸州立公园。这个公园位于科纳海岸北部的马尼尼奥瓦利湾，通常称为夸湾。令人惊奇的是，在一望无际的岩石层地表上，居然有一小片树林，十几棵椰子树高耸入云，还有叫不出名字的几棵树，虽然不高，但是树冠很大，枝叶茂盛。

金黄色的沙滩上，摆放了几张野餐桌。在大海边，蓝天白云之下，听着涛声，看着浪花，品尝美食，一定是别有一番滋味。

公园里有一个人工修建的水池，石块垒砌的堰，周围是一圈树木。池子里伺养着活蹦乱跳的虾。

还有令人惊奇的是，这里居然有很大一片黄色的粗沙。周围遍是黑色的岩石，就连大海边，也遍地是巨型的黑色岩石。黄沙是哪里来的呢？我们一家人发生了争论。

我说："有可能为了建州立公园，从其他地方运来的。建个州立公园，总得有些投入。"

老伴说："根本不可能！一辆卡车拉来的沙子，倒在这里只能是一小堆。这么一大片黄沙，要多少车？美国根本不可能花钱去拉来这么多黄沙。"

公园旁的大海

女儿同意老伴的意见。她说："美国的州立公园，基本是原生态，不可能人为地运来这么多沙子。"

回到家里，睡了一夜觉。早上醒来，我想，这片沙滩仍然可能是天然的。它的历史比周围黑色的岩石要早得多。大自然的作用，大海波涛的冲刷，造就了这片金色的沙滩。火山爆发流出的岩浆，虽然漫山遍野，但是没有覆盖上这片沙滩，使它得以保留了下来。

二 咖啡园

8月16日下午，我们去参观夏威夷岛的一个咖啡园。

上午参观的州立公园，在柯纳市的北面。沿途看到，从海岸向里，大约有数公里宽，几乎都是平地，或者叫缓坡地。地表覆盖上一层黑黑的岩浆，上面长一些稀稀疏疏的不很高的草。

下午参观的咖啡园，在柯纳市的南面。公路大多离海滩不很远，然而，海边不再是平地，而是陡峭的山崖。道路两侧，到处是绿色的浓密的植被。这些树木，尽管树干不是很粗，然而枝叶茂盛，郁郁葱葱。

我们一家来到咖啡园时，算是到的最晚的游客。这里已经聚集了十几名游客，大约是几个家庭。其中一户是中国人的家庭，其他是美国人、印度人家庭。

中国人见我们到了，女主人热情地叫我叔叔，并主动地给我让座。他们一家曾将在去年和我们另外几家人一起去奥林匹克公园游玩，她和我的女儿很熟。我见旁边还有空闲的座位，便谢谢她的好意，到旁边空座位去坐。

给游客讲解的，是一位五十岁上下的白人女士。她向游客介绍了她家种植咖啡豆的艰苦经历。咖啡豆原产于巴西，到夏威夷以后，有个适应过程。她还讲解了种植咖啡同病虫害作斗争的艰难过程。她还特别说明了人工采摘的咖啡豆与机械采摘的咖啡豆冲出咖啡的不同。

女主人（左侧戴草帽者）给游客讲解

人工采摘的咖啡豆，全部是成熟的，因为是手工劳动，效率低，质量好，因而冲出的咖啡味道好，当然价钱贵。机械采摘的咖啡豆，一次性全部采摘下来，尽管大多数咖啡豆成熟了，但是还包含一部分没有完全成熟的。机械采摘的咖啡豆，效率高，成本低，但是，制成咖啡的味道，不如人工采摘的，因而价格便宜一些。

她一边介绍，一边让游客品尝她家种植的咖啡。

介绍完以后，农场女主人的家人拿出自制的巧克力球，招待大家。

接着，女主人带领游客参观咖啡园。咖啡树如果长得太高，不便采摘。因而，咖啡园里的咖啡树，树干只有30多厘米高，上面便被砍掉了。树干直径10到20厘米，显得有些枯干，上面长出的枝条，近两米长，鲜嫩翠绿。枝条虽然不很粗，但是，上面结满了成串的咖啡豆。咖啡豆有的成熟了，红红的。有的半成熟，半红半黄。有的纯黄，有的半黄半绿，还有的是纯绿色。总之，咖啡豆成熟的过程，颜色逐渐演变。现在的时间，咖啡豆五颜六色，非常养眼。硕果累累的咖啡豆，将咖啡树的枝条压弯了腰。

参观过程中，我们看到一种植物，显得很新奇。它的树干不粗，树叶细长，颇有些像芭蕉树叶，但是比芭蕉叶瘦许多。它上面结出一条长长的串子，排列的非常整齐。串子上长的是纺锤型东西，不知道是否它的果实。这些纺锤型的东西，大部分鲜红，头部有些绿。

女主人对我们说，根据它的颜色和形状，她们管它叫龙虾树。

我把龙虾树的照片发到几个朋友群里。一位老教师网上告诉我，这种树叫金嘴蝎尾蕉，原产地美洲。

我按照她的指点，在网上查询得知，金嘴蝎尾蕉，芭蕉科，属多年生草本植物。其株高可达6米，叶片长圆形，叶面绿色，叶背亮紫色；顶生花序，直立，薄被短柔毛；苞片绿色，开放时突露，花被片红色，顶端绿色，狭圆柱形；果三棱形，灰蓝色。其种子不多于3颗。5—10月开花。

金嘴蝎尾蕉，原产美洲热带地区阿根廷至秘鲁一带，中国华南地区有栽培。喜温暖、湿润的环境。它的花序长而下垂，花姿奇特，花色艳丽，花形似鸟喙状。在东南亚一带极受人们的欢迎。

女主人一面带领我们参观，一面兴高采烈地给我们讲解。我看这个女主人，不像农场主，倒像一名大学教授。

五颜六色的咖啡豆

在美国，不少农场主，一面从事种植，一面开展旅游，多种经营，增加他们的收入。我们参观这个咖啡园，每人的门票六美元。

天公不作美，突然下起了雨。我们只好提前结束参观。据说，她家还种了许多其他的热带果树，都准备让我们参观。

金嘴蝎尾蕉

三 海滩照相

8月16日下午6点多，我们一家人开车去夏威夷大岛南柯哈拉海岸的威可洛亚海滩（Waikoloa Beach），到那里去拍照。

这次拍照，是事先预定的。威可洛亚海滩位于一家五星级的希尔顿酒店旁，汽车停下之后，女儿去找摄影师。

不一会儿，摄影师同女儿一起出来了。这是一位20多岁的姑娘，穿一身黑色的连衣裙，一头乌黑的长发。面色不白，两只眼睛炯炯有神。她的裙子和长发，随着海风翩翩起舞。她带着我们穿过酒店，来到了海边。

威可洛亚海滩是一个金色的沙滩，海水不深。环绕的沙滩的棕榈树，随着海风轻轻地摇。一条小溪，穿过沙滩，悄无声息地注入大海。海浪泛着白花，拍打着沙滩，发出有节奏的声响。夕阳西下，天空的云呈现出火红色，金色的阳光洒满了沙滩。这里是观赏落日的极好的地方。

摄影师说，她们每天只有下午六点到七点多这个时间给游客拍照。这个时间，天空中的晚霞火红，是沙滩上一天中最美的时刻。

她首先让我们全家站在小溪旁的木栏杆外，给我们拍全家福。接着让我们走到海边，再次给我们拍全家福。

拍完全家福之后，女儿说先给我和老伴照。摄影师指导我俩摆好姿势，一会儿向前看，一会儿互相对视，给我们拍了几张合影。然后又分别给我俩个人照了几张。

威可洛亚海滩

海滩日落

老伴说："我们老了，不拍那么多了，还是给她们三人拍吧。"

摄影师先给他们娘儿仨拍合影，又给她们拍个人照。一会儿在棕榈树下拍，一会儿在海边拍。摄影师指导他们摆出各种姿势，尽情地拍照。

摄影师手中相机的快门不断发出"咔咔"的声响，我们一家在海边拍照，直到日落。她总计给我们拍了三百多张。

她对我们说："回去加工、筛选之后，会把比较好的照片从网上发给我们，让我们选择20张。再正式发给我们。"

两三天之后，摄影师发来一百多张照片，上面有水纹，让我们选择。并告诉我们，可以给我们冲洗出5张。

女儿和大外孙女挑选出了20张，征得我和老伴同意后，发给了摄影师，并告诉她，外出旅游，携带不便，不用给我们冲洗了。

又过了一天，摄影师将发来的一百多张照片，水纹全部撤掉，全部给我们。我们非常高兴。

四 大岛环岛游

8月17日，我们驾车全天大岛环岛游。

早晨8点，我们从住的酒店出发，沿着大岛的西海岸公路，一直向南开。道路两旁，有时是漫山遍野茂密的树木，郁郁葱葱；有时是遍地冷却凝固了的岩浆，漆黑一片。

10点10分左右，我们来到了第一个景点——黑沙滩。世界上黄沙滩、白沙滩比较多，黑沙滩比较少见。漆黑的沙滩，颗粒细小。在阳光的照耀下，很多细小的颗粒，反射出耀眼的光亮。是金子总要发光的，然而发光的不一定是金子。有人说，黑沙中发光的细小颗粒，是石英的颗粒。

大海里，一个巨浪接着一个巨浪，排山倒海般地向岸边涌来。有的撞击到岩石上，变成雪白的浪花，一下子飞起很高，宛如一堵白色的墙。霎时间，又重重地落下，变成亿万颗晶莹剔透水珠，飞溅四方。有的冲向沙滩，气势磅礴地涌上岸，转瞬间又全身而退，仅仅在沙滩上留下了一片湿印。

岸边，几片椰子树林，高耸入云，俊俏挺拔。它们是夏威夷的标志，代表了夏威夷特有的美丽。

离开黑沙滩，我们上汽车，继续前行。时间不长，来到了大岛的最南端。路旁，有个观景台。我们下了汽车，站在观景台居高临下，朝远处观看。漫山遍野，处处是黑色岩石。有一片平地，伸向海里。平地的头部，是一个尖尖的三角形。这一小片平地，别看它不显眼，然而不仅是大岛的最南端，也是美国国土的最南端，是一个重要的标志。

11点左右，我们来到了夏威夷火山国家公园。公园占地1,348平方公里，面积很大，是夏威夷群岛中面积最大的公园。②在这个公园里参观，一是看火山口，二是看岩浆形成的黑色岩石。

我们开车在公园里看了好几个火山口。有的火山口，由于熄灭的年代久远，里面长出了翠绿的树木和浓密的青草。倘若不标明这里是火山口，我们会觉得这仅仅是一个普通的深坑。有一个火山口标明喷发的时间为1969年，至今仅仅52年。这应该算是一个年轻的火山口。漏斗形的火山口，一片漆黑，里面是大块的石块，寸草不生。

据介绍，在火山公园里，还有正在喷发岩浆的火山口。乘坐商业直升机，可以从火山口上空飞过，亲眼目睹喷薄而出的火红的岩浆。还有的地方，能够近距离地看到正在流淌的岩浆，那需要步行五六公里。我们这个家庭，老的老、小的小，鉴于体力、能力所限，放弃了这两项参观。

因而，没有能亲眼目睹火山公园里最壮观的景色。不过，我和老伴并不后悔。我们都是七十五岁的老年人，而且身体都有残疾，女儿带我们到此一游，已经心满意足了。

黑沙滩

火山公园到处是火山岩浆形成的黑色岩石

在火山公园里，到处是漆黑的火山岩浆形成的岩石。不难想象，多少年来，火山的不断爆发，才形成了这面积广阔的岩石。火红的岩浆横流，方显出火山的英雄本色。

在火山公园参观的最远一个景点，是位于海边的一个拱门。

汽车从高高的山顶，开到海边，用了好长时间。在高高的山顶上，我们看到海边有长长的、宽宽的海滩，它是那样的平整。看到这情景，我们议论到，这是大海的功劳。长年累月不间断的冲刷，造就了这大面积的平整的海滩。

然而，当我们经过漫长的行驶，来到我们所见到的海滩时，不禁哑然失笑。哪里是平整的海滩？分明是岩浆形成坑洼不平岩石层。看来，"眼见为实"未必实。尤其是远距离的"一目了然"，看到的未必是真的，只有近距离地仔细观察，看到的才是真的。可以想象，当初多少次的火山爆发，才流出这么多的漫山遍野的岩浆，流到大海边，形成这面积辽阔的岩石层。

年代久远的火山口长满了树木

我们在高高的山顶，远观太平洋的洋面。由于眼前没有任何遮挡，站得高，看得远。洋面近处高，远处低，居然看出了洋面的曲线！这是过去站在大海边时，从未看到过的景象，令我们十分兴奋。

我们来到公园最远出的景点，停下汽车以后，停车场离景点还有好几百米，炎炎夏日，走这么远，对于我来说，确有些困难。女儿从汽车上给我搬下电动轮椅车，有了它，这段路程便不在话下。

我们来到了这个渴望的景点。大海边，悬崖峭壁，惊涛拍岸，不禁令游客有些胆颤心惊。所有的悬崖，表面都是岩浆流淌形成的。不知道是鬼使神差，还是鬼斧神工，在悬崖边居然有一棵石柱，宛若大象的鼻子，伸向海里。那鼻子与悬崖之间，像一座拱门。汹涌的海水，在拱门内流淌、激荡。

在拱门附近，有两片椰林，被海风吹得左右摇晃，为拱门添光增采。

火山公园真的很大，我们开车游玩了几个小时。

下午，离开火山公园以后，我们来到了希洛（Hilo），参观了希洛海湾公园和夏威夷大学希洛分校。

希洛海湾公园面积不大，但是很有特色。它临近海边，公园里遍是绿油油的草地。那草地翠绿，显得十分的鲜嫩。公园里的树木巨大，有独木成林的高大榕树，大多是树冠巨大的叫不出名的树。这种树的树冠，呈半球型，直径足足有20—30米。整个公园里树木的数量并不算多，屈指可数，然而却将公园遮天蔽日。

夏威夷大学希洛分校（University of Hawaii at Hilo）是一所公立学校，是夏威夷大学的10所分校之一。1947年建立，前身为夏威夷职业学院（Hawaii College）。1970年根据夏威夷州立法机关的一项法案进行了重组。它设有35个学士学位、6个硕士学位和2个博士学位，注册学生人数 3,500 名；大多数学生是夏威夷居民，但是也有许多是国际学生。③学校农林学科占有重要比例。学校里的建筑为低层建筑，屋顶几乎全部为红色，从远处的山顶上看，是一片红色的校园。我们开车在校园里行驶，不仅听到了公鸡的鸣叫，还看到了公鸡在散步。这是其他高校校园很难听到和见到的。

火山公园拱门

希洛海湾公园

我们在希洛停留的时间很短。希洛是大岛最大的城市，面积 151.34 平方千米，其中陆地 140.6 平方公里，水域 10.7 平方公里。2019 年人口 45,056 人，街面商店已有几百年历史。④这座大岛东部名气最大的城市，基本上是平房。给我印象最深的是城市里的绿地和树木。所有的绿地，不管是低矮的修剪平整的草坪，还是一尺多高到一米多高随意生长的草地，都是鲜嫩的翠绿色。城市里的树木，和海湾公园里叫不出名字的树木是一个品种，都是那么的高大。之所以如此，是因为希洛不仅降雨量大，而且土质肥沃。

离开希洛，我们取道大岛中部东西方向的公路往回返。这条公路限速 96 公里(60 英里)，是大岛上限速最高的公路。

大岛上的天气，像小孩的脸一样多变。一会儿阴有小雨，一会儿阳光灿烂。当我们的车辆行驶到大岛的中部时，这里的海拔高，汽车进入了云层。漫山遍野，雾蒙蒙的，如入仙境。仙境虽美，然而交通安全更为重要。云中的小水滴趴满了汽车前挡风玻璃，尽管挡风玻璃上雨刷器，忙得不亦乐乎，视线仅仅也有几十米。我坐在副驾驶的位子上，双目圆睁，紧紧地盯着前方，帮助女儿把握安全。道路上行驶的车辆，为了安全，自动将车速降为 64 公里（40 英里）左右。

女儿开车并不紧张。她说："我们前面的车，比我们危险，我只要盯着他的车灯，就可以了。"

山路高低起伏，汽车一会儿驶入山谷，离开云层，视线顿时豁然开朗，眼前的道路一清二楚；一会儿又爬上山顶，重新进入云层，视线立马云雾迷蒙，眼前道路模模糊糊。

大岛的环岛行，我们不仅饱览了熔岩遍野，而且还开车腾云驾雾一番。这是在其他地方旅游很难见到的景象。

夏威夷大学希洛分校

五 卡哈鲁海滩公园观鱼

8 月 18 日上午，我们全家人到卡哈鲁海滩公园（Kahaluu Beach Park）游玩。这个公园位于柯纳市中心以南仅仅几英里的卡哈鲁湾。至少在过去的 500 年里，卡哈鲁湾一直有人居住；在 18 世纪和 19 世纪，这里还曾经建过皇家住宅。它拥有重要的夏威夷文化历史，因而被列入国家历史名胜名录。⑤

这个海湾是黑色礁石的海滩，岸边的沙子，同样是黑色的。

离岸边二百米左右的地方，海面之下，有一道长长的类似堤坝的礁石。大海深处涌来的大浪遇到它，腾空而起，变成白色的浪花。每天上午这片海域没有巨浪的袭击，风平浪静，是大岛上最好的浮潜地点之一。

这个海湾的旁边，是冲浪胜地，自古至今一直很受欢迎。因此，这里既可以看到有许许多多的人在浮潜观鱼，也可以看到不少的勇敢者在风口浪尖上冲浪。

女儿带着两个外孙女，穿好泳装，小外孙女还穿上救生衣，带上浮潜的工具，下到了海里。海面上，有数十个男女老少同时在浮潜。临靠近岸边的地方，海水很浅。倘若不小心，水下的礁石会划到人的肚皮。

这里的鱼真多！女儿娘儿仨刚一下到海里，马上有一条黑三角鱼（杜贡）（Black Triggerfish(Durgon)）游了过来。它全身黑色，尤其是鱼鳍和鱼尾，简直是漆黑。身体两侧黑中带蓝，头部黑中带红。这条漂亮的鱼，激发了她们仨浮潜的兴趣，马上头朝下浮在海面上。

"妈妈，这里有一条黄色的鱼，可漂亮了！"大外孙女高兴地说。

只见这条鱼全身金黄色，大眼睛，嘴巴靠下。"我也看到了。这条鱼叫黄刺尾鱼（Yellow Tang）"妈妈说。

"我怎么没有看到，在哪里?"小外孙女急切地问。

"它跑了。"大外孙女回答，然后又嘱咐道："你趴在水里，也许一会儿它又游回来了。"

游人浮潜

妹妹按照姐姐的说法，把头趴在水面上，果然看到好多鱼游来游去，高兴得抬起头，对妈妈说："我看到了好多鱼！"

"接着看，鱼可多了。看到特别漂亮的鱼，再告诉我。"妈妈回答。

娘儿仨向比较深的地方游去。水深的地方鱼更多，一群鱼游过来，有数十上百条鱼，数也数不清。

突然，小外孙女激动地告诉妈妈："你看，那条鱼可奇怪了，它的眼睛像熊猫眼，嘴巴尖尖的。"

妈妈马上看到了这条鱼,只见它体型椭圆,浑身黑黄两色,尾巴不是伸出,而是缩进体内,非常有特色。她告诉莎莎:"这种鱼叫浣熊蝴蝶鱼(Raccoon Butterflyfish),眼睛像浣熊。"

妈妈和莎莎说话的时候,一只大海龟朝着妈妈游了过来。月月看到了,马上提醒:"妈妈,小心海龟!"

妈妈一看,海龟已经游到了自己的身边,险些撞到了自己,忙用手将它推开。莎莎看到了,马上问:"妈妈,你为什么摸它呀?你不是告诉我们不能摸海龟吗?"

"妈妈不是摸,是推。再不推,它就撞到妈妈了。"

娘儿仨一面浮潜,一面说说笑笑地交流,玩得可开心了。

卡哈鲁海滩公园有一个值班的亭子,有救生员在里面值班。这里还免费提供防晒液。

临近中午了,涨潮了。海浪漫过了礁石,向这片海域涌来。这里的海水越来越深,海浪越来越大。浮潜的人们,为了安全,陆陆续续地上了岸。

救护员值班的亭子

六 农贸市场

8月19日早饭以后,我们一家人一起去逛农贸市场。

农贸市场离我们住的酒店不远,开车一会儿就到了。农贸市场不大,占地面积比起旁边的停车场还小。

白帆布和钢管架制作的四角形的棚子,是农贸市场售货亭的标配。这里有摆放整齐的一排排的白色布棚。

我们在农贸市场里转了转,仔细观看一番。每个商户一个棚子,真正卖农产品的是少数,多数售卖旅游纪念品和服装百货。

这里的蔬菜摊位,售卖的主要有西红柿、黄瓜、茄子、白菜、小红萝卜、白萝卜等,与北京的农贸市场,没有多大差别。

这里的水果摊位,售卖的香蕉、菠萝、洋桃、芒果、椰子、木瓜、火龙果等,完全是清一色的热带水果，很有自己的特色。

农贸市场

水果摊位

这里的服装摊位，售卖的女式上衣、裙子、头巾等，颜色鲜艳，花花绿绿，具有鲜明的夏威夷特色。男式的上衣、T恤衫，颜色虽然没有那么鲜艳，但是印有大朵的花，同样具用夏威夷的特色。

这里的旅游纪念品，有微型的冲浪板、浮潜工具、蚌壳制作的项链等，夏威夷特色十分明显。

这个农贸市场，只收现金，不刷卡收费。

因为市场很小，再加上天气炎热，我们逛了一会儿，就全看遍了。于是，买了一些热带水果，便离开了。

七 酒店油画

我们在大岛入住的柯纳贝奇酒店，前后两栋楼，中间一条宽宽的通道连接。通道实际是油画画廊，里面有许许多多的油画。酒店的大厅里，也有一些油画。这些油画令我感兴趣，我想把它拍照下来

19日早起，我带着相机和手机，开着电动轮椅车，拿着拐杖，到酒店的一层去拍照油画。

油画尺寸的大小，差别很大。大厅里的巨幅油画，有十多平方米；通道里的油画，将近一平方米；大楼电梯间附近的油画，还不到半平方米。

这些油画，有一些名人的半身像，例如，卡美哈美哈一世的半身像，大多是夏威夷人日常生活的写照。

描写火山爆发的油画，有好几幅。有的描写火红的岩浆，汹涌澎拜地流进大海，气势磅礴，令人震撼。有的画的是渔民在大海上行驶，突然火红的岩浆在眼前从海底喷涌而出，在船前形成一个火红的柱子，令渔民十分惊恐。还有的画的是火红的岩浆，如涓涓细流，在地面上缓缓地流淌，站在旁边观看的人，如同家常便饭一样，司空见惯。

油画火山爆发

有的油画生动地描写了夏威夷人的生活，男子出海打鱼，女子在家里编席子，"男渔女编"

是他们的日常生活。

有的油画刻画了夏威夷人建造木船的场景,有的刻画了他们修建神庙的场景。还有的刻画了年老的祖母带年幼孙女玩的幸福生活。

夏威夷是一块风水宝地,这里临近赤道,周围是太平洋,终年气温较高,但是又不炎热,很适宜人类生存。历史上夏威夷各部落之间、各酋长之间,经常发生你争我夺的战争。

夏威夷大岛的酋长卡美哈美哈的势力逐步强大起来,自1795年发起了统一夏威夷群岛的战争。这些战争有的发生在海面上,有的发生在陆地山谷里。它们往往都十分激烈残酷。画家的笔,生动真实地描绘出了这些战争激烈的场景。

油画海战

部族首领和群众

大厅里最大的一幅油画,画的是部族首领,来到部族的群众中间,与群众手拉手地谈心,反映了部族内部上下平等的良好氛围。

在酒店的游泳池附近的墙上，也有三幅大的油画，画的是现代夏威夷人游泳、跑步、骑自行车等各种健身活动。

上午逛农贸市场回来以后，我继续在大厅里和通道里拍照。这里每一幅油画旁，都有一篇英语的文字说明。我既拍照油画，也拍这些文字说明，以便更好地理解这些油画。由于灿烂的阳光透过玻璃窗照射到油画上，出现了反光。我尽管前后左右移动位置，也很难拍出理想的照片。

仔细观看酒店里展出的众多油画，令我大开眼界，赏心悦目，对于夏威夷人历史上和现代生活，有了一些了解。

这些油画的作者，名叫卡恩，是夏威夷人。画廊里有他的照片和简要的文字介绍，我查阅了有关他的一些资料。他不仅是一位了不起的画家，而且还是一位了不起的历史学家。他深入研究了夏威夷的历史和独木舟的历史，因而他的油画并非仅仅出于想象，而是有深厚的历史依据。

八 转往茂宜岛

19日中午，我们结束了在大岛的游玩，开车去机场，前往茂宜岛，继续在夏威夷的游玩。

夏威夷群岛总共132个岛屿（一说为137个），总面积16579平方公里。2006年人口1,285,498人。有人说，她现在总人口已有140万。夏威夷群岛是世界上著名的旅游胜地，茂宜岛在2013年排名世界第一。⑥

在茂宜岛受到欢迎，佩戴花环

在夏威夷群岛中，面积最大的是大岛，为10,432平方公里。它比其它所有的岛面积总和还要大。大岛一般指夏威夷岛（Hawaii），它的最高的山海拔4,205米，在夏威夷群岛中排名第一。大岛2000年人口148,677人，在夏威夷群岛中排名第二。夏威夷王朝的开创者卡美哈美哈国王

(King Kameha)出生在大岛，他是从大岛出发，去统一夏威夷群岛的。⑦

　　夏威夷群岛的政治、经济和文化中心是瓦胡岛(Oahu)。瓦胡岛面积1,574平方公里，在夏威夷群岛中排名第三。2000年人口876,151人，现为97.6万人，为群岛人数最多的岛，占群岛总人数的80%。最高的山，海拔1,220米。⑧

　　茂宜岛面积1,883平方公里，在群岛中排名第二。人口14.5万人，在群岛中排名第三。最高的山海拔3,055米，在群岛中排名第二。⑨

　　大岛机场，设施简陋。它不像其他机场，有豪华的大厅、通道和电梯。这里建筑全部为平房，说得再确切一些，就是一些棚子。

　　乘客要走到机场里面，走上长长的斜坡，才能登上飞机。工作人员用轮椅将我和老伴推上飞机。茂宜岛离大岛很近，短短半个小时就飞到了。

　　飞机临降落前，在茂宜岛的上空飞行。我们透过飞机的窗户，纵览茂宜岛。它的表面，绝大多数地方，为土黄色，实际是枯黄的草原。只有临近海边的地方，才有一块块的绿油油的土地。那里是耕地，或者是森林。在茂宜岛上，没有见到黑色的岩浆覆盖大地。

　　在机场的出口，我们一家受到了女儿的朋友——赵老师——的欢迎。他买了5只色彩鲜艳的花环，一见面，首先给我们每人脖子上挂上一只，令我们非常高兴。他拉来一辆小平板车，将我们的行李全部装到上面，到停车场以后，又装到他的汽车后备箱里。

　　女儿和大外孙女去租汽车，赵老师开车拉着我们三人来到了他们家住的小区。他原本也住在西雅图，疫情期间，公司改为网上上班，学生改为网上上课，他们一家便来到了夏威夷。赶上这里的房子降价，他家便在茂宜岛买了两套房子，一套自住，一套出租。这次临时借给我们住一套。

茂宜岛海边风景

九 茂宜岛的一个社区

茂宜岛的地理形状，宛如头朝西、面朝下的一个男士的半身雕像。

2007年我们第一次来这里旅游时住的万豪酒店，在雕像的鼻子上。这次来旅游，住在马尔加亚，在雕像的脖子下面。两处相距半个小时的车程。

赵老师家自住房和出租房，在同一栋四层楼房里。楼房U字形，面朝南，面对蔚蓝的大海。呆在房间里，每天涛声不断。楼前的几株椰子树，细长细长的，比四层楼还高出了许多。海风吹得椰子树摇晃得很厉害，树尖摆动的幅度有一米多。我第一次见到椰子树摇晃得这么厉害，怪不得椰子树的树冠修剪得那么小，还不到10片叶子，倘若树冠巨大，还不把树刮倒！

这套房子两居室，南北通透。阳台面对大海，举目遍是汹涌的波涛。一年前，买这套房子时，正值新冠疫情严重，房价下跌，花了30万美元。如今这套房子已经涨到50万美元。一年的时间房子涨价了40%，尽管其中有疫情的影响，但是也彰显了美国的通货膨胀！

赵老师的女儿，与我们的外孙女同龄、同校、同一年级。由于疫情一年多时间，一直在家里上网课，彼此之间并不熟悉。那个姑娘在夏威夷住了一年多，学会了冲浪。听说我们的外孙女要来她家住几天，可高兴了，主动提出要教我们外孙女学冲浪。我们的外孙女也想学。二人一拍即合。

20日上午，赵老师和女儿，拿来冲浪板、脚蹼、救生衣、鲨鱼刀等教具，来到我们住的房间，给我们的女儿和外孙女讲冲浪课。我和老伴带着外孙女，到楼前的游泳池去游泳。

这个游泳池，是这里居民公用的游泳池，紧邻大海，周围一圈铁栏杆，大门上有密码锁。游泳池不很大，形状宛如人的肾脏。泳池边上砌有一个石台，上面有一小瀑布，终日不断地流入泳池。石台上面覆盖着一层低矮的树木，碧绿碧绿的。泳池的入口处，有一根不锈钢扶手和几步台阶，上下非常方便。

我们三人是今天第一个到达游泳池的。外孙女穿着救生衣，走进池子，坐在台阶上，一动不动。我问她："水凉吗？"

她摇摇头，但仍然一动不动。我估计可能水凉，她不肯承认。

社区的野餐桌和烧烤炉

过了一会儿，一家父母带着三个儿子来游泳。大儿子约莫10岁左右，小儿子约四五岁，身上也穿着救生衣。这一下，来了伴，外孙女可高兴了，和他们一起游了起来。

外孙女站在池边向池里跳，然后从池边爬上来再跳。两个大一点的男孩，带上助跑跳到池里。外孙女跟着他们学，也跑上几步再跳到水里。

看到外孙女高兴地玩了起来，我对老伴说："我去走走。"

"你去吧。"老伴同意。

我走到海边，金色的沙滩平整细腻。几个人在靠近岸边的海里浮潜，远处有人在玩冲浪。我在楼房前后走了走，靠近游泳池的地方，有两个烧烤炉，旁边有两张野餐桌。这些都是居民公用的。楼房的南北两侧，种植了许许多多的花草树木。树木高大，遮天蔽日。草坪碧绿，花朵鲜艳。

傍晚，赵老师打来电话，邀请我们家一起去吃烧烤。女儿在厨房赶紧烤了一盘鸡翅，拌了一盘沙拉带去。我走到野餐桌时，赵老师一家早已等在那里。他的夫人正在烤牛排，他和女儿正在下棋。

坐下来之后，我问："这里的烧烤炉和野餐桌怎么使用？需要事先登记吗？"

赵老师说："不用登记，先到先得。"接着他又补充道："每天有物业的人负责打扫，挺干净的。"

牛排烤好了。两家人围坐在一张椭圆形的野餐桌旁，赵老师倒好了当地产的菠萝酒，他的夫人将烤牛排切成薄片，分发给大家。赵老师提议，大家共同举杯，庆祝两家人在茂宜岛的聚会。他特意说，如今疫情又有反复，餐厅里吃饭不安全。我们在野餐桌聚会，要安全多了。

海风轻轻地吹，椰子树轻轻地摇，海浪轻轻地拍打着沙滩。我们喝着美酒，吃着烤牛排、烤鸡翅、沙拉和鸡蛋西红柿面，相聊甚欢，度过了一个愉快的夜晚。

十 哈雷阿卡拉国家公园

8月22日，我们一家去游哈雷阿卡拉国家公园。

事先，女儿和我们商量，这个景点既适合看日出，也适合看日落和漫天的星斗。看日出要早晨三四点出发，日出以前到达山顶。看日落什么时间去都可以，但是下山回来要走夜路，而且没有路灯。

我和老伴的意见，如果看日出，孩子这么早起床会很难受。看日落，下山时黑灯瞎火，也会有危险。我们老的老、小的小，干脆就白天去那里玩，安全。女儿采纳了我们的意见。

八点多，我们出发了。通往国家公园的路，上下双行线，路面漆黑，好像是新修的。途中，道路两侧，一会儿是草原，草原枯黄；一会儿是树林，树林高大浓密。

公路由于弯多，限速非常严格，最低限速仅有15迈。沿途，我们一路欣赏风景。地势越来越高，看的范围越来越远。远处的大海、平原、村镇、树林，一目了然，一清二楚。

我们来到了第一个访客中心。由于疫情，访客中心没有开放。访客中心外面，有一尊锡铸的人像，铸像上的英文说明写道：

"斯蒂芬·廷·马瑟

（1867年7月4日— 1930年1月22日）

他奠定了国家公园的基础，并制定了政策，在这些政策下，该地区将得到开发和保护，不受损害，以供子孙后代使用。他所做的善事永远不会结束。"

女儿在访客中心外面还看到一份说明。那上面说，访客中心有一个设备，能够吸进云，转化为水，净化之后，供人饮用。

通往哈雷阿卡拉国家公园道路旁的森林

在第一个访客中心稍稍休息一会儿,拍了几张照片,我们开车继续前行,来到了第二个访客中心,哈雷阿卡拉火山山顶。

哈雷阿卡拉火山,是茂宜岛的最高峰。山顶在云层之上,科研单位在这里修建了观象台,用于观测星星和天象。从山脚底下,沿着盘山公路,拐了200多个弯儿,我们才到达山顶的停车场。

山顶部,有一个观景台。我拄着拐杖登上那里时,恰巧遇到一家美国人。那家人年纪最长的是一名85岁的老翁。老翁同样也拄着拐杖。他见到了我,幽默地说:"你很了不起!在你的鼓励下,我爬上了山顶。"

老翁一家人与我们一样,都是从停车场走到山顶的。不过,他们走得快,途中超过了我们。我赶紧说:"谢谢你的鼓励!"

女儿一旁向那位老翁说:"我爸爸76岁了,他曾经得过脑梗。"

老翁听后,向我伸出了大拇指。

这个观景台,有一块牌子,标明了海拔高度10,023英尺(3,055米)。我们全家在此留影。

在这个观景台,我们看到了火山口。这个火山口,十分巨大。周围一圈高山环绕,中间是一片相对平坦的火山口。我们在大岛也见过几个火山口,但是从来没有见过如此巨大的火山口!让我们感到惊奇。

山顶部,有两个山头。一个山头,漫山遍野都是石块。另一个山头,全被黄褐色的土壤覆盖,上面修建了几处乳白色的观象台。两个山头的表面,如此大的差异,什么原因呢?我分析可能形成的时间不同。那座满山土壤的山头,形成的时间,恐怕要远远早于那满山石块的山头。

下山的途中,有几个观景台。在这几个地方观看到的,是同一个火山口。只不过,观看的角度不同,风景不同。其中一个观景台,离哈雷阿卡拉火山口更近一些。在这里看到,哈雷阿卡拉火山口,由好多小的火山口组成,它实际上是火山口群。

逛哈雷阿卡拉国家公园,主要看山景。一是居高临下,观看远处的大海和平原,饱览大自然的风光;二是看火山口,哈雷阿卡拉山是火山造成的,山顶的火山口群气势磅礴,非常壮观。火山口形成的年代久远,里面长出了绿草。绿草与黑色的岩石、红色的岩石交相掩映,形成了一幅美丽的画卷。

在哈雷阿卡拉火山远望

哈雷阿卡拉火山顶观象台

逛哈雷阿卡拉国家公园，还有重要一景，那便是看日出日落，观天象百态。我们一家人，老的老，小的小，无幸欣赏这些美景。不过也不遗憾，旅游毕竟要量力而为，安全第一。

茂宜岛火山是休眠火山，而大岛的火山是活火山。覆盖茂宜岛表面的是土壤，因而茂宜岛上森林、草原比较多，可耕地也比较多。而大岛表面许许多多的地方，为岩浆所覆盖，到处是漆黑漆黑的。虽然大岛的地表也有土壤所覆盖的地方，也有森林、草原和耕地，但是所占比例，比起茂宜岛要少得多。

哈雷阿卡拉火山巨大的火山口

十一 伊奥山谷州立公园

8月23日上午，我们一家根据赵老师的建议，去伊奥山谷州立公园游玩。

伊奥山谷州立公园（Iao Valley State Park）位于茂宜岛西部韦卢库南高街54号（54 S High St, Wailuku, HI 96793），距离我们住的地方不远，开车时间不长就到了。

刚一进入山谷，立即感到与众不同。山峰高高耸立，从山脚到山顶，遍是青枝绿叶、郁郁葱葱。山头上，白云缭绕，像薄薄的白纱在空中飘动。山谷中，空气新鲜、湿润，让人感到心肺舒畅。

停好汽车以后，女儿帮助我搬下电动轮椅车。我开着电动轮椅车，在山谷中的小道上缓缓前行。驶过一座小桥，前面一块平地，我们在这里停留观景。两侧是巍峨的高山，中间是一道山谷。透过山谷，不仅看到头顶上蓝蓝的天空，而且看到远处蓝蓝的大海。

占地16平方公里的伊奥山谷州立公园，地理位置独特。山口面对大海，海风常年不断地将水气吹入山谷。高高的山谷，既挽留住了水气，也挽留住了云彩，因而山谷里雨水丰沛。当地有人说，这个山谷里的降雨量，世界第二。正因为如此，这里形成了热带雨林。⑩

过去我们去过温带雨林，这次是第一次来到热带雨林。温带雨林以针叶的松柏树为主，热带雨林以阔叶树为主。温带雨林苔藓众多，在树与树之间密如蛛网。热带雨林没有一丝一毫的网状苔藓，让人感到更加心情舒畅。

伊奥山谷州立公园

再往前走，没有平道了。女儿带着两个外孙女去爬山，老伴将我的轮椅车锁好，帮我拿着拐杖，我扶着扶手，小心地走下两段台阶路，来到一块相对平坦的地方。这里树林密布，有两棵高大粗长的树木，引起了我们拍照的兴趣。

旁边一条小溪，泛着白花，翻滚地流淌，发出了巨大的声响。由于降雨量大，公园里有好多小溪。

一会儿，女儿带着两个外孙女来了，我们一家人在此合影。

伊奥山谷州立公园不仅风景优美，而且还有历史文化。这里曾经有人发现过一门大炮，那是1790年夏威夷岛（大岛）和茂宜岛发生的夏威夷历史上最激烈的战斗之一留下的遗物。

1790年之前，卡美哈美哈（英语：Kamehameha，1758年-1819年5月8日）占领了大岛的西部和北部，他是大岛的一个酋长。他的堂兄基奥瓦·夸胡乌拉（Keuaua Kuahuula）控制着大岛的东部，也是大岛的一个酋长。茂宜岛的卡赫基利二世（英语：Kahekili，1737-1794），1765年从他的弟弟卡美哈美哈·努伊·艾勒索茂宜岛酋长手中接替了权力以后，赢得了夏威夷群岛除大岛之外的7个岛，成为茂宜岛、拉奈岛和摩洛凯岛的国王。他为卡美哈美哈一世建立统一的夏威夷王朝铺平了道路。

1790年，卡美哈美哈趁茂宜岛国王卡赫基利二世在瓦胡岛之机，率领一支由大约1,200名熟练战士组成的军队，攻打茂宜岛。茂宜岛率领军队作战的是卡赫基利二世的儿子卡拉尼库普莱（Kalanikūpule）和茂宜岛的其他酋长。

卡美哈美哈的舰队，在距离伊奥山谷基地几公里的卡胡鲁伊登陆，并封锁了伊奥山谷。两军势均力敌，激战两天，未分胜负。第三天，卡美哈美哈的军队得到了约翰·杨和艾萨克·戴维斯操作的两门大炮（名为洛帕卡"Lopaka"和卡洛拉"Kalola"）的帮助，打死了茂宜岛的许多人，导致漂浮在河中的尸体堆积成坝。据说这条河"被死者的鲜血染红了"。然而，茂宜岛的主要酋长没有一个人被杀，女酋长卡洛拉（Kalola）和她的孙女凯奥普欧拉尼（Keōpūolani）向西穿过山谷逃到奥洛瓦卢，北到拉海纳。战斗结束后，卡洛拉将她11岁的孙女提供给卡美哈美哈作为未来的妻子。

在卡美哈美哈进攻茂宜岛的时候，他的后院起火了。夏威夷岛上最后一位独立酋长基奥瓦·夸胡乌拉，袭击了卡美哈美哈的领土。卡美哈美哈不得不迅速返回了大岛。

1791年，卡美哈美哈与基奥瓦·夸胡乌拉两兄弟之间，发生了川海（Kawaihae）战役。

卡美哈美哈撤回夏威夷岛以后，卡赫基利二世恢复了对茂宜岛的统治，并获得了加农炮。1791年，他试图入侵夏威夷岛，但是没有成功。

伊奥山谷州立公园里的小溪

1794年，卡赫基利二世去世，茂宜岛爆发内战。1795年5月1日，卡美哈梅哈在瓦胡岛南岸的努胡阿努战役（Battle of Nuuanu）中，击败了瓦胡岛和茂宜岛的联合部队，茂宜岛王国垮台。卡美哈梅哈统治了除可爱岛（Kauai）和尼豪岛（Niihau）以外的夏威夷群岛。

1810年，经过和平谈判，可爱岛和尼豪岛也归属于卡美哈美哈一世（Kamehameha 1）。卡美哈美哈一世成为夏威夷群岛无可争议的统治者。(11)

十二 疫情之下的一次出游

这次夏威夷旅游，是在疫情之下的一次出游，带有一定的风险。

夏威夷州规定，从美国本土到夏威夷州旅游，必须事先提供注射两针疫苗证明。这次去夏威夷旅游，从西雅图出发时在机场没有量体温，没有检测新冠肺炎是否阴性；到大岛机场时，也没有量体温，没有检测新冠肺炎。

这次去夏威夷旅游，往返飞机上乘客都是满员。好在现在大家的防范意识比较强，都戴了口罩。我们还随身带了洗手液、消毒纸巾，对飞机的小桌板、座位扶手进行消毒；触摸飞机上的设施后，随时用消毒液洗手。

到夏威夷以后，那里人们的防范意识比华盛顿州、西雅图市人的防范意识还强。人们在酒店里行走，出入电梯间，甚至在街上走，大多数都戴口罩。

华盛顿州允许餐厅、影院百分之百的上座率。而在夏威夷的大岛、茂宜岛都不允许在封闭的空间里就餐。我们在大岛入住酒店里的餐厅，不允许进入。客人吃饭要到游泳池旁边的棚子里，棚子只防雨防晒，四面透风。我们在大岛其他封闭的餐厅就餐时，同样不允许进入餐厅，只能在餐厅外屋檐下的桌子上吃饭。有些餐厅允许客人进入吃饭，是由于餐厅是棚子，或者没有玻璃窗，空间不封闭，四面通风。

我们在茂宜岛住的几天里，大多是在家里做饭，仅仅在餐厅吃过一顿饭。那个餐厅在一间车库里，一面敞开，通风。车库和厨房之间，有一道门，门是关闭的，不允许客人进入，厨师、服务员也不从门里出来。客人在餐厅里通过网上订餐，厨师做好以后，放在纸袋里，从门上的窗户里递出来，放在台上，然后关好窗户，再通过喇叭喊客人的名字，客人取走。吃完饭以后，客人将餐后的垃圾放入纸袋里，投入到垃圾桶里。客人走后，从门里走出一名清洁员，戴上口罩，用消毒液清洗一遍餐桌，然后马上回到厨房里。就餐过程中，客人与餐厅工作人员一点也不接触，甚至连他们模样都没见过。

在茂宜岛，我们和一家朋友一起就餐过，那是在室外的野餐桌上，海风轻轻地吹着，空气流通。

这次夏威夷之旅，我们体验了一次疫情之下的旅游生活。尽管我们已经打了疫苗，公共场合严格佩戴口罩，与其他人保持社交距离，随身带着消毒液，随时给手消毒，不在密闭的空间里就餐，总之，凡是能想到了防疫措施，我们都采取了。然而，仍然承担了很大的心理压力。这次旅游，也可以说是一次冒险之旅。

注：
① 维基百科《凯卡哈凯州立公园》
② 百度百科《夏威夷火山国家公园》
③ 百度百科《美国夏威夷大学希洛分校》
④ 维基百科《希洛（夏威夷州）》
⑤ 维基百科《Kahaluu Beach Park》
⑥、⑦、⑧、⑨ 百度百科《夏威夷群岛》
⑩ 百度百科《伊利山谷公园》
⑪ 引自维基百科《卡美哈美哈一世》、《卡赫基利二世》、《凯帕尼怀战役》等。

后记

奉献给读者的这本《夏威夷》，分为三个部分。

第一部分名为"海岛篇"。分别介绍了夏威夷群岛的总体情况和各个主要岛屿的具体情况，作者以尽可能详实的资料，向读者多方位、多角度地展现夏威夷。

第二部分名为"历史画卷篇"。通过展示夏威夷大岛科纳海滩酒店画廊和画室的数十幅油画、英文说明和中文大意，协助读者了解夏威夷王国的历史、以及夏威夷岛民历史上的生活状况。

第三部分名为"游记篇"。通过作者本人先后四次到夏威夷旅游，对所见所闻进行生动、详实的描述，向读者具体介绍夏威夷的历史遗迹、旅游景点、自然风光、风土人情，说明夏威夷是一个旅游胜地，人间天堂。

撰写本书，作者在网络上进行了广泛的搜索、查阅资料、分析研究，引用了大量的资料和照片，才使本书得以完成。在此，向给网络上提供这些资料的作者，包括文字作者和图片作者，表示衷心的感谢。与此同时，对于各个网络的主办者同样表示感谢，没有他们创办的这些网络，我也无法查阅到这些资料。总之，没有他们的辛勤劳动，便没有本书的产生。

在此，我要特别感谢科纳海滩酒店展出的油画作者赫伯·卡瓦努伊·卡恩。他既是艺术家，也是历史学家。他将对夏威夷的历史，特别是夏威夷王国的历史研究成果，对波利尼西亚人独木舟的研究成果，对波利尼西亚人历史生活的研究成果，用油画的形式生动形象地展示出来，才使得我对此有所了解。卡恩已经仙逝十年有余，我的感谢他可能听不到了。但他如果天上有知，对于我将他的油画介绍给读者，也会欣然。与此同时，对于科纳海滩酒店的老板同样表示感谢。倘若他不在酒店里设置画廊和画室，不展出这些油画，我便看不到这些油画，本书也不会产生。

本书之所以写出，还要感谢我的女儿、女婿和老伴。他们带我去夏威夷旅游，亲眼目睹了夏威夷美丽的自然风光，积累了撰写本书的原始资料，产生了撰写本书的想法。女儿给我购买了几个笔记本电脑，女儿、外孙女帮助我下载软件，为撰写本书提供了工作条件。旅途中老伴对我无微不至的照顾，平时为我做饭，为我写作提供了良好的生活条件。

最后要感谢竹和松出版社。我们之间已经有了良好合作的过去，这次他们收到本书的样章以后，很快答复我可以出版本书。在他们的大力协助下，这本书才得以和读者见面。

在此，有必要向读者说明，在科纳海滩酒店看到的油画英文说明里，夹有夏威夷语。我只能将其中的中文大意告诉读者，这些不敢说是准确的翻译。而且，在酒店参观、拍照时，还根本没有撰写本书的想法，拍照这些照片，只是为了回家以后，慢慢地阅读、消化这些油画。由于旅游时间紧迫，有几张油画的英语说明漏拍了，因此无法提供给读者。拍摄时，画廊里的光线充足，反光很强，主要还是我摄影水平不高，因此一些照片拍摄的不理想。有的英文说明拍照得模糊，看不十分清楚，因而凭此抄录的英文说明，肯定存在一些错误。在此，只能向读者抱歉，请读者批评指正。

——作者写于 2022 年 4 月 10 日